大人になるための
リベラルアーツ

思考演習12題

石井洋二郎/藤垣裕子――[著]

東京大学出版会

Liberal Arts Education for Developing Mature Citizens:
12 Lessons in Active Thinking
Yojiro ISHII and Yuko FUJIGAKI
University of Tokyo Press, 2016
ISBN978-4-13-003348-0

はじめに──「大人になるためのリベラルアーツ」とは

「大人である」ことと「大人になる」こと

　「大人になるためのリベラルアーツ」という本書のタイトルを見て，「ああ，自分はもう大人なのだからこの本は必要ないな」と思った人，まさにそうした人に向けて，この本は書かれている．というのも，自分はすでに大人であると信じて疑わない時点で，その人はたぶんまだ大人ではないからだ．

　ここでいう「大人」は，年齢にはいっさい関係がない．生物学的に「大人である」ことと人間として「大人になる」ことは，まったく別のことがらである．では，「大人」とはいったいどういう存在のことをいうのだろうか．

　ふつうに考えると，人生経験を積み，世の中の仕組みを知り，分別をわきまえ，善悪の判断がつき，社会常識をそなえ，他人とうまくつきあい，周囲と折り合いをつけていくことのできる人──だいたいこういったところが一般的な「大人」のイメージだろう．だから平静に対応しなければならない場面でつい感情をあらわにしてしまったり，発言を控えるべきときにふと率直な疑問を口にしてしまったりすると，「君，少しは大人になりなさい」とたしなめられたりもする．どうやら「大人である」ということは，むやみに波風を立てず，阿吽の呼吸であらゆる事態に対処し，つねに清濁あわせ飲むすべを心得ていることであるというのが，世間で通用している暗黙の了解事項であるようだ．

　確かに色をなして反論すれば相手を不愉快にするし，空気の読めない疑問をうかつに口にすれば周囲の顰蹙を買う．そうした振舞いは，なるほど子どもじみているといわれても仕方がない．そこで人は年齢を重ねるにつれて，明示的・暗示的な社会的検閲を何度もくぐりぬけながら感情を飼い馴らすすべを覚え，しだいに疑問を疑問と感じなくなっていく．そしてたいていの場合，それが「大人になる」ことだと勘違いしてしまう．

　けれども自然にこみあげてくる怒りや苛立ちを抑制したり，湧き上がってく

iii

る不信や疑念を封印したりするのは，成熟の証しであるどころか，むしろ退化の徴候なのではあるまいか．およそ人間であれば，いろいろな局面で感情の昂ぶりを覚えたり素朴な疑問を抱いたりするのは当然の反応である．そのことを隠すには及ばないし，恥じる必要もない．そうした反応ができるのは，人として欠くべからざる，ひとつの貴重な能力でさえある．だから通常の定義に逆行することを承知の上で，本書ではまず，歳を重ねてもこの能力を失わずにいることを「大人になる」ための第1条件と考えたい．

　この定義を踏まえてみれば，いささか逆説的な言い方になるが，「大人になる」にはまず「子どもになる」ことが必要であるといえるだろう．子どものように悲しいことを悲しいと感じ，おかしいことをおかしいと思うこと．青空を見上げているうちにわけもなく涙が出そうになったり，見慣れた道を歩いているうちにどうして自分が今ここにいるのかわからなくなったりすること．そんな「子ども」になることのできない人は，たぶん「大人」にもなることができない．その意味では，すでに「大人である」と思っている人ほど「大人になる」ことはむずかしいといえる．

　ただしもちろん，いったん「子どもになる」だけでじゅうぶんというわけではない．「大人になる」ためにはもうひとつ，不可欠の要件がある．それはさまざまな感情や疑問を生の形で吐き出すのではなく，自分の中で咀嚼し，反芻し，消化した上で，他者に共有可能な形で言語化できる能力をもつということだ．この条件を満たせない限り，人はいつまでも子どものままにとどまってしまう．

　みずからの内部に萌した曖昧な感情や素朴な疑問に的確な言葉を与え，自分以外の他者に向けて差し出すこと——これは想像以上に困難をともなう作業であり，十全な形で実行するには，それなりの下地や素養が必要である．つまりこの作業を可能にするだけの豊富な知識や経験，そしてそれらに裏打ちされた高度な思考能力がなければならない．私たちはこれらの要素をひとまとめにして，しばしば「教養」という言葉で表してきた．したがって「大人になる」ためにはこの意味での教養を身につけること，すなわち「教養人」になることが，第2の条件として求められることになる．

iv

「教養人」の条件

ところで「教養人」という言葉から，あなたはどんな人間像を思い浮かべるだろうか．

「あの人は教養がある」という言い方をする場合，私たちはたいてい，いろいろなことを幅広く知っている人，自分の仕事以外のことにも関心があり，読書量が豊かで，どんな話題にも合わせられるだけの知識をそなえている人のことをイメージしている．たとえば情報産業の最前線で活躍する企業人が，ふと「モンテーニュも言ってますけど，人間とは，おどろくほど空しく，変わりやすく，うつろいやすい存在ですよね [1]」などといってみせたりすると，私たちは率直に「ああ，この人は教養があるな」という印象を抱く．

逆に自分の専門とする分野のことにいくら精通していても，それ以外の話題にまったく疎い人物のことを「教養人」と呼ぶ者はまずいない．『源氏物語』については生き字引のように詳しい国文学研究者が，うっかり「TPP [2] ってなんですか」などと口走ろうものなら，世間知らずの専門バカ呼ばわりされるのが関の山だろう．

こうしてみると，「教養人」の条件としてまず要求されるのは，複数の分野にまたがるバランスのとれた知識をもっていることであるといえそうだ．しかしながら，単に多くの知識を所有しているというだけで「教養がある」といえるわけではない．たとえばテレビのクイズ番組には信じられないほど博学な人がしばしば登場するけれど，彼らは「物知り」ではあっても，必ずしも「教養人」であるとは限らない．いろいろなことを知っているということは，「教養人」であるための必要条件ではあるかもしれないが，けっして十分条件ではないからだ．

では，単なる「物知り」と「教養人」の違いはどこにあるのだろうか．

おそらく両者を隔てる決定的な一線は，さまざまな知識をただばらばらの断片として所有しているだけなのか，それともそれらを相互に関連づけ，一貫した思考の体系（これを個別的な「知識」と区別する意味で，仮に「知 [3]」と呼ん

---

1) モンテーニュ『エセー 1』，宮下志朗訳，白水社，2005 年，16 頁参照．
2) Trans-Pacific Partnership（正確には Trans-Pacific Strategic Economic Partnership Agreement）＝環太平洋戦略的経済連携協定．

はじめに――「大人になるためのリベラルアーツ」とは　　v

でおこう）へと統合できる能力をそなえているのか，という点にある．なにか
を知っているということは，それだけではなにごとを意味するわけでもなく，
せいぜい「そんなことまでよくご存知ですね」と感心される程度のことにしか
役に立たない．しかしそれが「知」を構築する要素として有機的に組み込まれ，
いつでも適切な仕方で動員されうる状態にまで昇華されるに至ったとき，人は
単なる「物知り」ではない「教養人」として振舞うことができるようになる[4]．

　ところでこのように定義された「教養人」は，断片的な知識を体系的な知へ
と構造化するための「軸」をもっていなければならない．それはべつにいわゆ
る学問である必要はなく，仕事の上でのノウハウであってもなんでもいいのだ
が，とにかく「これが自分の拠って立つ場である」といえるような固有の基盤，
それを中心としてもろもろの情報が凝集され統合される専門性の「核」を保有
していなければならない．そうでなければ，せっかくの豊富な知識もすべてが
均等な重みで並列されているだけで，相互に連動することのない寄せ集めの集
合体にとどまってしまうからだ．

　要するに，教養人はまず専門人でなければならないのである．

「教養」と「専門」

　いや，それはおかしい，順序が逆ではないか，と思われた方も少なくあるま
い．最初から狭い枠に閉じこもらず，いろいろな勉強をして俯瞰的な視野を培
うことこそが「教養」の本質なのではないか．なんらかの専門性を身につける
前に，まずはさまざまな分野の知識を万遍なく獲得することを，ふつうは「教
養」と呼ぶのではないか．だから「専門人はまず教養人でなければならない」
というのが正しい言い方なのではないか．

3）　この言葉は昨今いささか安売りされる傾向があり，安易に用いることには慎重であるべき
　　だと思うが，「知識」と対置する概念としてはほかに適当な用語が思いつかない．
4）　もちろん，なんの計画性もなく収集された知識の無秩序な広がりにも大いに意義があると
　　いうことは，強調しておかねばならない．手当たり次第の濫読や雑学から得られた情報が，
　　そのときにはまったく無意味な断片にとどまっていたとしても，ある日ふと自分が営々と築
　　いてきた「知」の体系と呼応して，しかるべき場所にパズルのピースのようにぴったりはま
　　るといったことは往々にしてあるからだ．その意味で，「物知り」であること自体はけっし
　　て悪いことではないどころか，「教養人」となるためにはむしろ不可欠の前提であるとさえ
　　いえる．

一般的な了解としてはその通りである．また，東京大学の教育システムもこうした理念のもとに構築されている．つまり入学後すぐに専門分野を決めるのではなく，すべての新入生がまず教養学部に所属し，そこで幅広い教養教育を受けてから自分の能力や適性に応じた進路を選択するというシステムが，良き伝統として長年受け継がれているのである．この方式は late specialization（遅い専門化）と呼ばれ，私たち教員も事あるごとにその積極的な意義を強調してきた．

私自身，学生時代を振り返ってみれば，通常の進路を変更して現在の専門分野（フランス文学・フランス文化）を決めたのは法学部4年生のときであるから，この制度の肯定的側面はじゅうぶんに実感している．高校を卒業した段階で自分の可能性をひとつに決めることなどできるはずがない，というのが当時の率直な思いだったし，今でもこの感覚には基本的に変わりがない．

しかしその一方で，友人の中には「まったく興味のもてない一般教養をいつまで勉強しなければならないのか」「こんなことはさっさと終えて，早く専門的な勉強がしたい」という学生が少なからずいたことも事実である．良し悪しは別として，またそれが正しい判断であるかどうかも留保するとして，早くから自分の進むべき道を決めている者がいるのは当然であるから，そうした学生にまで「遅い専門化」を強要するのが果たして合理的といえるかどうかは，確かに疑問なしとしない．

特定の分野に強い関心と高い能力をもつ学生にたいしては，思い切って早いうちから専門的な勉強にうちこむ機会を提供する，すなわち early specialization の道を開くのも，大学として果たすべき使命のひとつであるだろう．誰もが同じ軌道の上を同じペースで進むことが平等であるというのは，いわば一律公平幻想にすぎない．本当の平等とは，各人がそれぞれにもっとも適した（したがってたがいに同じではない）進度で，自分の意欲と能力に応じた進路を歩む権利を等しく有しているということを意味しているはずだ．

ただし，早いうちに専門化した学生が他分野のことをほとんど勉強しないまま卒業してしまうと，かなりの確率で「無教養な専門バカ」になる恐れがある．だからそうならないようにするためには，やはりどこかの段階で教養教育を受けることが不可欠だろう．ただしそれは従来のいわゆる「一般教養」，す

はじめに──「大人になるためのリベラルアーツ」とは

なわち理系の人間でも日本の歴史のことを知っていなければいけないとか，文系の人間でもITの基礎知識は必要であるとかいった意味での教養教育とは，おのずから性格を異にする．

このステージで必要なのは，ある程度専門教育を経た段階でこそなされるべき教養教育，各自の専門性が確立されつつある段階でこそ意味をもつような教養教育である．自分の軸となる専攻分野をいったん広い学問的な見取り図の中に置き直し，他のさまざまな分野との関係の中で相対化し，さらにはある課題を前にしたとき，それが他の分野とどのように連携協力できるのかを考えさせるような教育——本書で「後期教養教育」と呼ばれているのは，このように定義されるものにほかならない．late specialization との対比において，これをlate generalization（遅い一般化）と呼ぶこともできるだろう．

考えてみれば（あるいは考えてみるまでもなく），「教養教育」と「専門教育」は本来，前後関係にあるものではないし，ましてや上下関係にあるものではない．両者は車の両輪のごとく，同時並行的に，かつ対等の重みをもって実施されてはじめて効果を十全に発揮するはずである．「後期教養教育」は，それゆえ大学の1・2年生よりも，むしろ3・4年生を対象としたものとして，さらには大学院生や社会人までをも射程に入れたものとして構想されなければならない．自分の「軸」や「核」がある程度固まってきた人間にとってこそ，異分野との対話を通してこれを疑問に付し，他者に向かって開き，場合によっては根底から組み直すことが必要だからである．こうしたプロセスを経てはじめて，私たちは断片的な「知識」を構造化して体系的な「知」へと織り上げることができるだろう．「教養人はまず専門人でなければならない」ゆえんである[5]．

リベラルアーツと後期教養教育

ところで教養教育が話題になるとき決まって担ぎ出されるのが，本書のタイトルにも用いた「リベラルアーツ」という概念である．この言葉は通常，漠然と「一般教養」と同じ意味で用いられることが多いが，それだけでは定義としてじゅうぶんではない．

---

[5] もちろん，「教養人（専門人）は同時に専門人（教養人）でなければならない」というのがより正確な言い方であるが，ここではあえていささか逆説的な表現を用いている．

本義に立ち返ってみるならば，これは人間が奴隷ではない存在，すなわち自由人であるために必要とされる学問を意味する言葉で，その淵源は古代ギリシアにまでさかのぼる．古代ローマでは artes liberales（アルテス・リベラレス）というラテン語で概念化され，具体的には文法，修辞学，論理学，算術，幾何，天文学，音楽の「自由七科」がその内容とされていた．これが英語に訳されて「リベラルアーツ」となったわけだが，重要なのは「リベラル」という形容詞に「人を自由にする」，すなわち「解放する」という動詞的な意味がこめられているということである．つまりリベラルアーツとは本来，人間を種々の拘束や強制から解き放って自由にするための知識や技能を意味する概念なのだ．このことはしばしば忘れられがちなので，ここであえて強調しておきたい．

現代人はすでに自由ではないか，だからべつに解放される必要などないではないか，と思われるかもしれない．しかし，普段意識することはなくても，私たちは多かれ少なかれ，さまざまな限界に囲い込まれた不自由な存在である．では，具体的にどのような限界があるのだろうか．

もっともわかりやすいのは，「知識の限界」だろう．私たちはそれぞれに一定の知識を身につけてはいるけれど，全知の人間などいないのだから，誰もが多かれ少なかれ無知な存在である．とくに若い人びとの知識量はまだまだ知れており，視野もごく狭い範囲に限定されていることが多い．そうした限界を早い段階で自覚させ，人文科学・社会科学・自然科学の全方向にわたって無限に広がる学問の沃野に踏み出すきっかけを与えるのが，リベラルアーツ教育の第一歩である．その限りにおいて，これは伝統的な「一般教養教育」とほぼ重なり合うものといえよう．

次に挙げられるのは，「経験の限界」である．経験の量は必ずしも年齢に比例するわけではないが，それでも若い学生たちは接したことのある人間も行ったことのある場所も相対的に少ないので，自分と異なる価値観と正面からぶつかる機会もそれだけ乏しいのがふつうである．だから家族や友人以外の人間と接触する機会を積極的にもち，住み慣れた場所を離れて（国内外を問わず）異文化体験を積み，そうした経験を通して世界の驚くべき広大さと多様性を実感すること，そしてみずからを「今ある自分」から解き放つことが必要になる．

第3に挙げなければならないのは，「思考の限界」である．知識も経験も，

はじめに——「大人になるためのリベラルアーツ」とは　　ix

基本的には努力を積み重ねさえすれば限界を広げることが可能だが，思考については そうはいかない．これは量的な努力によって増やしたり拡大したりするような性格のものではないからである．したがってこの限界を乗り越えるためには，ひたすら本を読み，教員や友人たちと議論し，他者の言葉と格闘することによって，いわば「思考の筋肉」そのものを鍛えるしかない．おそらくリベラルアーツのもっとも重要な意義は，こうした訓練を通して学生の精神を既成の価値観から解き放ち，自分を取り巻く世界とより柔軟で豊かな関係を結べるようにすることにある．

　ところで以上に述べた 3 種類のリベラルアーツは，基本的に大学に入学したばかりの学生たちを対象とした教育プログラムの中に溶かし込むことができるし，実際にさまざまな形で実行されてもきた．しかしここにはもうひとつ，別種のリベラルアーツを付け加えなければならない．すなわち，学生たちを無意識のうちに囲い込んでしまう「領域の限界」からの解放がそれである．

　この第 4 のリベラルアーツが，定義からしてある程度の専門化が進んだ段階でしか成立しえない「後期教養教育」と重なり合うことは明らかだろう．なぜなら，まだ特定の専門領域に「囚われて」さえいない者を「解放する」ことなど，理屈としてできないからだ．したがって教養教育の理念を語るさいにしばしば用いられてきた「狭い専門性に囚われる前に，まず幅広い知識を」という決まり文句は，この段階では「狭い専門性に囚われかけた段階でこそ，これを相対化する視野を」という定式に置き換えられなければならない．そしてその具体的な試みとして設けられた授業が，本書のもとになっている「異分野交流・多分野協力論」である．

「異分野交流・多分野協力論」の成り立ち

　この授業が誕生するに至った経緯について最後に述べておこう．

　私は 2012 年 4 月から 2013 年 2 月まで東京大学の教養教育担当副学長を務め，これからの教養教育のあり方について何度か提言をおこなう機会があった．その時期に作成したファイルの中に，「後期課程で自分の専門分野がもつ社会的な意義を考えさせる late generalization」のありうる例として，「多分野協力論」「異分野交流ゼミ」といった具体的な科目名を記した箇所がある．これが本授

業の原点ということになる.

2013年2月に総合文化研究科長・教養学部長に就任した後は,同年4月から総長補佐を務めることになった藤垣裕子先生に,全学レベルのワーキング・グループ座長としてこの件の検討を引き継いでいただいた.毎回の会議ではかなり厳しい議論が展開されたと聞いているが,この場で作成された「後期教養教育立ち上げ趣意書」(284–285頁参照)は,その甲斐あって非常に綿密に練り上げられたものとなっている.この理念に基づいて,当面は各学部が「後期教養科目」に相当する授業にタグをつけて全学部の学生に開くという形をとることになった.

藤垣先生は国際的な学会や先端科学シンポジウムで中心的な役割を果たす科学技術社会論の第一人者であり,多くの自然科学分野の最先端情報に日々接している.これにたいして私のほうはおよそ理科系の学問には不案内な文学研究者であり,本来ならば私たちのあいだにはおよそ学問的接点がないように思える.しかしさまざまな機会に話をしているうちに,たがいを隔てる専門性の距離が大きいからこそ,普段はそれぞれの分野だけで通用している「言語」をすり合わせてみることには大きな意義があるのではないか,という点で認識の一致を見た.

先生はまた,総合文化研究科・教養学部の附属組織である「教養教育高度化機構」に置かれた「科学技術インタープリター養成部門」の部門長を数年間にわたって務め,「理系の学生には自分の研究内容が社会においてもつ意味を説明できる社会的リテラシーを,文系の学生には現代社会において科学技術のもつ意味を考える科学的リテラシーを[6]」身につけさせる授業をおこなってきた実績がある.ここで培われた経験は,今回の授業計画にも大いに活かされるにちがいないという期待があった.

そこで「まず隗より始めよ」というわけで,文科系から理科系までの全分野をカバーする教養学部後期課程に,実験的な試みとして「異文野交流・多分野協力論」という名前の後期教養教育科目を共同担当でスタートさせることにしたのである.

---

6) 教養教育高度化機構ホームページより (http://www.komex.c.u-tokyo.ac.jp/interpreter/).

私たちはまず，授業の題材になりうるような問題をいくつかずつ出し合うことにした．本書で扱っているのは，その中から2人で検討を重ねて選んだ10のトピックスである．もちろんこれ以外にもアイディアとしては多様なテーマが提案されたが，文系の学生でも理系の学生でも等しく関心を抱くことができ，しかも現代に生きる者にとってはどうしても避けて通れない問題となると，それほどたくさんあるわけではない．全体としてはバランスのとれたラインナップができたのではないかと思う．また，教員が一方的にテーマを押し付けるのではなく，学生のほうからも「問い」を提案してもらいたいという趣旨から，教室で募ったアイディアの中から全員の合議で選んだものをテーマとしてとりあげるという試みもおこなうことにした（番外篇参照）．

　一見しておわかりのように，各回のテーマはいずれもイエスかノーかで答えを要求される（ただし容易にいずれとも答えがたい）「問い」の形をとっている．これは教室で議論する場合，自分の立場をいずれか一方に設定したほうがやりやすいであろうという理由によるものだが，もちろん実際には「イエスでもノーでもある」とか「イエスでもノーでもない」といったケースはいくらでもありうるはずだ．そうしたことを確認しながら，双方向的なやりとりを通じて自分の立場や見解を修正し相対化する契機を獲得することこそが，私たちのねらいであった．

　したがってこの授業は，ある分野の専門家としての教員が自分の所有している知識を学生に「与え」たり「伝え」たりするものではない．そうではなく，誰も答えを知らない問い，おそらくはどこにも正解など存在しない問いを前にして，専門分野を異にする教員と学生たちがどのようにコミュニケーションを図り，どのように協力することができるのかを一緒に考えながら共同で「創る」授業，したがって正確にいえば「授業」というよりもアクティブ・シンキングによる「作業」に近い試みとして，この科目は構想されたのである．

＊

　思うに，あらゆる学問が最終的にめざすべきは「存在の限界」からの解放であり，「自分という限界」からの解放ではなかろうか．そもそも人間をさまざまな制約や拘束から解き放ち，それまで知らなかった自分に出会う歓びをもた

らすことのないような学問に，いったいなんの意味があるだろう．大学はなによりもまず，そうした契機をできるだけ多様な形で提供する場でなければならない．「解放の歓び」を知ることによって人は少しずつ「大人になる」のであり，それを可能にするのが言葉本来の意味における「リベラルアーツ」なのだと，私は考える．

　「大人のための」ではなく，「大人になるためのリベラルアーツ」と題されている本書を，まだ大人でない人はもちろん，すでに大人である（と信じている）人も含めて，できるだけ多くの人びとが手に取ってくださることを願っている．

　　2015 年 10 月

石井洋二郎

本書の構成と使い方

　各回の構成は（1）「問題提起」，（2）「論点」，（3）「議論の記録」，（4）「議論を振り返って」となっている．

　（1）「問題提起」は，いわばディベートの起動装置として毎回の問いの趣旨を簡潔に記したもので，2人の著者が分担執筆した．担当は奇数回が藤垣，偶数回が石井である（ただし最終回は学生によって提起された問いをとりあげているので，執筆は2人が分担し，「学問篇」を藤垣，「社会篇」を石井が執筆した）．授業は全員がこの文章をあらかじめ読んでおくことを前提として進められたが，言うまでもなく，これらは議論の方向性を規定したり拘束したりする意図で書かれたものではないので，あくまでも参考資料としての位置づけにとどまることをご了解いただきたい．

　（2）「論点」は，問題提起者が毎回の議論をスムーズに進行させるためにメインテーマをさらにいくつかの問いに分節して提示したもので，実際の授業はこれに沿って進められた．

　（3）「議論の記録」は，学生たちの同意を得た上で毎回のやりとりを録音したものをTA（ティーチング・アシスタント）に文字起こししてもらい，これをもとにしてその回の「問題提起」を執筆した担当教員がまとめたものである．ただし「問題提起」のない番外篇は石井，「問題提起」を分担執筆した最終回は藤垣が担当した．もとより実際の授業をそのまま再現することはできなかったが，できるだけ臨場感を損なわないように留意したつもりなので，この部分を読んでいただければ，教室の雰囲気はだいたい想像していただけるのではないかと思う．なお，おもに読みやすさへの配慮から，発言の引用にあたっては教師の判断で文字起こしの原稿に適宜修正を加えた場合があることをお断りしておく．当然ながら，その内容に関しては著者の2人が全面的に責任を負う．また，学生の発言についてはすべて一人称を「私」で統一した．

（4）「議論を振り返って」は，その回の担当ではないほうの教員が，「議論の記録」に基づいて，授業の流れを振り返りながら執筆したものである．このように2人の教員が交互に相手の授業を対象化するような構成にしたのは，各回がそのつど「異分野交流・多分野協力論」の実践になるようにしたいという趣旨による．

　したがって，読者はまず各回の「問題提起」に目を通し，「論点」を確認した上で「議論の記録」へ，さらに「議論を振り返って」へと読み進めてもらえばいいのだが，可能であればそのさい，今自分の置かれている状況や関心対象，現在の立場・仕事や将来の進路などと関連づけながら，自分なりの回答をあらかじめ考えてから読んでいただけるとありがたい．そして自分も教室の現場にいて討論に加わっているつもりで，「なるほどこれはその通りだ」「いや，それは違うのではないか」などと随時合いの手を入れたり，「どうしてそう思うのか」「これはどういう意味なのか」などと適宜質問をはさんだりしてもらえると，いっそう興味が増すのではないかと思う．もちろん直接応答することはできないけれど，そうすることで読者と私たちのあいだには（ヴァーチャルなものであれ）なんらかのコミュニケーションが成り立つはずだ．

　このように，本書はただ受動的に「読まれる」よりも，基本的にはむしろ能動的に「使われる」ことを想定して構成されている．もちろん1冊の書物をどのように読もうがどのように使おうが読者の自由であるが，やや押しつけがましいことを承知の上でいえば，この本は自分の部屋で読むだけでなく，たとえば高校や大学の授業で，討論形式の「アクティブ・ラーニング」の教科書としても活用していただけるのではないかと思う．テーマの配列に特段の理由はないので，どこから始めてもらってもかまわないし，教室で関心を集めそうな話題だけをピックアップしていただいてもいい．また，私たちが実際にそうしたように，参加者にテーマを考えてもらうのも有意義だろう．

　最後の「授業を振り返って」は，学生から提出されたレポートから，この授業の成果や課題について参考になると思われる箇所を藤垣が抜粋・整理したものである．本書を授業等で利用される場合の参考にしていただければありがたい．

　いずれにせよ，読者がみずから「問い」を発見し，それを他者と共有し，異

本書の構成と使い方　xv

分野との対話を実践するためのきっかけとして，本書を役立てていただければ
幸いである.　　　　　　　　　　　　　　　　　　　　　　　　　　（石井）

〈参加学生および TA リスト〉

   A さん：法学部

   B さん：工学部

   C さん：文学部

   D さん：教養学部統合自然科学科

   E さん：教養学部教養学科

   F さん：教養学部統合自然科学科

   G さん：教養学部 2 年

   H さん：教養学部 2 年

   I さん：大学院総合文化研究科地域文化研究専攻（TA）

   J さん：大学院総合文化研究科広域科学専攻（TA）

   K さん：大学院総合文化研究科広域科学専攻（TA）

大人になるためのリベラルアーツ——目次

はじめに──「大人になるためのリベラルアーツ」とは …………… iii

本書の構成と使い方 …………… xiv

第 1 回●─ コピペは不正か …………………………………………… 1

第 2 回●─ グローバル人材は本当に必要か ………………………… 23

第 3 回●─ 福島原発事故は日本固有の問題か ……………………… 45

第 4 回●─ 芸術作品に客観的価値はあるか ………………………… 65

第 5 回●─ 代理出産は許されるか …………………………………… 89

第 6 回●─ 飢えた子どもを前に文学は役に立つか ………………… 111

第 7 回●─ 真理は 1 つか …………………………………………… 131

第 8 回●─ 国民はすべてを知る権利があるか ……………………… 153

第 9 回●──学問は社会にたいして責任を負わねばならないか……… 175

第10回●──絶対に人を殺してはいけないか ………………………… 197

番 外 篇●──議論によって合意に達することは可能か ……………… 221

最 終 回●──差異を乗り越えることは可能か ……………………… 237

授業を振り返って──学生のレポート篇 …………… 263

おわりに──後期教養教育の背景 …………… 271

参考文献 ………… 287

あとがき ………… 291

第1回
コピペは不正か

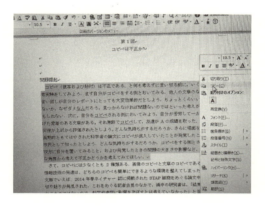

問題提起

　コピペ[1]（複写および貼付）は不正である，となにも考えずに言い切る前に，いくつかの思考実験をしてみよう．まず自分がコピペをする側とおいてみる．他人の文章の中のある言い回しが自分のレポートにとってもたいへん効果的だとしよう．ちょっとくらいいいのではないか，なぜダメなんだろう，見つからなければ問題ないのでは，といった考えが浮かぶかもしれない．次に，自分をコピペされる側においてみよう．自分が苦労して一から練り上げた愛着のある文章がある．それを無断でコピペして，友だちがＡの成績をとった，あるいは同僚が上司から評価されたとしよう．どんな気持ちがするだろうか．さらに場面を転じて，画期的ともてはやされた科学者の論文にコピペが混入していたことが発覚したことを一般市民として知ったとしよう．どんな気持ちがするだろうか．コピペをする側とされる側の双方に自分を置いてみること，および発覚したときの問題の大きさや影響など，さまざまな角度から考えて不正かどうかを考えてみてほしい．

　さて，コピペには少なくとも 2 種類ある．画像のコピペと文章のコピペである．近年の情報技術の発達は，どちらのコピペも簡単にできるような環境を整えてしまった．学術の文脈でいえば，2014 年春，『ネイチャー』誌に掲載された STAP 細胞をめぐる論文中に画像の切り貼りが発見された．これをめぐる記者会見の中で，渦中の研究者は，「結果自体が変わるものではないので，科学的考察に影響を及ぼすとは考えていなかった」と答えた．みなさんはこれを聞いてどう思っただろうか．科学は結果もさることながら，プロセスが非常に大切な営みである．プロセスを正確に記してこそ，後続の論文はそれを追試することが可能になり，その先の知識の蓄積が可能になる．そして科学研究はつねに試行錯誤で「作動中」であり，一流誌に掲載された論文でさえ，後続の論文によって吟味され，検証され，書き換えられることによって進展する．画像の

---

1)　コピペの英訳は plagiarism（剽窃）であり，捏造（fabrication），改竄（falsification）とならんで研究不正の三大カテゴリーの 1 つとして扱われることが多い．

切り貼りがまずいのは，このような綿綿と続く科学の営みにたいする不誠実な態度とみなされるからである．

　以上のように，学術における画像のコピペは，研究のプロセスの正確な記述という，研究者共同体内での研究遂行の誠実さと信頼にたいする「不正」であることが示唆される．しかも，発覚したときの問題の大きさは計り知れない．人類に共通な知見の蓄積にたいする冒瀆とみなされるだろう．日本の学術のレベルにたいして，世界の人から疑義がさしはさまれ，不信を生んでしまう．さらには，こういった研究不正があいつぐと，それらを法で規制するといった議論が起こる．たとえば医療過誤などは法での規制が整備されてきた．しかし，研究者の研究活動を法で規制することは，医療行為を法で規制することとは異なる．自由で責任ある研究の実施は，研究者の自律性の根拠である．自律性の根拠に研究者共同体の外部者が関与してよいのだろうか．こういった側面からみると，コピペとは，学術研究に従事する人はとくに，みずからの活動の自律性を守るためにもやってはいけないことなのだ，ということが示唆される．

　さて，より身近なところで，文章のコピペについて考えてみよう．論文作成およびレポート作成において他人の文章を無断でコピペすることである．近年の情報技術の発達は，さまざまな場面におけるレポートのコピペも増大させている．レポートが手書きだったころは，他人の文章を書き写すのでさえ，多大な手間がかかった．それが今ではマウスで範囲指定をし，「コピー」のクリックと「貼り付け」のクリック2回でコピペが完成するのである．手間の減少は，それだけ人びとのあいだでのコピペの心理的および倫理的障壁の低下も生んでいるようである．

　それではなぜ，レポート作成において他人の文章を無断でコピペするのが不正なのだろうか．この問題を深く考えるために，学術における不正の意味に立ち返って考えてみよう．学術において無断のコピペが不正となる理由は，学術ではオリジナリティが大事であり，レポートはその学術研究のための準備作業であるからである．それでは学術におけるオリジナリティとはなんだろうか．既存の知識体系にたいして，明確に区別した知見を示すこと，過去に出版された他者の業績との「差異」を強調することが学術のオリジナリティである．

　学術論文は，既存の論文との「差異」を強調することによって書かれる．新

しいデータを示す，新しい結果を示す，あるいはすでに刊行された論文の結果に基づいて新しい議論を展開する，などがそれにあたる．そして論文の生産とは，その差異の反復によってなされる．差異の強調のためには，きちんと他人の論文を「引用」の形で典拠として示さねばならない．では学術における引用とはなんだろうか．

1960年代の科学社会学者たちは，引用は「先行研究への献辞である」とした．これにたいし，実験室における科学者の行動観察に人類学的手法を応用した先駆的研究をおこなった研究者らは，引用は単に先行研究にたいする献辞ではなく，自分の論文の主張の根拠づけ，あるいは説得のための「資源」であるとした．そして，もとの論文の意図とは別の形に歪曲された引用も無視できないほど多いことを参加型観察研究から明らかにした[2]．

以上のことから引用とは，他の論文との差異を強調し，他の論文群の中に当該論文を位置づけする役割を果たす「コンパス」，すなわち方位磁針であると考えられる．当該論文の主張がオリジナルである（つまり先行研究と差異がある）ことを主張するための先行研究群の「配置」を与えるのが「引用」である．したがって，この方位磁針として利用された論文群は，引用行為そのものによって意味を変える．先行研究群の配置は，引用された瞬間に，変わりうる．

したがって，引用によってもとの論文の意味はつねに再構成される．誤引用や歪曲といった否定的な引用も，この再構成であり，方位磁針としての役割を果たす．また同時に献辞のために引用されたとしても，そこには肯定的な意味での再構成がおこなわれ，やはり方位磁針としての役割を果たすのである．どちらの意味にせよ，頻繁に引用される論文は，それだけ他の論文によって方位磁針としてよく用いられたことになる．このことは被引用度数（他の論文に引用された回数）についての新しい解釈を与える．また同時にこの肯定的，否定的な引用作動の積み重ねが，のちに後続の論文から頻繁に引用される論文群を作り出す．

引用が過去の論文にたいして再帰的に作動することによって，理系では科学知識の再構成，文系ではテキストの読み替え，といったことが起こる．「頻繁

---

2) ブルーノ・ラトゥール『科学が作られているとき——人類学的考察』，川崎勝，高田紀代志訳，産業図書，1999年．

に引用される論文」とは，否定的な意味でも肯定的な意味でも方位磁針に使われる論文である．つまり，頻繁に引用される論文は，それだけ他の論文によって過去の研究の位置づけのさいによく言及された論文ということになる．つまり「頻繁に用いられる論文＝質の高い論文」というより，「頻繁に用いられる論文＝他の論文によって位置づけのための方位磁針として用いられた論文」といったほうがいい[3]．

このように，すでに出版された論文は，引用されるごとに，当該分野における配置を再構築されるといっていいだろう．引用は，自分の論文の主張の立ち位置を明確に示すのである．引用は「資源」であると同時に，立ち位置を示す「コンパス」である．このことを端的に表現した文章を引用してみよう．

> 要するに，本はそれぞれが孤立した天体なのではなく，他の星と線で結ばれ，さまざまな星座をつくっているということだ．しかもそれらの星座は，だれにとっても同じわけではなく，人によって線の引き方がそれぞれ異なっている．読書とはとりもなおさず，広大な書物の宇宙に散らばる星を拾いあげ，それらをたがいに結びあわせて，自分だけの天体図を描き出すことにほかならない[4]．

この文章で，本および書物を論文および資料に，そして読書を論文作成に言い換えてみよう．

> 要するに，論文はそれぞれが孤立した天体なのではなく，他の星と線で結ばれ，さまざまな星座をつくっているということだ．しかもそれらの星座は，だれにとっても同じわけではなく，人によって線の引き方がそれぞれ異なっている．論文作成とはとりもなおさず，広大な論文および資料の宇宙に散らばる星を拾いあげ，それらをたがいに結びあわせて，自分だけ

---

3)　Y. Fujigaki, "The Citation System: Citation Networks as Repeatedly Focusing on Difference, Continuous Re-evaluation, and as Persistent Knowledge Accumulation," *Scientometrics*, Vol. 43, No. 1, 1998, pp. 77–85.
4)　石井洋二郎『告白的読書論』，中公文庫，2013 年，140 頁.

の天体図を描き出すことにほかならない.

　このように考えれば，人の文章をコピペして引用を示さずに使うよりも，きちんと「引用」を示し，自分だけの天体図（＝オリジナリティ）を描き出すことのほうが，ずっと大事であることが理解できるだろう．レポートの場合も同様である．　　　　　　　　　　　　　　　　　　　　　　　　　　　　　（藤）

論 点

1 理系のコピペと文系のコピペはどこが違うのでしょうか.

2 自分の分野での不正の例を考えてみてください.

3 自分の分野での引用の意味を考えてみてください.

4 研究倫理の授業としてなにをすべきでしょうか.

············· **議論の記録** ·············

　一般の読者にとってのコピペは，日々の業務レポートでのコピペ，ネット上での文章や画像のコピペかもしれない．それにたいし学生にとってのコピペは多くが授業のレポートでのコピペである．本授業の中でも，その体験をベースとした議論展開となった.

　まず「問題提起」文にたいする感想を参加した学生に簡単に聞いた．「自分が本を読んでいるときにも，他の文献の再帰的参照をしている傾向があると思った」「過程の厳密さが自律性を担保しているという話に，刑事事件の手法との同型性を感じた」「2年生の後半ではじめてレポートを書いたときは，引用の作法を習ったが，その意味は習わなかった．引用をすることによって自分だけのオリジナルな天体図をつくるというのは印象に残っている」「引用されることで論文の意味が変わっていくというのはなるほどと思った」「引用とは，自説の根拠を出すことと考えていたが，引用の作法を守ることによって学問の自律性を保っているという点の重要性を感じた」などの意見がよせられた．続いて以下の4点について議論に入った.

〈論点 1：理系のコピペと文系のコピペはどこが違うのでしょうか〉

　まず 2 グループに分け，グループ内での議論をおこなった．グループ 1 は A さん，D さん，F さんの 3 名，グループ 2 は B さん，C さん，E さん，G さんの 4 名である．グループ内の議論ののち，全体討論をおこなった．グループ 1 からは，理系のコピペは実験の結果など考察を導く前提の部分であるのにたいし，文系のコピペは考察そのもの，思考の部分を盗んでいるのでは，という意見が出された．

　　このグループでは，まず理系のレポートと文系のレポートってどういうもんなんだろうという話から始まって，私は理系のレポートしか書いたことがなかったので法学部のかたから文系のレポートというか，法学部のレポートってこんな感じだよっていうのを聞いて話し合いました．その結果，理系のコピペっていうのは考察部分というよりも，そこに至るまでのプロセス，たとえば実験の結果だったりとか，考察を導く前の前提の知識を盗むもので，文系のコピペは考え方だったりとか，思考の部分を盗んでいる感じがするという話になりました．（D さん）

　理系ではデータの再現可能性が肝要であり，プロセスを記述すること，後続の人がもう 1 回やってみて追認できることが大事である．それにたいし，考察についてはプロセスを記述する必要はない．そのあたりに違いが出るのでは，という意見である．この点については，では「文系の場合はその思考プロセスを追試する必要はないのか．再現可能性がある必要はないのだろうか」という疑問が藤垣から提示されたが，「これは掘り下げ始めるとたいへんなことになる」ということでこれ以上深入りはしなかった．文系の場合は，思考プロセスの追試というより，論拠としている資料の信憑性およびそこから導かれる思考の導出プロセスの合理性が問題になるのだろうか．実験プロセスの追試と思考プロセスの追試とはどう異なるのだろうか．さらなる考察が必要となろう．さらに，グループ 2 からは，文章のコピペとアイディアのコピペは異なるのではないか，理系は論文の「結果」の部分のコピペが問題となり，文系はその「結果」の部分は先人の考えていることの積み重ねになるのでは，という意見が出

8

された.

　これを受けて，石井から，論文の導入部分のコピペは結果部分のコピペより罪が軽いのだろうかという問いが出された．STAP 細胞関連で問題となった研究者の論文が例として挙げられた．これまでなされてきた研究の記述の部分であるため，それを写してもコピペにはならないのだという擁護論は成り立つのか，という問いである．

　　　A さん「そこまで考えてなかったですね……たしかにそうですねぇ……」
　　　藤垣「データをコピペするのに比べたら罪は軽いという発想ですか？」
　　　石井「うーん，だからほんとうにそうなのか，という問題ですよね」

　それにたいし藤垣は，理系において結果部分が重視されるのは確かであるが，その結果は図，表，データ，数値，数式など分野によって異なる形式をとること，それら形式の違いによってコピペのあり方も異なることを指摘した．そして理系と文系の論文の形式の差の話題となった．たとえば理系の論文構成は，〈introduction / method / results / discussion〉という形式をとるが，文系の論文はそのような形をとるとは限らない．そういった書き方の違いが，コピペの違いとなって現れるのではないかということである．

　さらに，書き方だけではなく，論文の目的も違うのではないか，という意見が出された．たとえば石井は，図書館長をしたさいに収納能力を超えた所蔵本のうちどの本を処分するかという問題をめぐって議論になった経験を紹介し，ある理系の教員が「それだったら間違ったことの書いてある本は捨てればいい」と発言したことについて，「世の中は正しいことと間違っていることに二分できると思っている人がこの世にいるということが私には驚きだった」と述べた．その発言をした理系の教員の発想では，すべてのことが正しいことか間違ったことかに分けられ，真理は上書きされていくということになる．それにたいし，「正しいか間違っているかを一義的に決めることはできない」，つまり，間違っているかどうかが問題なのではなく，著者がそういうことを考えていたという事実が大事なのであって，もし間違っていたとしても，だからこそその本を保存することに意味があるのではないか，という考え方がある．そして，

第 1 回　コピペは不正か　　9

セオドア・M・ポーター

このように学問がなにをめざしているかがそもそも異なるという問題提起がなされた．同時に，確かにその点では理系と文系の違いがあることは事実ではあるが，「新しい知見を付け加える」「過去の知見との差異を強調する」という点においては理系も文系も同じなのではないかという意見が藤垣から出された．

論点1についての議論を総合すると，学問はなにをめざしているかが分野によって異なり，その目的の違いによって論文の書き方が異なり，書き方が違うとコピペの意味も異なってくるのではないか，という点がクローズアップされたと言えるだろう．学問がいったいなにを目指しているのかということ自体の考え方の内実については，第9回で再びふれることとなる．

〈論点2：自分の分野での不正の例を考えてみてください〉

議論の進め方は論点1の場合と同様である．まずグループ討論をおこない，次にそれを全体で共有する形をとった．グループ1からは，ヒトを対象とした実験をおこなう経験をもつDさんとFさんの問題提起をもとに「都合の悪いデータが出てきたとき，それを省く」ことと捏造との境界について，つまり，起こった事実を勝手にいじることと不正との関係についての論点が出された[5]．また，心理学における要求特性，すなわち「実験者が望むような行動を被験者にさせてしまう」傾向，実験者が望ましいと考える方向に被験者を誘導してしまうバイアスについての問題が提起された．これは「観察者が観察対象に影響を与える」ことを指す．この論点を聞いていたAさんから，心理学実験にお

---

5) これは，脚注1で述べた改竄，捏造のほうにあたる．たとえば天文学の観測では，はずれ値があったときに，なんの明白な理由もなく観測値を破棄することは，穏当な倫理性に反する．実験で得られた数値においても同様である．誤差理論は，それらはずれ値を破棄する根拠となった．詳細については，セオドア・M・ポーター『数値と客観性――科学と社会における信頼の獲得』，藤垣裕子訳，みすず書房，2013年，262-263頁参照．ポーターは，1953年生まれ．カリフォルニア大学教授．専門は科学史・科学論．統計学と社会認識との関係，および社会における定量化の歴史を研究対象としている．

ける要求特性と，刑事事件における「おとり捜査」との差異についての言及があった．たとえば麻薬売人にたいして「売ってくださいよ」とこちらから働きかけて悪いことをさせるというのは違法であるが，むこうから「麻薬買いませんか」と売買の誘いがきた場合にみずからの背景を明かさずについていき，確たる証拠をつかむまでその人間と関係をもち続けることは受忍可能であるという説が紹介された．これは，人間一般の心理に関する真理をバイアスなく描出しようとすること（心理学の真理解明の目的）と，人間行動の中にわざと巻き込まれることによって証拠をつかもうとすること（刑事事件の真実解明の目的）の違いによって生じるものと考えられる．

　グループ2からは，文系における不正は，「自分が出したいと考えているアイディアが，すでに先行研究にあると知りながら出す」ことが不正となるのにたいし，理系における不正は積み上げ型であり，1つ嘘をつけば，その嘘が次々と積み重なっていく特性があるのでは，という意見が出された．さらに，「たとえば学会などで新しい考え方を出した後にFacebookで，"いいね！"ボタンがたくさん押されたとしたら，いい研究なのか」という問いが出された．人に注目されることと真理との違いはなにかについては，問題提起文にもあるように，引用される件数の多い論文が真理とは限らず，引用数が高い論文は他の論文から「コンパス」として利用される論文である，という話とつながる．

　これらの議論を受けて，石井から，文学研究においては「新しい考え方を提示する」ことがもちろん重要だが，「同じことでも新しく言う」ことにも同じくらい意味があるのではないか，「新しい言い方をする」ことも文学研究のオリジナリティのあり方なのではないかという論点が提起された．

　　言葉というものは共有可能性というものに開かれていないといけない，と同時に創造性に向けても開かれていないといけないという二重性がある．だから共有可能性をまったく否定してしまうと，誰にも理解できない言葉になってしまうけれども，共有可能性だけに寄りかかってしまうと，ありきたりなことしか言えなくなってしまう．そのあいだで勝負するようなところがあって，他者に理解されつつも，同時にこれは新鮮だなと思わせるような言い方をするというのも文学の研究のひとつのあり方かなと，そう

いう気がしますね.（石井）

　この論点は文学研究に限らず，そもそも研究における「情報解釈」のあり方，あるいは情報解釈のオリジナリティをどう評価するかという問いにつながる.

　さて，ここで「新しい言い方」というものを理系に応用してみよう. 新しい言い方とは，それまでの情報に新たな解釈を与えるということである. 理系の場合は同じデータでも研究者によって解釈が違うということはじゅうぶんありうる[6]. 同じデータを出していても，異なる解釈をすれば別の論文として出版できる. そしてどちらの解釈が正しいかについては，次の実験なり実証研究の結果によって判定されるとされる[7]. それではどこまでの解釈が許されているといえるのか. どこまでが解釈でどこからが歪曲だろうかという問いも生まれることがある[8]. このように，「新しい言い方」の是非をめぐっては，文系だけでなく，理系にも多くの論点が包含されているといえよう.

---

[6]　たとえばイギリスの *GCSE Science Higher: Twenty-First Century Science* という教科書では，「どの説明が正しい説明かについて科学者間で合意が得られないことがある」ことが明記されている（p. 91, p. 203）.

[7]　科学者は実証的証拠を蓄積することによってみずからの理論の正しさを正当化する. ウィーン出身のイギリスの科学哲学者カール・ポパー（1902–94）はこのような証拠で理論の優劣を判断できる「反証可能性」が，科学と非科学を分ける境界画定作業に役立つとした. ただし，この考え方にもさまざまな反論が用意されている. T. Gieryn, "Boundary of Science", S. Jasanoff *et al.*（eds.）, *Handbook of Science and Technology Studies*, Sage, 1995, pp. 393–443.

[8]　たとえば，次のような例がある. 脳科学の進歩の中で，幼少期の生育環境によって脳機能の決定が異なることは，遺伝子発現制御機構の解析とともに徐々に解明されつつある. 2004年カナダの研究グループは，生後一定期間「なめる，毛づくろい，背中に乗せる」などしてよくケアされたラットとそうでないラットを比較し，遺伝子発現の修飾には臨界期がある（生後すぐのケアの蓄積が遺伝子発現のしやすさをもたらす）遺伝子があること，幼少時の遺伝子発現パターンは生涯持続するものがあること，感覚入力は行動決定遺伝子発現に作用することなどを示した（I. C. Weaver *et al.*, *Nat Neuroscience*, Vol. 7, No. 8, 2004, pp. 847–854）. 問題はその論文のタイトルが "Epigenetic Programming by Maternal Behavior（母のケアが子のストレス耐性遺伝子発現を決定する）" と書かれていることである. このタイトルと文章は不正確で，「早期のよいケアが子のストレス耐性遺伝子発現を決定する」と記載されるべきであったのではないか，それを「母のケア」とすること自体が社会における役割意識による「情報解釈」であるのではないか，という問題提起がなされている（桃井眞里子「男女共同参画は医学を変えるか」，『学術の動向』，Vol. 19，No. 12，2014 年，62–65 頁）.

〈論点3：自分の分野での引用の意味を考えてみてください〉

　議論の進め方は論点1，2と同様である．グループ1の報告の中で，Aさんから法律分野における引用の意味についての言及があった．

　　　法律も実は1個の真理を見つけるのが使命なので，その点は文学とも違うなとも思いました．具体的に言うと，たとえば故意で殺したのか，たまたま死んでしまったのか，が微妙なケースにたいして，どこで線を引くか，殺人なのか過失致死なのかを判断するための妥当な線を探していき，それで正義を実現するのが法学のひとつの役目です．過失致死についてある説は過失をここまでと線を引いている，ある説はここまでと線を引いている．その両説あるうち，判例はこっちの説に立っているからこっちのほうが妥当だろうとか，他の論理部分で破綻があるからこっちの説は微妙とか，そういうのをやりながら，故意を広くとる説と故意を狭くとる説とで，妥当な折衷案を見つけていくというプロセスです．ですから，引用はそもそもスタート地点というか，引用がないと始まらないんですね．（Aさん）

　要するに殺人と過失致死との違いの境界引きも，過去の判例の引用によって決まる．あるケースを殺人と判断する説，同じケースを過失致死と判断する説，両説を引用しながら，当該判決における判断を決める．つまり法律分野における引用とは，グレーゾーンの判断のための妥当性を与えるものである．それにたいして，理系の引用は，主張の範囲をせばめていくための引用といえるのではないか，という論点である．

　グループ2では，Gさんから表象文化論における引用（イメージの引用とテクストの引用）が紹介された．「表象文化論だとイメージを語るときに，イメージだけだとわからないから，そこにテクストが必ずあるわけで，その同時代の人の絵だとしたら，同時代の人のテクストからその絵がどのような位置づけにあるのか（を問う）．」次にCさんからトマス・アクィナス[9]における引用

---

9)　トマス・アクィナス（1225頃-74）は，中世ヨーロッパの神学者．『神学大全』の著者として知られる．『神学大全』は，聖書の言葉や神学者の言葉の抜き書きおよび解釈を，体系的に整理したものである．

トマス・アクィナス

のあり方が紹介された．

　［トマスは］いろいろな意見を引用して，異論，つまりトマスの意見とは違う意見というものをその引用から示す．その上で，自分はその異論とは違う意見をもっていると言うんです．こうして自分の意見に反対している者の意見について，反論をするわけですね．たとえばアリストテレスなんかを彼はよく引用するんですけれども，そのアリストテレスの引用については全否定するわけではない．引用の解釈を変えていくことで，自分の意見に反対しているわけではなく，自分の意見と同じものを主張しているとする．つまり彼は引用を使って引用の解釈を増やしていくことによって，議論を多様性に富んだものにしようとしているんじゃないかと．
（Cさん）

引用から異論を出していく，引用の解釈を変えていくことによって，考え方の多様性を示していく，という論点である．
　以上のように，論点3の議論の過程で，学生たちは，自分の分野における引用の意味を考える（引用を人ごととしてとらえず，自分の問題としてとらえる）と同時に，それを他分野の仲間に理解してもらうために，どのような表現をすればよいのか（後期教養教育の要素の2つめ——自分のやっている学問をまったく専門の異なる人にどう伝えるか——に相当する．「おわりに」を参照）を身をもって体験したことがわかる．

〈論点4：研究倫理の授業としてなにをすべきでしょうか〉
　議論の手続きは前述と同様である．グループ1からは，以下の2つの論点が出された．1点めは，「コピペはダメです」というだけではなく，理由を周知する必要性と重要性である．「ルールだからダメなんだ」とするのではなく，問題提起文のような文を読むことを通して，こういうことがあるからこそダメ

なのだと納得すること，つまり，倫理の側面だけではなく背景やオリジナリティの意味の側面から考えることが大事なのではないか，という指摘である．とくに今回の問題提起文を読むことによって，コピペをすること自体がむなしく感じられるようになった，という意見が出された．

2点めはペナルティを課す考え方である．コピペには2通りあって，ひとつはやってはいけないことのラインを知らずにやってしまうことであり，これにたいしてはルールを教えていく必要がある．もうひとつは悪いことをやっていると知っていながらやってしまうことであり，これにたいしては「やったら必ず発覚するよ，そしてこんなペナルティが課されますよ」，ということを自動車運転教習所の教材のように示す必要がある．

グループ2からは，研究倫理の学び方にもいくつか方法があり，

（1）書いたもので伝えること（読む）

（2）教員から講義を受けること（聞く）

（3）本授業のように学生同士で議論すること（考える，集団で議論する）

（4）指導教員と個別事例について議論すること（1対1で議論する）

などの方法が考えられることが示唆された．そして，自力で個別に身につけていくこと（3，4）と教えられること（1，2）との差が指摘された．その上で，研究倫理というものは頭で考えるというより，身体感覚で身につけていくものではないか，という意見が出された．

教員側としては，学生から（1）から（4）までの分類が示されたことは非常に新鮮であった．論点1から3までのあいだに学生たちが，コピペのもつ意味を自分の分野の文脈で考え，自分の問題としてとらえる（これは，後期教養教育の要素の1つめ——自分のやっている学問および自分のもっている知識が社会でどういう意味をもつか——の一部に対応する）と同時に，それを他分野の仲間に理解してもらうために，どのような表現をすればよいのかを考えた（前述の通り，後期教養教育の要素の2つめに相当する）ことが議論から読みとれる．さらに論点4において，学生たちが「倫理教育において他分野の人とどのように協力できるか」（後期教養教育の要素の3つめ——具体的な問題に対処するときに他の分野の人とどのように協力できるか——に相当する）を実際にやってみせたことが示唆される．学生のひとりからは，この日の授業の感想として，「いつも

と違うところの頭を使っている感じがする」という意見を得た．本気で問題提起文および論点と取り組んだこと，つまり抽象的概念を具体的な文脈の中でとらえ，かつ自分の問題としてとらえたことの証だろう．

　最後に石井から，昨今のコピペが，テクノロジーの生んだものであることが再度強調された．情報技術が発達する前は，先人のものをコピーするのも，写経の例を見ればわかるようにそれなりに労力が必要なものであった．つまり「一字一句書き写す」という作業をもとに身体を通過することをとおして複写がおこなわれていた．それにたいし，現在のコピペは，このような身体通過を介さずに技術が複写を可能にしていることが問題なのだ．そして，信州大学学長の入学式の挨拶 10) をもじって，「コピペやめますか，それとも東大生やめますか」というコピーを石井が提示して学生の笑いをとったところで，この日の授業はおひらきとなった．　　　　　　　　　　　　　　　　　　　　　（藤）

議論を振り返って

　初回の授業は，「コピペは不正か」というメインテーマを4つの論点に分節して進められた．

　「コピペ」といえばすぐ論文不正のことを思い出す人が多いだろうが，これは学術の世界に限った話ではない．文章であれ画像であれ，デジタル化された情報であれば簡単に切り貼りできるようになった現在，私たちは日常生活の中でもしばしばコピペをおこなっているし，それをいちいち「不正かどうか」と自問することはほどんとない．つまりコピペという行為はすでに，私たちにとってあたりまえの振舞いになっている．それが不正かどうかという問いが浮上するのは，あくまでも切り貼りした文章や画像を自分の名前において発信する段階においてである．

　当然のことながら，出典を明示すれば正当な「引用」になるが，明示しなければ「剽窃」になる．しかし引用と剽窃の境界線は必ずしも明確ではない．コ

---

10)　信州大学学長の山沢清人は，2015年4月4日の入学式において，「スマホやめますか，それとも信大生やめますか」という言葉を新入生にむけて語って話題となった（たとえば東京新聞 http://www.tokyo-np.co.jp/article/national/news/CK2015041102000260.html）．

ピペの対象は実体として存在する文章や画像とは限らず，形の定かでない「思考」や「アイディア」でもありうるからだ．このレベルになると，コピペの問題はかなり普遍的な様相を呈してくる．そんな問題意識をもって授業に臨んでみた．

　第1の論点は「理系のコピペと文系のコピペはどこが違うのでしょうか」というものだが，これはつまるところ「理系の論文と文系の論文はどこが違うのか」という問いに帰着する．

　もちろん「理系」といっても数学の論文と化学の論文では書き方が違うだろうし，「文系」といっても文学の論文と社会学の論文では作法が異なるであろうから，おおざっぱな二分法で議論することにはおのずと限界がある．しかしさしあたりその点を留保していささか乱暴にまとめてしまえば，理系の論文は「新しい事実」を実証するために書かれるのにたいし，文系の論文は「新しい解釈」を提示するために書かれる，といった区別をすることが可能だろう．

　したがって，理系の場合はその事実の前提となるデータの信頼性と論証プロセスの厳密な客観性が求められるが，文系の場合はその解釈を他者にも共有可能なものとして伝達する論理の確かさと記述の説得力が求められる．理系の論文についてしばしば言われる「再現可能性」ということは，ふつうの文系論文では問題にならない．「他の誰がやっても同じ結果に到達できる」のが理系論文の必要条件であるとするならば，文系論文ではむしろ「他の誰がやっても同じ結果には到達できない」こと，すなわち（同じ対象を扱っても）研究者によって結論が異なることが必要条件であるからだ．

　しかしながら，藤垣の指摘にもある通り，そうした相違はあるにしても「新しい知見を付け加える」「過去の知見との差異を強調する」という点では理系も文系も違いはない，というのは確かである．それまでに立証されていないことを立証したり，かつて言われたことのないことを言ったりするのでなければ，そもそも論文を書く意味がない．先行研究を踏まえた上でみずからの「新しさ」や「オリジナリティ」を主張しなければならないという点では，理系も文系も同じである．

　この前提を踏まえて「コピペ」の問題を考えてみるとどうなるか．理系の場合は結論自体の新しさが絶対条件なので，それが先行研究の引き写しであれば，

第1回　コピペは不正か　　17

当然，論文の価値はゼロになる．では，利用されたデータや図版の一部に他の研究からのコピペが混じっていた場合はどうだろうか．結論さえ新しければ，そしてそれが正しいものであれば，そこに至るプロセスに多少の瑕疵があったとしてもたいした問題ではないという主張も皆無ではないが，どんな研究であっても他人の成果の無断借用がルール違反であることに変わりはない．結論自体の当否に影響が及ばない限り部分的なコピペはある程度までは許容されてよいという考え方は，容易に研究不正につながる危険をはらんでいる．

一方文系の場合は，もとより著者の思考過程のほうが結論自体よりも重要であるから，文章の記述そのものに明白なコピペがあった場合は，量の多寡にかかわらず学術論文として致命的であるというのが，一般的な考え方である．「文系のコピペは思考の部分を盗んでいるのでは」という学生の意見も，こうした側面を指摘したものと考えられる．だから厳密に言えば，たとえ結論を導くのに直接関与しないような文脈であっても，他人の著作からの無断引用が1カ所でも存在すれば，その論文の価値はゼロになってしまう．

ただしむずかしいのは，必ずしも本人が剽窃行為を自覚していないケースも多いということだ．文献を渉猟しているうちに，自分の論旨とみごとに合致する文章にたまたま出会うと，「これこそまさに自分が言いたかったことだ」と深く記憶に刻まれる結果，いつのまにかそれが他人の言葉であったことを忘れ，あたかも自分が考えたことであるかのように錯覚して記述してしまうといったことは，とかく起こりがちなことである．思考が言葉によって紡がれるものである以上，どこまでが自分の言葉で，どこからが他者の言葉であるのかをつねに意識しておかないと，論文を書き馴れた研究者であっても（あるいは書き馴れた研究者であるほど）この種の「思考のコピペ」に陥りかねない．

第2の論点は「自分の分野での不正の例を考えてみてください」というものだが，ここでは異なる分野の学生同士が議論することの意味がとくに際立った印象がある．

「都合の悪いデータが出てきたとき，それを省く」というのは理系の側から提起された問題だが，これはおそらく，文系でもかなり広く蔓延している現象ではなかろうか．たとえば文学研究の場合だと，分析対象とする作品から自分の言いたいことにうまく適合する箇所だけを拾いあげ，論旨に反する箇所があ

ってもとりあげずに辻褄の合う一貫したストーリーを作ってしまうといったケースは，けっして珍しいことではない．ありもしないデータを勝手に作りだしてしまえば立派な「捏造」だが，数あるデータの中から都合のいいものだけを選択するという行為は（とくに文系の場合）必ずしも「不正」とはみなされないので，良心の呵責も覚えずにすむ．

また「要求特性」と「おとり捜査」の話題も，分野横断的な問題提起として興味深い．「データ」といえばはじめからどこかに存在する客観的な事実のように思いがちだが，じつはそれ自体が観察者・分析者の関与によって多かれ少なかれバイアスをかけられたり方向付けられたりしていることが少なくないし，場合によっては（「捏造」とまでは言えないものの）都合のいいように「創作」されていることもないとは言えない．これは理系・文系を問わず，ヒトを対象とした研究や，アンケート調査・インタヴューなどを資料として用いる研究分野（たとえば社会学など）には広くあてはまることがらであろう．

分野が違えば「不正」のありようも異なるのは当然だし，「正しさ」との境界も曖昧でなかなか定めがたいというのが実情であるが，いずれにせよ問題になるのはほとんどの場合，意図的な不正ではなく，無意識のうちに犯してしまう結果的な不正である．実際の論文執筆段階だけでなく，テーマ設定，データ収集，観察記録，調査記録，図版作成等々，研究のさまざまな局面において，それぞれの分野で越えてはならない「一線」にたいする感覚を研ぎ澄ますことが求められよう．

第3の論点「自分の分野での引用の意味を考えてみてください」に関して紹介された事例を見ると，引用が果たす機能については「判断のための妥当性を与える」「イメージの意味を補足する」「自説との差異を見定めて議論を多様化する」といった視点が提出されている．なるほど分野によって引用がもつ意味もさまざまであるが，これらに共通しているのは「他者の言葉を援用することでみずからの主張を補強する」ということで，これが「引用」という行為の基本的な機能であることについては大きな違いはなさそうだ．

引用に関して問題が生じうるのは，今回のテーマ全体に関わることだが，「出典の明示」というルールが守られない場合であろう．他人の文章を，それが誰の言葉であるのか示さないまま論文に組み入れれば，読む側は当然それが

著者自身の言葉であるかのように勘違いするので，明らかに不正になる．そんなことは常識だと思うかもしれないが，実際にはインターネットに出ている文章をほぼそのままコピペして論文の一部に組み込んでも博士号が授与されてしまったケースがあるのだから，笑ってすませるわけにはいかない．引用とは自説を補強するために他者の言葉を利用させてもらう行為なのだとすれば，肯定的に用いるにせよ否定的に用いるにせよ，もとの発話者にたいして敬意を払うことが最低限の礼儀である．そうした敬意を払わずに他者の言葉をそのまま自分の言葉にしてしまう振舞い，すなわち「盗用」あるいは「剽窃」は，紛れもない窃盗行為であり，他者の知的な営みにたいする冒瀆である．

第4の論点は「研究倫理の授業としてなにをすべきでしょうか」という実践的な問いだったので，出された議論も具体性に富んでいて興味深かった．ルールを学ぶべき立場の学生からの意見だけに，どのように学べばもっとも自然に身につくか，という視点が重視されていたことがとくに印象的だ．とかく「教える側」からの発想に偏ってしまいがちな教員にとって，（1）から（4）の4分類などは大いに参考になる．

もちろん，学生たちはみながみな研究者になるわけではない．全体としてみれば，研究者の道を歩むほうがむしろ少数派だろう．だから狭い意味での「研究倫理」を身につける必要のない学生も多いと思うが，この言葉をもう少し拡大解釈すれば，企業等に就職しても社会人としての研究倫理（あるいは「職業倫理」というべきか）のようなものは要求されるはずだ．どんな仕事につくにしても，他人の書いたレポートや報告書を無断で借用することは許されないし，他人の業績を無断でわがものにするような行為は倫理違反である．

つまり「コピペは不正か」という今回のメインテーマは，学術や研究に限定されるものではなく，「仕事におけるコピペは不正か」という問いへと一般化することができる．そしてこの問いにたいしては「もちろん不正である」と単純に即答するのではなく，「そもそもコピペとはなにか」「自分の職業でのコピペとはどういう行為を指すのか」「どういう種類のコピペなら許容されるのか」「どうすればコピペを防げるのか」等々，問いをできるだけ細分化して思考してみることが肝心だろう．

最後にひとこと，「コピペやめますか，それとも東大生やめますか」の元ネ

タである「スマホやめますか，それとも信大生やめますか」という信州大学学長の話題になった言葉は，ひと昔前にテレビで流れていた「覚醒剤やめますか，それとも人間やめますか」という，日本民間放送連盟の麻薬撲滅キャッチフレーズをコピペして変形した「パロディ的引用」だと思うのだが，それに気づいた人はどれくらいいるのだろうか．

（石）

第 2 回

グローバル人材は
本当に必要か

問題提起

　あらゆる問いは,「定義」をめぐる問いを内包している.「グローバル人材は本当に必要か」という問いに答えるためには,まず「グローバル人材とはなにか」という問いに答えなければならない.

　この言葉をしきりに目にするようになったのは,せいぜいここ数年のことである.最近の日本の若者は内向きで海外に行きたがらない,だから国際的な舞台で外国の人びとと対等にわたりあえるような人間がなかなか育たない,したがって英語を使いこなして世界的に活躍できる人材の育成が急務である,といった論調が政財界を中心に高まり,大学にその役割が期待されるようになってきた.「グローバル人材」という用語は,こうした文脈で広まったものである.

　だが,私たちはともすると上に述べたようなイメージ(すなわち「英語を使いこなして世界的に活躍できる人材」という人間像)を漠然と思い描くにとどまり,それ以上の概念規定を怠ってしまいがちである.議論の出発点としては,もう少し厳密な定義を共有しておく必要があるのではないか.

　この点に関してまず参照すべき文献のひとつに,文部科学省が平成22年12月7日に設置した「産学連携によるグローバル人材育成推進会議」の最終報告書,『産学官によるグローバル人材の育成のための戦略』(平成23年4月28日)という文書がある [1].そこに記されているグローバル人材の定義は,「世界的な競争と共生が進む現代社会において,日本人としてのアイデンティティを持ちながら,広い視野に立って培われる教養と専門性,異なる言語,文化,価値を乗り越えて関係を構築するためのコミュニケーション能力と協調性,新しい価値を創造する能力,次世代までも視野に入れた社会貢献の意識などを持った人間」(同報告書,3頁)というものだ.

---

1)　http://www.mext.go.jp/component/a_menu/education/detail/__icsFiles/afieldfile/ 2011/06/01/1301460_1.pdf. この会議は平成22年12月8日,平成23年1月20日,2月24日,3月10日の計4回開催され,同年4月28日付で件の報告書を公表している.委員は市村泰男,伊藤元重,河田悌一,岸本治,白石隆,土居丈朗,新浪剛史,谷内正太郎,涌井洋治の9名.

また，これを受けて政府の「新成長戦略実現会議」が平成23年5月19日に設置した「グローバル人材育成推進会議」は，平成24年6月4日付で「審議まとめ」を公表しているが[2]，そこにはグローバル人材に求められる資質として，「要素Ⅰ：語学力・コミュニケーション能力　要素Ⅱ：主体性・積極性，チャレンジ精神，協調性・柔軟性，責任感・使命感　要素Ⅲ：異文化に対する理解と日本人としてのアイデンティティ[3]」（同審議まとめ，8頁）が挙げられている．

　以上2つの文書で示された定義は，いわばオフィシャルな見解の代表とみなすことができる．両者に共通する基本的な事項を抽出してみよう．

　（1）英語力に限らず，語学力全般とコミュニケーション能力の重要性が謳われている．

　（2）異文化への理解と同時に，「日本人としてのアイデンティティ」も要求されている．

　（3）協調性や積極性に加えて，責任感や使命感といった倫理的側面も強調されている．

　こうして整理してみると，英語が流暢にしゃべれて海外経験が豊富でありさえすればグローバル人材になれるわけではない，という見解がかなり明確に打ち出されていることがわかる．その限りにおいて，これらの定義はなかなか周到に練り上げられたものであり，的確でバランスのとれたものとして評価できそうだ．

　だが，問題がないわけではない．とくに「日本人としてのアイデンティティ」という言い方に関しては，かなり慎重な吟味が必要だろう．

　この概念は「日本人とはなにか」，そして「アイデンティティとはなにか」という，より根源的な2つの問いを含んでいる．しかし先に挙げた2つの文書には，この点についての踏み込んだ考察は見られない．たとえば前者の報告書でも，具体的方策はいろいろ列挙されているものの，「日本人としてのアイデ

---

2)　http://www.kantei.go.jp/jp/singi/global/1206011matome.pdf. こちらは政府レベルの会議で，構成員は内閣官房長官（議長），外務大臣，文部科学大臣，厚生労働大臣，経済産業大臣，国家戦略担当大臣となっている．

3)　原文では音引きつきで「アイデンティティー」と表記されているが，ここでは先の報告書に表記を合わせておく．

南部陽一郎
©AFP/SCANPIX SWEDEN/FREDRIK PERSSON

ンティティ」については，グローバル人材の不可欠な資質として挙げられているにもかかわらず，それがそもそもなにを意味するのか，そして具体的にどうすればそれを確立できるのか，ただの1行も触れられていないのである．あたかも，そんなことは説明するまでもなく一般に共有されている自明の了解事項ではないか，とでもいうかのように．

しかし21世紀を迎えてもなお世界各地で噴出している数々の対立や紛争を見れば明らかなように，「アイデンティティ」とは必ずしも「国家」を単位として成立する一義的・固定的な概念ではない．これは民族，宗教，言語，歴史等々，さまざまな契機によって形成されうる多層的な概念であり，時代や地域によって絶えず変化する一種の流動的な共同幻想である．だから「日本人」なるものの境界線もけっして安易に画定することはできないはずなのだが，公的な言説ではしばしばこの問題が等閑視され，まるでそれが単一の均質な集団であるかのように扱われてしまう．その結果，私たちはともすると，ナショナリティとはわざわざ根拠を問い直す必要のない不変の実体であるという思い込みにとらわれ，無意識のうちに思考停止に陥ってしまいかねない．これはいささか危険な兆候である．

たとえば2014年のノーベル物理学賞を受賞したカリフォルニア大学の中村修二は，アメリカ国籍を取得していたため，彼を日本人の受賞者とすることが適切であるかどうかについては議論が分かれた[4]．2008年の同賞受賞者である南部陽一郎についても同様である．それでも彼らがグローバル人材の代表的存在であることを否定する人はいないだろうから，この場合はまさに国籍とは別のレベルで「日本人としてのアイデンティティを保持する」とはどういうことなのか，ということが本質的な問いとして浮上することになる[5]．

---

4) ちなみに中村修二は徳島大学工学部時代，早く専門の勉強に打ち込みたかったのに，一般教養の授業に出なければならないのが苦痛で仕方がなかったと語っているが，これは「はじめに」で述べた early specialization を志向していた学生の例として挙げられるだろう．

このことを確認した上で、「グローバル人材は本当に必要か」という最初の問いに戻ってみよう。先に言及した『産学官によるグローバル人材の育成のための戦略』は、そうした人材の必要性が増している理由について、次のように説明している。

　　世界では、政治・経済をはじめ様々な分野でグローバル化が進み、加速度的に進展している。人間が作り上げた技術やシステムにより、ヒト、モノ、カネが国を越えて一層流動する時代を迎える中、地球規模で物事をとらえ、地球上のあらゆる人びとと協力し、地球規模の平和と幸福を追求することが不可欠となっている。

　　教育は、人が社会の中でよりよく生き、自己実現を図るためのものであるとともに、社会において、その人材が活躍し、その力が最大限発揮されるためのものである。このため、時代の流れとともに変化する社会に合わせ、教育自体も進化したものとなる必要がある。現代というグローバル社会においてはグローバル化がより進展する社会を見越し、日本人がグローバルに対応できる力を持つグローバル人材になることが求められている。

（同報告書，3 頁）

「グローバル」という言葉が立て続けに 4 回も繰り返される最後の文などは日本語の文章としてあまり感心しないが、それはそれとして、ここに述べられていることはあちこちでしばしば繰り返されてきた議論であり、ほとんど反論の余地はない。だから原則的には「グローバル人材は必要である」という命題の正当性も否定しがたいように思われるのだが、上に述べてきた通り、そもそも「グローバル人材」をどのように定義するかによって、問いにたいする答えは変わってくるはずだ。いったいどのような人間ならば「本当に必要である」といえるのか。逆にどのような人間だったら「必ずしも必要ではない」といえるのか——こうやって問いを変奏しながら思考を深めていくのでなければ、こ

5）　日本語教育と外国語教育の専門家たちが「日本語で」日本を発信できる人材を養成することの必要性を論じた文献として、西山教行，平畑奈美編著『「グローバル人材」再考』，くろしお出版，2014 年が参考になる。

の問い自体が無意味なものになってしまう.

あるいは,少し角度を変えてみれば,本当にあらゆる日本人がグローバル化しなければならないのか,およそグローバル人材とはいえないような人間も日本社会にとっては必要なのではないか,という問いを提起してみることも可能だろう.

さらに,「グローバル人材」という概念自体は果たして日本特有のものなのか,それとも他の国々でも見られるものなのか,という問いも検討に値する.たとえば韓国ではどうなのか,中国ではどうなのか,インドでは,エジプトでは,フランスでは,ブラジルでは,オーストラリアでは,そしてアメリカではどうなのか.そうしたことを調べてみることで,それこそ「グローバルな」文脈の中に日本を置き直し,この問い自体を他の地域と比較しながら相対化してみる視点も重要だ.

このように,ひとつの問いからはさまざまな別種の問いが枝分かれして次々に誘発されてくる.だから私たちはいっさいの前提や既成概念をいったん取り払った上で,最初の問いから派生してくるであろうあらゆる可能性を想定し,立ち現れてくる「問いの連鎖」を粘り強くたどりながら,説得的な回答を構築しなければならない.このようなプロセスをみずから設定し実践してみることが,高度な「教養」を鍛える上では必須の作業である. (石)

論 点

1 「グローバル人材」という用語法は適切だと思いますか.

2 この用語法を認めることを前提として,あなたは「グローバル人材」という概念をどう定義しますか.

3 2の定義を踏まえて,「グローバル人材」に該当すると思われる人物の例を挙げ,その理由を説明しなさい.時代・国籍等はいっさい問いません.

4 あなた自身は自分が定義したような「グローバル人材」になりたいと思いますか.また,その理由は?

.... 議論の記録 ....

　今回は最初に問題提起文の感想を聞くことはせず,あらかじめ配布しておいた4つの論点に沿ってすぐにグループディスカッションに入り,あとは第1回と同様,それぞれの議論内容を簡単に報告してもらった上で全体討論をおこなうという方式で進めた.グループ分けは前回と少し入れ替え,グループ1が,Aさん,Bさん（途中参加）,Cさん,Dさん,グループ2が,Eさん,Fさん,Gさん,Hさん,という構成である.

〈論点1:「グローバル人材」という用語法は適切だと思いますか〉
　まずグループ1では,この用語のもつ3つのニュアンスについて指摘があった.「利益団体とか財界の文脈で言われる,英語を使って仕事ができる人間」「（学問であれスポーツであれ）世界に負けない日本人」,そしてもっと広く「世界的なレベルの問題に取り組んでいく人物」という分類である.「グローバル」

第2回　グローバル人材は本当に必要か　29

という用語がどの意味で使われているのかが曖昧であるため，定義が迷走している印象があるという感想があった．

　続いて，「グローバル」よりも「人材」という言葉のほうに違和感を覚えるという発言があった．

　　　そもそも人材って言葉があまり好きじゃない．「シルバー人材センター」ってあるじゃないですか，私は子どものときからあの看板を見て「なんで人が材料なんだろう」ってずっと思ってて．本当は「人の才能」のほうなんですよね．[……]私はこの材料の〈材〉って字が好きじゃなくて，それを嫌ってか最近は財産の〈財〉とかも使われるんだけど，これもなんだかなって……（笑）（Cさん）

　この点については，グループ2でも同様の意見が出た．別々に議論していたにもかかわらず，期せずして問題意識は一致していたことになる．

　要するに，「人材」という言葉はあくまでも人間を「材料」として，すなわち組織のために役立つ一員としてとらえる言い方で，ある種の「才」をそなえた個人という本来の意味で評価している感じがしないということだろう．人間を手段として使う側の「上から目線」が感じられてどうしても抵抗があるというのが，両グループの何人かに共通した感想であった．もちろん〈材〉を〈財〉に置き換えたからといって，事の本質が変わるわけではない．とかくこの言葉が安易に用いられる傾向が強い昨今，学生たちがそうした姑息なわざとらしさにたいする鋭敏な感覚を発揮して，こちらの期待通りに健全な反応を示してくれたことは心強い限りである．

　また，「人材」という言葉が「グローバル」というダイナミックな動きを想定させる概念とはそもそも矛盾しているのではないか，という的確な指摘もあった．では「グローバル人材」に代わる言葉があるとすればそれはなにか，という点についても議論があり，グループ1からは，「人材」ではなく「人間」としてとらえるという意味では「国際人」くらいしかないのではないか，という意見が表明された．

　一方，グループ2では「グローバルとは閉じた言葉である」という，東京大

30

学文学部の鶴岡賀雄（宗教学）の言葉が紹介された．「グローバル」といえば
ふつう，どんどん外側に広がっていくようなイメージがあるが，じつは「地
球＝グローブ」を想定しているという意味では閉ざされた，外部をもたない概
念であるという．この発想転換には，紹介者の学生以外にも感銘を受けたとい
う声があった[6]．

　全体討論では，それぞれの議論の概要が報告された後，藤垣から「グローバ
ル」という言葉について（1）concerning the whole world（全世界に関係する），
（2）taking account of all possible considerations（あらゆることを考慮に入れた，包
括的な）という英英辞典[7]の定義が紹介された．また，international と global
はどう違うのか，という問題について，平成 26 年度の東京大学入学式で来賓
の小和田恆が祝辞で語った内容（国際化とは国家同士の関係が密接になることだ
が，グローバル化というのは国家の枠を超えて世界が一体化することである[8]）も
参考として紹介された．つまり「国際化」といった場合にはあくまでも国境の
存在が前提になっていて，それを越えることが問題になるわけだが，グローバ
ル化のほうはそもそも国境の存在自体が（象徴的な意味で）消滅し，誰もが同
じ土俵に立つことになる，という趣旨である．

　ここで，「グローバル人材」という用語は果たして日本以外の国にも存在す
るのか，という問題が石井から提起された．教室では言及できなかったが，こ
れについては TA の I さんがフランスのケースを中心に詳細な調査をしてくれ
ている．それによれば，フランスでは globalisation（グローバル化）と mondiali-
sation（世界化）という 2 つの概念が区別されており，日本語の「グローバル
化」に対応するのはもっぱら後者である．そして，この現象自体はさまざまな
レベルで問題になってはいるが，フランス語として「グローバル人材」といっ

---

6)　この点については石井から，あらゆる定義は境界を定めて閉ざす行為なので，「グローバ
　　ル」という言葉はその意味でも閉ざされているが，境界がある以上なんらかの「外部」を想
　　定せざるをえないはずだ，それはいったいなんなのだろうか，という問いが提出されたが，
　　それ以上の展開はなかった．
7)　『ロングマン現代英英辞典〈新版〉』，桐原書店，1987 年．
8)　「国際化というのは，文字通り，国際関係つまり国と国との間の関係が緊密化すること」
　　であるのにたいし，「グローバル化（Globalization）と呼ばれる現象は，世界が一体となって
　　一つの社会が生まれること」（http://www.u-tokyo.ac.jp/gen01/b_message26_033_j.html）である
　　というのが，正確な内容である．

た言い方がされることはまずない.

　また,平成27年3月まで事前調査を担当してくれたKさんによれば,英語ではglobal leaderという用語が「グローバル人材」に近い概念として用いられるが,中国,インド,シンガポール,フランス,ブラジルなどの教育省のウェブサイトでこの言葉を検索してもヒットしなかったそうである.こうしたことを念頭に置いてみれば,日本でしきりにこの言葉が使われるのは「社会の閉鎖性を外に開きたい」という政府関係者や企業関係者の願望の現れであると考えられるが,これは「グローバル化とは閉ざされた概念である」という鶴岡賀雄のテーゼと逆方向で面白いという藤垣の指摘があった.

〈論点2:この用語法を認めることを前提として,あなたは「グローバル人材」という概念をどう定義しますか〉

　グループ1からは,各人から出されたグローバル人材がそなえるべき条件を,

（1）世界にはいろいろな考え方の人がいるということを受け入れる幅の広さ,寛容性

（2）多様な人びとと外国で共同して作業していく上で,障害なくやっていく対話力（語学力だけでなく,人徳のようなものも含む）

（3）世界に打って出ようという積極的でアグレッシブなマインド

（4）ただ日本を守っていくというのではなく,世界のために全体のパイを大きくしていこうとする姿勢

（5）他人と力を合わせるさいに,自分自身が拠って立つ確かな軸足

という5つの要素にまとめる形で整理した定義が提示された.

　一方グループ2からは,国家の存在を前提とした「国際人」が「境界を越える」という発想に基づいているのにたいし,「グローバル人材」のほうは「平らにいろいろなところを渡っていける」こと,そして問題提起文にある「日本人としてのアイデンティティ」に関しては,世界に出ていったときに自分と異なるアイデンティティをもつ人びととちゃんと衝突できること,差異について反応できるということが条件なのではないか,という意見が出された.これに関連して,全世界がボーダレスになって均質化していく中で,逆にアイデンティティを回復しなければいけないという動きが生まれ,国家としての同一性を

強調したり，自国に特有の文化を生産したりというように，グローバルであることとアイデンティティを保つこととの微妙な均衡が見えてきたという感想があり，討議を通してしだいに思考が深まっていく様子がうかがえた．また，先の「人材」をめぐる議論と絡めて，やはりグローバルであるためには自主性・自律性が重要であるという補足があった．

　以上の報告を受けて，石井からはまず，公式の定義では「日本人としてのアイデンティティ」とはなにかということについて実質的な議論がなされないまま，あたかも自明の前提のようにこの条件が組み込まれていることへの疑問があらためて提起された．本当にグローバルな人間は，そもそも国籍という概念などはじめから越えているはずであるという立場に立ったとき，それでもなお必要とされる「何々人」としてのアイデンティティとはなんなのか，定義することはなかなかむずかしい．また，もし厳密に定義するとすれば，それは単に「日本人だったら外国人に歌舞伎のことくらいは説明できなければならない」といったレベルの話ではないはずだが，そうした本質的なところまではなかなか議論が掘り下げられていかないのが，世間一般の現状である．

　しかしこの問題はとりあえずそこまでで打ち切り，グループ2が提起した「差異」の問題，すなわち自分と異なるものへの想像力の必要性を再度確認したところで，次の論点に移った．

〈論点3：2の定義を踏まえて，「グローバル人材」に該当すると思われる人物の例を挙げ，その理由を説明しなさい．時代・国籍等はいっさい問いません〉

　この問いにたいしては，それぞれ興味深い回答が得られた．以下，挙げられた人物とその理由をまとめておく．

◆武満徹

　20世紀の前衛的な音楽に反応しながら，尺八とか琴など和楽器の要素をとり入れて，日本らしいと評されるような音楽を作っていったという点で，時代の流れや世界の動きを読み取ってそこに反応していくことができた人物だから．つまり組織が先にあってそこに合わせたのではなく，自分から〈材〉になることができた人物だから．

第2回　グローバル人材は本当に必要か　　33

ジョン万次郎

◆ジョン万次郎

　その生涯を見ると，高知県の漁村に生まれ，14歳のときに乗っていた漁船が難破して無人島に漂着し，アメリカの捕鯨船に拾われ，船長に気に入られてアメリカまで行き，養子となって現地で教育を受けた．それから10年近くを過ごして結局日本に戻り，薩摩藩の島津斉彬に会って民主主義の時代であることを訴え，開国にあたっては通訳として日米の架け橋になり，咸臨丸で再度渡米して日米修好通商条約批准に立ち合った．このように，留学しようと思ってした人ではないし，自分の意思でアメリカに行った人でもないが，「流される能力」というのも大事だと思うから．運命に流されながらも，その中で自分のできることをやっていくという能力は，ありそうでなかなかない能力なのではないか．

◆黒柳徹子

　世界で活躍していることに加えて，自分という軸をもっている，つまり自律性を活かしている人物だから．

◆小林康夫

　哲学的なことを研究していながら，いろいろな分野に知的好奇心をもっていて，外国人との交流も多く，海外で体験したこともすべて自分の中に受け入れて，他分野も含めた知の体系をもっている，つまり内面にグローバルなものをもっていて，それを自分の哲学として発信していく人物だから[9]．

---

9) 小林康夫については，2015年3月23日におこなわれた退任前の最終講義で「自分は『東京大学教養学部超域文化科学科表象文化論コース』云々というふうに住所を特定されるのが好きではない，自分はどこにも住所を定めず，あらゆることに関心をもち，すべてを知りたいのだ」という趣旨を語っていたこと，確かにその意味ではまさに「グローバル人材」（と呼ばれることは彼自身たぶん断固拒否するであろうが）にふさわしい人物であることが，石井から紹介された．もと同僚の名前が挙がったことには一瞬虚を突かれたが，考えてみれば大学にはこうした教員がほかにも少なからずいるような気がする．

◆孫正義

　ごく単純に，英語ができて，ビジネスをうまくやっているから．

◆坂本龍馬

　幕藩体制がつぶれて「日本」が意識される時代において，日本を各藩に，世界を日本に置き換えて考えてみると，藩の利益云々よりも，日本全体のパイを大きくしようとしていた人物だから．また，複数の藩が協同するにあたって必要不可欠である「差異への想像力」をそなえていて，海援隊という自分の軸足をもちながら，それをいかに薩長の財力に絡めていくかを考えながら活躍していたから．さらに，今時代がどう動いているかということをちゃんと考える時代感覚をそなえていたので．

坂本龍馬

　このようにいろいろな名前が挙がったが，もう少し身近なところで，自分の所属しているコースの教員たちも，自分の研究を進めるために世界のいろいろな学会で発表しているという意味でグローバル人材だと思うし，学びたいことがあって海外に留学している友人たちもすでにグローバル人材のタマゴではあると思う，という意見があった．自分の研究ややりたいことが人の役に立つことになったら，本当にグローバル人材になったと言えるという感想も付け加えられた．

　意外なところでは，ピカチュウの名前も挙がった．これはグローバル人材というよりはむしろ「グローバル・キャラクター」というべきだが，どの国でも同じ姿でありながらも，その文化的な差異をほとんど気にせずに受け入れられているという点がグローバルと感じられるという意見である．若い学生ならではの発想であろう[10]．

---

10) グローバル・キャラクターといえば，ひと昔前はもっぱらディズニー関連のものが主だったが，近年はドラえもんとかキティちゃんとか，日本発のものが次々と世界に進出してい

また，藤垣は緒方貞子の名前を挙げた．「日本人のアイデンティティ」という言葉を使わずに「グローバル」という概念をどう定義するかを考えたとき，(1) 外からの目で，日本をメタの視点でとらえることができること，(2) そこから「日本人」をとらえ直し，今日本がどういうふうに見られていて，どういう状況にあって，なにをしないといけないのかと考えられること，(3) その内容を英語など，日本語以外の言葉で発信することができること，という3条件が考えられるが，緒方貞子はそれらをすべて満たしている人物であるという理由である．また，テニス選手の錦織圭などは，スポーツを通して以上の3条件をみんなに考えさせているという意味でグローバル人材と言えるという指摘もなされた．

　こうしてみると，論点に「国籍等はいっさい問いません」とあったにもかかわらず（ピカチュウ以外は）日本国籍者ばかりの名前が挙がったが，これは「グローバル人材」という言い方をした時点ですでに軸足が日本にあることを前提しているような印象があるせいだろう，ということを確認して，最後の問いに移った．

〈論点4：あなた自身は自分が定義したような「グローバル人材」になりたいと思いますか．また，その理由は？〉

　まずグループ2からは，グローバル人材になるということが目的なのか手段なのか，ということから出発して，はじめからそれを目的としてグローバル人材になるという性格のものではなく，自分がなにかなりたい姿があって，それに向かって進んでいった結果，自然にグローバル人材になっていくものではないか，という見方が示された．また，自律性をもって他者との差異を感じながら，他者を受け容れるということを考えると，「ローカルなグローバル人材」というのもありうるのではないかという意見も出された．

　　　グローバル人材というのを，自律性をもちつつ，自分と異なるものを受け容れていくという意味でとらえているんですけれども，そういう意味で

る．グローバル化はキャラクターの世界でいち早く進行していたのかもしれない．

は，私は，ローカルなグローバル人材になりたいな，というのはあります．広く世界を考えるわけではなく，自分の近くにいる他者を受け容れつつも，自分自身をもつ人という意味ですかね．（Hさん）

　グループ1からは，あえてグローバル人材になりたくないという立場に立って考えると，自分の資源を世界という大きいスケールで使うよりは，もっと近しい人のために使いたいという考え方はあるのではないか，その意味でローカルであることはそれ自体すばらしいことではないか，という意見が示された．

　　ローカルに生きたいっていう人間は，全然ありだと思う．私は［……］地方に生まれて育っているから，グローバルにものを考えるんじゃなくて，地域のために働いている人たちは尊敬すべきだと思うし，その生き方は格好いいと思います．俺はこの街でいちばん，とかじゃないけど，この街の人たちのために働くんだっていうのは，すごくいいことだと思いますね．（Cさん）

　ただしローカル人材にグローバルな視点があればなお強いので，その意味では「グローバルなローカル人材」もありうるだろうという話が出た．それぞれに観点や方向性は異なるが，別々に議論していた両方のグループから「グローバル」と「ローカル」という2つの概念を絡めて考える意見が出されるという共通点が見られたことは興味深い[11]．
　結局，なにをするために，という視点がないまま「グローバル人材になりたいか」とか「なりたくないか」ということを議論してみてもあまり意味がないのであり，自分がそのジャンルでなにをしたいかということがまずあって，そのために必要ならグローバル人材になればいいし，必要でなければならなくてもいいということだろう，という最終的なまとめをしようとしたところで，石井が考えるグローバル人材の例は誰か，という質問が出た．
　具体的な名前は出さなかったが，世界的に受容されているあらゆる芸術家は

---

11)　その意味で，「地球規模でものを考え，地域で活動する」という意味で用いられる「グローカリゼーション」という言葉は，学生たちの問題意識に対応するものと言えるだろう．

グローバル人材といえるのではないか，というのが教室での回答である．この場合，その芸術家が世界的な舞台に出ていって活躍しているか否かはほとんど関係なく，作品自体が（音楽や絵画ならそのまま，文学なら翻訳を通して）世界的に共有されていくことで個別的な営みが普遍へと突き抜けていく，それが芸術におけるグローバルということなので，ある意味では芸術家が（昨今言われているような意味とはまた別の意味で）グローバル人材であることはあたりまえのことであるともいえる．

　そこで最後に，結局のところどうして今世間で言われる括弧付きの「グローバル人材」が求められるようになっているのか，という話になった．企業が求めているのは，早い話，英語ができて，世界のどこに行っても互角に渡り合えるような人材，という傾向が強い印象を受けるが，大学というのは必ずしもそうした人材（だけ）を育てる場ではない．また語学に関していえば，もちろん世界のどこに行っても通用する人間であったほうがいいので，そのためのツールとして英語が必要であることは否定できないが，それだけではやはりだめで，第3の言語も学ぶことで英語からの相対化もできるし，世界の多様性や文化的差異も深くわかってくるから，東京大学を出た「グローバル人材」はそうした幅広さをそなえた人間であってほしい[12]，という趣旨のことを石井が語ったところで，ほぼ時間が尽きた．

（石）

議論を振り返って

　第2回の授業は，「グローバル人材は本当に必要か」というテーマのもとに進められた．問題提起文にもあるように，あらゆる問いは「定義」をめぐる問いを内包している．「グローバル人材は本当に必要か」という問いに答えるためには，まず「グローバル人材とはなにか」という問いに答えなければならない．これが第1の論点，「『グローバル人材』という用語法は適切だと思います

---

12)　ちなみに東京大学では日本語・英語に加えて第3の言語も自由に使いこなせる人間を育てたいという趣旨から，トライリンガル・プログラム（TLP）という教育プログラムをスタートさせている．2015年度の時点ではまだ第3の言語は中国語に限定されていたが，2016年度以降は他の言語にも拡大することになった．

か」というものである.

　ここで学生は,「グローバル」とはなにか,「人材」とはなにか,「グローバル人材」とはなにか,などについての議論を展開した.そのことを通して,「立場を問う問いの後ろには,必ず定義の問いが隠れている」ということを学んでいった.立場を問う問いについて思考するためには,まず「前提を問う」「脱構築をする」ことが必要となる.そのためには,グローバル,人材,といった言葉の定義を掘り下げることが不可欠となる.

　人材という言葉に違和感を覚える感受性は,卒業後に就職したのち,つねに政策決定者や組織との距離感を吟味しなくてはならない大学生にとっては重要な点であろう.また,グローバル人材という用語がとくに日本および韓国で使われており,他の国では取り立てて使われているわけではないという調査結果は,興味深いものがある[13].日本でとくにそのような用語が使われる背景としては,やはり「放っておくと内側に閉じようとする日本社会の閉鎖性を外にむかって開こうとする」産業界および政府の意向があってのことであろう.このような文脈で使われるグローバルとは,外にむかって「オープンであること」をめざす概念である.この点についてはロボット研究の中で興味深い指摘がある.「日本という国の中に文化の差異があることが顕わになること,あるいは日本の均質性が脅かされること自体が,日本社会の well-being にとって大きな脅威であるため,日本のロボット研究は,ロボットを日本文化に訓練して馴染ませる方向に進む[14]」という.これは,日本で国際化が進まないことの理由を逆説的にとらえる(つまり均質性の変化がみずからへの脅威になる)言説として興味深い.それにたいし,オープンであることは,文化的差異のある人

13)　議論の記録にもあるようにこの授業に先だって,TA の K さんおよび I さんに北米,フランス,中国,韓国,シンガポール,インド,ブラジルにおける「グローバル人材」という用語の使われ方を調査してもらったのであるが,この語が声高に叫ばれているのは日本と韓国だけであった.とくにフランスでは「グローバリゼーション」という用語への批判が展開されている.「現在,グローバリゼーションはアメリカ優位の状況と同一視され,1980 年代にアメリカで使われはじめた globalization という言葉が,世界的に使われるようになった(フランスでは mondialisation という言葉が使われているが)」(イグナシオ・ラモネ,ラモン・チャオ,ヤセク・ヴォズニアク『グローバリゼーション・新自由主義批判事典』,杉村昌昭,村澤真保呂,信友建志訳,作品社,2006 年,115 頁).

14)　S. Sabnovic, "Inventing Japan's 'Robotics Culture': The Repeated Assembly of Science, Technology, and Culture in Social Robotics," *Social Studies of Science*, Vol. 44, No. 3, 2014, pp. 342–367.

を受け入れることであり，均質性からの変化が脅威とならないことを指す．

　一方，グループ2から提示された，グローバルとは「地球＝グローブ」を基礎とし，地球以外の外部をもたない閉ざされた概念である，という主張は確かに「オープン」をめざす上記の主張と矛盾している．この場合，「外」としてなにを想定しているのかが異なると考えられる．開放性を指す概念としてのグローバルでは，外部にあるのは自国以外あるいは自国の文化以外である．それにたいして，閉鎖性を指す概念としてのグローバルは，地球外部のことは考慮していない．境界設定のしかたによって，同じ概念が相矛盾する別の定義になるというのは興味深い．「議論の記録」の脚注6にあるように，「あらゆる定義は境界を定めて閉ざす行為」であるから，その境界の定め方によっては，同じ言葉も異なる定義になりうるわけである．

　第2の論点は，「この用語法を認めることを前提として，あなたは『グローバル人材』という概念をどう定義しますか」という問いである．この定義をする上で，「日本人としてのアイデンティティ」の定義は避けてとおれない．しかも日本人としてのアイデンティティという言葉は，問題提起文にもあるように，根源的な問いを喚起する．「アイデンティティをもつとは，差異に反応できることである」「グローバル（concerning the whole world）であることとアイデンティティをもつこととの微妙な均衡が見えてきた」という学生の発言は，この根源的な問いを踏まえた上での至言である．「差異について反応できる」あるいは「自分と異なるものへの想像力の必要性」という論点は，第1の論点でも掲げた，「均質性からの変化がみずからへの脅威にならない」「文化的差異を許容する」という論点につながってくる．

　第3の論点は，「2の定義を踏まえて，『グローバル人材』に該当すると思われる人物の例を挙げ，その理由を説明しなさい．時代・国籍等はいっさい問いません」というものである．ここで挙がった人の名は，時代で言えば幕末の人間から現代人まで，そして分野で言えば芸術家，哲学者，タレント，ビジネスマン，幕末の志士まで多様であった．ピカチュウがグローバル人材として挙がったのは，学生の世代を感じさせて興味深かった[15]．確かにポケモンは，日

---

15) ちなみに，ゲームボーイ用のソフト「ポケットモンスター赤・緑」が発売されたのは1996年2月，同タイトルを冠したゲームソフトは2億本を上回り，ゲームを含めた関連市

本人が考えている以上に外国の子どもたちに知られている．また，「ユンゲラー」というモンスターの名前が，日本国内だけに流通しているときには問題にならなかったのに，グローバル・キャラクターになったがゆえにユリ・ゲラー[16] から名誉毀損として提訴されたことは，グローバルであることと知財との関係を考える上で特記すべきことであろう．グローバルをめざすときには，自国の法律の枠を超えた知的財産権についての係争が生じるのである．

　第4の論点では，「あなた自身は自分が定義したような『グローバル人材』になりたいと思いますか．また，その理由は？」について議論した．グローバル人材は目的かそれとも手段か，自分がそうなりたくてそうなるのか，それとも他人に求められてそうなるのか，についての議論のあと，グローバルとローカルの対置が焦点となった．双方の班から，自分の街・地域のために働きながら「自律性をもちつつ，自分と異なるものを受け容れていく」のなら「ローカルなグローバル人材」あるいは「グローバルなローカル人材」もありうるのでは，という意見が出た．これは実に興味深い視点である．経済であれ，知識の流通であれ，グローバル化が進み，遠く離れた地域の人びととモノや知識の交易を進めようとするときには，個人由来の知識や地域に依存した知識は使いにくくなる．そういうときに交易や交流の標準化に使われるのが，「どこにでも通用するグローバルな」客観性だったり人材だったりする．このように，グローバルという言葉にはおしなべて「世界標準の」「どこでも通用する」という意味がこめられているため，地域・局所におけるローカルノレッジとは対置される概念として扱われやすい．ところが学生の議論はこのような対置を超え，自由にローカルとグローバルを結び合わせた理想を展開していった．彼らの将来に期待したい．

　石井からは，芸術家や作家の話，たとえばある言語しかできない作家が自国の言葉で作品を書いても，それが翻訳されて世界中の人に読まれることを通し

　　場の累計総売上は，国内約 1.8 兆円，海外約 2.2 兆円という報告がある．

16)　ユリ・ゲラー裁判とは，2000 年 12 月にユリ・ゲラーがユンゲラーに自分のイメージを盗用されたとして，任天堂に賠償を要求した裁判のこと．ユリ・ゲラー（1946−）は，イスラエル・テルアビブ生まれの超能力者を名乗る人物．1970 年代に何度か来日し，当時のテレビ番組に登場し，とくにスプーン曲げのパフォーマンスで日本での超能力ブームの火付け役となった．

て普遍に突き抜けていくということ，そして，「あらゆる芸術家」は普遍的に突き抜けていかないとその営みは意味をもたないということが示された．「限りなくローカルであることによってグローバルになること」「個別をとことん追求していくと普遍に至る」という芸術の特性は，「限りなくグローバルであろうと努力するが実はローカルな文脈に依存してしまう傾向をもつ科学技術」と対置できる．この論点は，第3回および第4回の議論にもつながっていく．

さらに，石井の指摘した「語学に関していえば，[……]ツールとして英語が必要であることは否定できないが，それだけではやはりだめで，第3の言語も学ぶことで英語からの相対化もできるし，世界の多様性や文化的差異も深くわかってくる」という点は，グローバル人材を議論する上で大事な論点である．2カ国語を学んで3言語に通じることによって，私たちは「文化の三角測量」をすることが可能になる[17]．日本語と英語しか知らなければ，自分を相対化する線は1本しか引くことができない．日本語からとらえている世界観と英語からとらえている世界観との比較の線である．それにたいし，もうひとつ外国語を勉強すると，線は3本に増える．たとえば英語とフランス語を知っていれば，日本語と英語，日本語とフランス語のほかに英語とフランス語のあいだに比較の線を引くことが可能になる．そのことによって，言葉と概念の関係は言語によって多種多様であるということ，同じ人称代名詞でも，フランス語と英語と日本語では語彙の分かれ方が異なっていることを学ぶことができる．言語というものが本質的に文化的な産物であり，人びとの生活と密接に連関しながら世界を分節し独自の体系を形づくってきていること，使用言語が違えば同じ対象であってもその見方・把握の仕方が違ってくること，そして私たちが言葉を通して世界を秩序だて，構造化し，認識していることを知ることができる．このことを通して，世界には少なくとも言語の数と同じだけ世界の見方のパターンがあること，つまり異なる世界観があることを学ぶことができる．

以上のことは，第1，第2の論点でもふれた「文化的差異」を受け容れることにつながってくるのである．この点は，実は藤垣が議論中でも提起した「グローバルであること」の3つの定義，すなわち，（1）日本を外からの目，メタ

17）　石井洋二郎「『星の王子さま』と外国語の世界――文化の三角測量」，東京大学教養学部編『高校生のための東大授業ライブ：純情編』，東京大学出版会，2010年，32-48頁.

の視点でとらえられること，（2）そこから日本人をとらえ直し，今日本がどのように海外の人から見られていて，なにをしなくてはならないのかを考えられること，（3）その内容を日本語以外の言語で発信することができること，の3条件とも関係してくる．こういったメタの視点をもって日本を見るために文化の三角測量は不可欠なのである [18]．自分の置かれている状況を相対化できてこそ，日本人の共同体の中に潜む「均質性からの変化への脅威」を読み取り，文化的差異の受容へとみずからを開くことができるようになるからである．

（藤）

---

[18] 理系の学生にとっての文化の三角測量については，以下を参照．佐藤直樹「理系学生にもっと第二外国語を──豊かな国際化のために」，『教養学部報』，539号，2011年6月8日．

第 3 回

福島原発事故は
日本固有の問題か

映像提供／福島中央テレビ

問題提起

　2011 年 3 月 11 日の東日本大震災ののち，福島第一原子力発電所の 4 機は，地震直後に発生した大規模津波の影響で原子炉冷却装置の電源が喪失し，コントロール不能となり，爆発を起こした．これは民主主義国家で未曾有のレベルの原子力発電所事故（レベル 7）と判定され，国内外で大きな反響を呼んだ．事故の原因分析については，国会，政府，独立 [1] の 3 種類の報告書が出ている．また事故後のリスクコミュニケーションについては，安全側に偏った情報公開が問題視され，日本学術会議や文部科学省科学技術・学術審議会安全安心部会などで議論が重ねられている．

　福島原発事故は日本固有の問題だろうか．答えはノーであると同時にイエスでもある．まずノーの立場を見てみよう．今回の事故は，技術的に発達したハイテク国家日本で起きた事故であり，同様の事故が原子力発電所（以下，原発）をもつどの国でも起こる可能性があると考える立場である．そして，原発の安全性を根本から問い直さねばならないとする．ドイツは 2022 年までに原発全廃という決議をしたが，この決定は上記の考えに基づいている．たとえばドイツの「安全なエネルギー供給に関する倫理委員会」報告書（2011 年 6 月）には，「今回の事故がハイテク大国・日本で起きたことを特に重視している」と書かれている．そして日本での事故によって「大規模な原子力事故はドイツでは起こりえない」という確信をもてなくなったと告白している [2]．高い技術力をもった日本は，原発の安全性を判断する上での重要な規準であったことが示唆される．このように，原発事故が，原発を保有する他のどのような国でも起こりうるという認識をもち，事故として一般化することによって，今回の事故の教訓を世界の人びとと共有することができる．

　次にイエスの立場を見てみよう．この事故を「メイド・イン・ジャパンの災

---

1)　福島原発事故独立検証委員会『福島原発事故独立検証委員会　調査・検証報告書』，円水社，2012 年.

2)　熊谷徹『なぜメルケルは「転向」したのか』，日経 BP 社，2012 年，165 頁.

害」としてとらえ，「日本固有の」災害としてとらえる見方である．たとえば，事故独立検証委員会報告書の中に，「この調査中，政府の原子力安全関係の元高官や東京電力元経営陣は異口同音に『安全対策が不十分であることの問題意識は存在した．しかし，自分ひとりが流れに棹をさしても変わらなかったであろう[3]』と述べていた[4]」という記述がある．こういった no-blame culture，きちんと言うべきことを言わない日本の文化が災害を生んだという考え方である．また，ひとつひとつの分野は世界最高レベルにあったのに，それらのあいだの連携が下手な国であったために起きた事故という指摘もある．たとえば，「津波のコミュニティにおける津波予測の不確実性の感覚が，原子力コミュニティに伝達されなかった」（2012 年 1 月，日本学術会議シンポジウム）というような指摘である．さらに，国会事故調査報告書で黒川清委員長が「メイド・イン・ジャパンの災害」と言及したこと[5]が，この見方の証左として海外でも使われている．この見方は「テクノオリエンタリズム」と呼ばれる．テクノオリエンタリズムの見方をとると，あの事故はグローバルなハイテク国で起きた事故というより「日本固有のこと」であり，欧米諸国は自分たちには関係ないこととして片付けることが可能になるのである．それではテクノオリエンタリズムとはなんだろうか．

　そもそもオリエンタリズムとは，主に文学，歴史学，文献学，社会誌など文系の学問の中で，西洋の表現者の描写の中に無意識に用いられている中東や東アジア文化にたいする見方の偏向を指すために，エドワード・W・サイード[6]が用いた言葉である．サイードは言う．知識というものは基本的に非政治的であるとみられているが，この認識が，「知識の生み出される時点でその環境としてある，たとえ目には見えずとも高度に組織化された政治的諸条件[7]」を覆

3）　「棹さす」とは，正しくは「流れに乗る」ことを意味するが，ここでは「流れに逆らう」という逆の意味で使われている．

4）　同報告書，7 頁．

5）　The National Diet of Japan, *The Official Report of The Fukushima Nuclear Accident Independent Investigation Commission*, Executive Summary, p. 9.

6）　エドワード・W・サイード（1935-2003）は，イエルサレムに生まれたパレスティナ人．米国市民．1970 年以降，コロンビア大学の英文学・比較文学教授．主著『オリエンタリズム　上・下』（板垣雄三，杉田英明監修，今沢紀子訳，平凡社ライブラリー，1993 年）．

7）　サイード『オリエンタリズム　上』，前掲書，36 頁．

エドワード・W・サイード『オリエンタリズム 上・下』
(平凡社ライブラリー，1993年)

い隠すものとなっている傾向がある．そしてそれら知識の中に，オリエント（西洋から見た東洋）への偏向したものの見方が含まれている，というものである．

これまで科学技術は，それらとは異なる普遍的なものと考えられてきたため，オリエンタリズムの考察からは外されてきたのである．しかし，黒川がメイド・イン・ジャパンの災害といって，セルフ・オリエンタリズム的発言[8]をしたことは，果たして科学技術のどこまでが普遍的なもので，どこから先が文化依存的で東洋的なものであるのかという問いを私たちにつきつける．ノーベル賞や自然科学系の国際雑誌のインパクトファクター[9]に象徴されるように，科学技術の知識は普遍的なもので，どんな文化をもった国でも，自然科学に関する知見は普遍的に蓄積されうると考えられている．たとえば日本の電子とアメリカ合衆国の電子とロシアの電子が異なったりはしない．しかし科学技術の知識を生み出す活動は，とりもなおさず人間によって営まれており，科学活動を支える制度，研究環境，関連する法，背負っている歴史は国によって異なる．科学技術リスクを管理する上での知見やシステムは，人類普遍のものであるの

---

8) みずから日本を蔑み，日本にたいする偏向した見方をしたことを指す．
9) ある専門誌に掲載された論文が他の論文から引用された回数を指標にしたもの．通常，過去 X 年間に当該雑誌に掲載された論文が引用された回数を，その雑誌の全論文数で割ったものを使う．X＝2 で計算することが多い．X を「引用の窓（citation-window）」という．引用の窓が大きいほど，何年にもわたって影響力のある論文を拾うことになる．

か．それとも文化に依存するものなのだろうか．

　1つの考え方は，科学は人類普遍のものだが，技術には文化依存性が入り込み，リスク管理に至っては文化依存性が非常に強いという段階説をとることである．しかしここで注意したいのは，日本固有の災害といった瞬間に逃げていってしまうものがあることだ．こういう事故は，アメリカでもドイツでもフランスでも起こりうる事故として一般化することによって，今回の事故の教訓を世界の人びとと共有する努力がとても大事であるのにたいし，そのような努力をしなくてすむ逃げ道を作ってしまうのである．これらがテクノオリエンタリズムの考え方である．

　以上のように今回の事故は，国際社会に「フクシマからの一般的な教訓か」（表題の問いへのノーの立場），「日本固有として片づけるか」（イエスの立場）の2つの態度を生んだ．こういった一般化か個別か（あるいは普遍性か差異か[10]）という問いは，文化研究ではつねにつきまとう問いであるが，同時に，事故や災害の国際分析をする際につねに生まれる課題でもある．

　たとえば，オランダ出身のある科学技術社会論の学者は，2005年8月末にハリケーンカトリーナがニューオーリンズを襲った際，洪水で1800人以上の死者が出た事実に鑑み，オランダの海岸工学とアメリカの海岸工学の比較調査をおこなった[11]．まず，アメリカの海岸工学がオランダに比べて劣っていたわけではない事実を確認した．次に，工学そのものではなく，双方の工学をめぐる「技術文化」に差異があったことを示した．アメリカでは洪水を100分の1の確率以内に抑え（100年に一度の大災害以外は土地を守れるようにする），「予測と補償」という考え方が根底にあったのにたいし，オランダでは過去の水害の苦い経験から，洪水を10000分の1の確率以内に抑え，「つねに水を締め出し続けること」という考え方が根底にあることを示唆した．さらに，100

---

10)　普遍性か差異かについては，以下の本を参照．三浦信孝編『普遍性か差異か──共和主義の臨界，フランス』，藤原書店，2001年．なお，石井によると，フランスには，自国の文化を一般化し，普遍化する傾向（普遍のショーヴィニスム）があるとのことである（石井洋二郎『フランス的思考』，中公新書，2010年）．本論の事故分析が日本文化を「個別」のほうに置いているのにたいし，フランスのこの立場は自国文化を「普遍」のほうに置く立場をとっていることになる．この意味で普遍と個別の軸が反転するので注意を要する．

11)　W. E. Bijker, "American and Dutch Coastal Engineering: Differences in Risk Conception and Differences in Technological Culture," *Social Studies of Science*, Vol. 37, No. 1, 2007, pp.143–151.

第3回　福島原発事故は日本固有の問題か　　49

分の1の確率といったリスク算出の主体は，アメリカでは海岸工学の専門家集団に閉じられていたのにたいし，オランダではデルタプラン法という法律に基づき，議会での議論に開かれていた．このように，オランダの学者は，リスク算出の値，リスク算出の主体，およびリスクマネジメントの主体が国によって異なることを示したのである．

　自然科学が蓋然性を示し，災害の確率を算出するとき，その数値自体はユニバーサルである．しかし社会がその値のどこまでを許容値とするかを決めること，そのプロセス，および決定主体は，各国の技術文化によって異なる．水害の場合，教訓はどのように引き出されるのだろう．ニューオーリンズからの教訓は，リスクの許容範囲を海岸工学の専門家に閉じずに議会あるいは公共の議論に開くこと，だろうか．だとすると，フクシマからの教訓は，たとえメイド・イン・ジャパンの災害であろうと，日本の原発におけるリスクの許容範囲がどのように決められていたかを分析し，どの国でもリスクの許容範囲を原子力の専門家に閉じずに議会，あるいは公共の議論の場に開くこと，になるだろう．ドイツがフクシマから引き出した教訓はさらにその先を行っている．「人類はそもそも原子力のような高度な技術を安全に管理することは無理であるか否か」という問いをたて，フクシマから「無理である」という教訓を引き出しているのである．

　技術の管理における一般性と文化依存性の議論は容易ではない．過度の一般化が批判を招くのと同様，文化依存性の強調によって逃げ道を作るのも問題である．私たちは，原子力技術に代表される日本の科学技術をユニバーサルなものとして扱うのか，それともテクノオリエンタリズムを助長する方向で扱うのか，自覚が問われるのである．　　　　　　　　　　　　　　　　　　　（藤）

> **論 点**
>
> 1 あなたは 2011 年 3 月 11 日午後 2 時 46 分になにをしていましたか. そしてどんなことに巻き込まれましたか.
>
> 2 直後の政府の対応, 報道, そして東京電力の対応をどう思いましたか.
>
> 3 あなたの専門分野はこの震災にたいしてなにができますか.
>
> 4 この原発事故は日本固有の問題と思いますか. それともどんな国にも起こりうることと思いますか.

議論の記録

　この日の議論は, 以下の 4 つの論点に基づき, グループ 1 (A さん, E さん, G さん) とグループ 2 (C さん, D さん, F さん) に分かれておこなわれた.

〈論点 1：あなたは 2011 年 3 月 11 日午後 2 時 46 分になにをしていましたか. そしてどんなことに巻き込まれましたか〉

　グループ 1 には, 2011 年 3 月に東京都民, 神奈川県民であった学生 (当時高校生), 大分県民だった学生 (当時中学生) がいた. 神奈川県茅ケ崎市に住んでいた学生は, 海岸から 10 メートルの場所に自宅があったとのことで, 東北の津波被害の後, 地域に緊張感があったことを述べた. 一方で大分に住んでいた学生は, なににも巻き込まれなかったこと, (震災が)「テレビの向こうの世界」であったことを明かした. グループ 2 には, 当時香川県民, 愛知県民, 埼玉県民 (高校は東京都内) であった学生がふくまれていた. 高校が東京都内にあり埼玉県民だった学生は, 当日帰宅できなかった事実, そして計画停電に巻

第 3 回　福島原発事故は日本固有の問題か　51

き込まれた事実を述べたのにたいし，それ以外の学生にはなんの影響もなかったことが示された．

　教師の側は2名とも電車が止まったために当日自宅に帰ることができず，各研究室に泊まった経験を述べた上で，当日の帰宅難民が首都圏に多数いたことが回想された．書籍や書類が地震で落下し，まず研究室の扉が開かなかったこと，研究室の扉からパソコンの前までたどりつくために，落ちた書類をかたづけるのに4，5時間を要したことなどが語られた．

　また，藤垣は，福島県立医科大学の医師らから震災直後の経験を聞いた話をもとに，福島県立医科大学の救急病棟が震災後たいへんな状況であったこと，放射線被曝に関しては，医師たちでさえ，「論理的には安全であることを理解できても感情的には不安であった」ことを紹介した[12]．

　以上を総合すると，居住地域によって東日本大震災の経験に大きな差異があることを改めて実感することとなった．震災当時の経験を共有するために論点1を設けたにもかかわらず，逆に居住地域が異なる人との経験の共有の困難性をみなで共有する結果となった．

〈論点2：直後の政府の対応，報道，そして東京電力の対応をどう思いましたか〉

　グループ1からは，政府も専門家も情報をもっておらず，放射線の影響や原発の状況などについて一般市民に隠すほどの情報もなかったのではないか，という意見が出された．また，3月11日の地震発生，同日の津波発生，3月12日以降の原発の不安定化，……と続く3つの災害のうち，報道は原発のほうに偏っていたのではないか，という意見が出された．また，報道がどちらかというと「安全」を強調するほうに偏っていたことが指摘された．この点をめぐっては，日本学術会議のさまざまな分科会でも議論がおこなわれている．たとえば，2011年5月，日本学術会議は「専門家として統一見解を出すように」という声明を出した．ここで統一見解とは，unique，あるいはunifiedと訳され

---

12)　福島県立医科大学の長谷川医師の言葉．原語は，logically stable, but emotionally unstable である．これは，以下の発表の中でも言及された．A. Hasegawa, "Engaging Medical Students in Radiation Emergency Medicines," *FMU-IAEA International Academic Conference: Radiation, Health, and society: Post-Fukushima Implications for Health Professional Education*, Nov. 21–24, 2013.

る．Unique＝統一見解とは，行動指針となるような1つに定まる知識である．
日本政府および日本の専門家は，時々刻々と状況が変化する原子力発電所事故
の安全性に関する事実を1つに定めること，統一することに重きをおき，or-
ganized な知識（幅があっても偏りのない，安全側にのみ偏っているのではない知
識）を発信することができなかった[13]．行動指針となるようなユニークな
（統一的な）見解を出すのが科学者の社会的責任なのか，それとも幅のある助
言をして，あとは国民に選択してもらうのが責任なのか，についてはまだ決着
のついていない問いが内包されている[14]．

　グループ2からは，いろいろな情報が錯綜していたことのほか，計画停電に
巻き込まれた首都圏の人たちが否応なく当時者意識をもったのにたいし，関西
以西の遠隔地に住んでいる人たちには当事者意識が欠けていたことなどが述べ
られた．と同時に，当時のメディアの「絆」を強調する「一致団結ムード」に
たいする違和感が表明され，「報道にたいしての距離のとり方」についての議
論が展開された．「がんばろう」ということは，ほんとうに被災者たちのため
になるのだろうかという懸念である．震災直後の報道はなにができたのか，な
にをしたのか，についてはさらなる検討が必要となるだろう[15]．

〈論点3：あなたの専門分野はこの震災にたいしてなにができますか〉

　グループ2からは各自の専門分野に応じた回答が出された．心理学を専門と
する学生からは被災者のこころのケア，トラウマへの寄り添い方について，そ
して身体運動の学生からは「避難生活での健康状態やエコノミークラス症候
群」のケアについて，そして文学部倫理学科の学生からは，人文科学を学ぶ意
義についてである．グループ1からは，文学・教育系の学生から「当時すべて
のアーティストが自分になにができるかを考えた．被災した人になにができる

13）　提言：『科学と社会のよりよい関係に向けて──福島原発災害後の信頼喪失を踏まえて』，
　　日本学術会議第一部福島原発災害後の科学と社会のあり方を問う分科会，平成26年9月11
　　日．
14）　藤垣裕子「科学者／技術者の社会的責任」，島薗進ほか編『科学不信の時代を問う──福
　　島原発災害後の科学と社会』，合同出版，2016年．
15）　たとえば M. Tanaka, "Agenda Building Intervention of Socio-Scientific Issues: A Science Media
　　Centre of Japan Perspective," Y. Fujigaki（ed.）, *Lessons from Fukushima: Japanese Case Studies on
　　Science, Technology and Society*, Springer, 2015, pp. 27–55.

か，チャリティで行動した」こと，そして子どもたちをどう導くかなどで教育分野は貢献できるという意見が出た．比較文化の学生からは，「表象文化論の中で震災をどうとらえていくか」，たとえば，緊急地震速報に使われているチャイムは，人の恐怖心を煽る傾向がある．「それによって音という媒体，声なのか機械音なのかという媒体の違いについて表象文化論的な研究のアプローチをつめていく」といった分析が示された．法学部の学生（Ａさん）からは，「なにができるか」にもいろいろなレベルがあり，

① 　今，現実に苦労している人たちを助ける．
② 　お金を稼いで復興に役立てる．
③ 　次に地震がきたときの予防を考える．
④ 　原発行政における科学の知見を集める．

などに分けられること，そして，当時なにができたか，今なにができるか，そして今後なにができるか，によって内容が異なることが示された．

　石井からは，「なにができるか」には少なくとも以下のような 3 つの分類が可能で，

（1） 　事前にやっておくべきだったこと，こういうふうにしていればもっと被害が軽減できたという考え方（例：護岸工事，免震構造など）
（2） 　事故や災害が起こったそのときになにができたのか（例：逃げる方向の指示，正確な情報の迅速な提供など）という考え方
（3） 　事後になにができたのか，起こってしまったあとになにができるか（例：被害者への支援，芸術による鎮魂など）という見方

があることが示された．そして，震災の話は多分野にまたがっているので，それこそあらゆる分野でできることがあるのでは，という考えが示された．上記の石井による事前，当日，事後という分類は，Ａさんによる①から④に対応しているようで，実は見ている視点が異なることが興味深い．

　さらに，東京電力の責任だけを追及することの是非が問われたが，これについては，グループ 1 の討論の中でＡさんが，「まず東電が追及され，次に官邸がスケープゴートになり，次々にスケープゴートの対象が変わっていった．これは，自分たちが楽になるためにそのような対象を作ったのではないか．その意味で必要以上にいじめが起きていたのではないか．そうではなく，それぞれ

の責任をきちんと明示する必要があるのでは」と語っていた意見と呼応している.

〈論点4：この原発事故は日本固有の問題と思いますか. それともどんな国にも起こりうることと思いますか〉

　まずグループ2からは，「こういった事故はどの国にも起こりうると同時に日本固有のことでもある」という折衷的意見が出された. たとえば原発再稼働の話にしても，再稼働したい人は雇用を創出したいのにたいし，再稼働したくない人は安全を考えたり，あるいは遠くから見ている人たちであったりする. そういった地方ごとの分断は，この問いにどういう影響を与えるのだろう，という問題提起である. 原発をめぐる地方ごとの分断については，まず1970年代以前に誘致が決まり，一地域に集中して数基も原発をかかえる地域と，それ以外の地域とのあいだに分断があること，そして日本国内にあるこれらの地域の分断，原発への民主的コントロールの欠如，安全認可プロセスへの公衆の精査の欠如といったことが，今回の原発事故で白日のもとに晒されたこと，さらに低線量被曝の健康問題を契機にこれらの分断がさらに加速されつつあることが示されている[16].

　また学生からは，「どんな国にも起こりうる」と言ったほうが日本にとってメリットがあるのに，「日本固有なもの」として見ることのメリットはなんなのだろう，という問いも出された.

　　　私が個人的に疑問に思ったのは，これを日本固有の問題とすることでどういうメリットがあるんだろうという点です. どんな国にも起こりうるとしたほうが，世界として見ると他の国でも自分の国のこととして考えられるからこの事故を防ぐような方向で進むと思ったんですけど. （Fさん）

　これにたいしては，「日本人が日本人の歴史として事故を見る上では，日本

---

16) Y. Fujigaki, "The Process Through Which Nuclear Power Plants are Embedded in Political, Economic, and Social Contexts in Japan," Y. Fujigaki（ed.）, *Lessons from Fukushima, ibid.*, pp. 7-25. 本論では，「想定外」という言葉の政治性についても分析している.

固有のものとして見ることのメリットがある」のにたいし，海外の人から見た場合のメリットはどういう主張をしたいかによって異なる（たとえば，原発反対をしたいのなら，どんな国にも起こりうるといったほうがメリットであるし，自国の原発を守りたいのであれば，日本固有といったほうがメリットがある．そういう政治的判断の出力として論点4はとらえられる）という意見が出された．

　　それは日本固有の問題として考えることで，私たち日本人は日本人としてよくないところを探れるというか，さっき言ったように東京と地方で分かれてしまっているというところもそれにあたりますが，そういう話もあって，日本固有の問題点と世界共通でもてる問題点を分けて考えることが大事かなと考えました．（Fさん）

　つまり，日本人が見るメリットと海外の人から見るメリットが分離しているという考え方である．これによって，論点4の問い自体への答えが異なってくる．これはこの回の問題提起への非常に興味深い回答である．
　また，グループ1のGさんから，ユニークな仮説が提示された．日本でもアメリカでもフランスでも「技術」「結果」は同じであるが，使う「プロセス」が異なる．つまり同じ技術をもっていても，どこに置くかによって技術は異なる作用をする．たとえば，原発も地震の多い国，日本に置くと異なる作用をするという意見である．

　　単純にいうと技術がまずあって，それにたいして発電という結果がありますよね．そのあいだには技術をどう使うかというプロセスが眠ってると思うんですよ．技術と結果とプロセスというのを考えたときに，技術と結果というのは普遍性のほうの体系に属していて，つまりこの技術を使えば発電できるという普遍性で，それをどう使うかというプロセスの部分に2つの「シコウ」，つまり考えるほうの思考と意思を向けるほうの志向が眠ってると．それは文化によって形成されていくというように考えて，そのプロセスというのが差異の体系だというふうにとらえて考えてきました．（Gさん）

その「プロセス」の例として G さんは以下を挙げる．

　　具体的になにかと言われると，一番わかりやすいのは地理的要件．ドイ
ツの人が原発を使おうとするときと，日本の人が原発を使おうとするとき
とでは地理的条件は明らかに違う．日本のほうが地震が多いとか．そこで
差異の体系がある．あとは歴史的文脈，たとえば「まちづくり」とかでい
うとわかりやすいと思うんですけど，原発で地域が潤っていることを主体
にしながらまちづくりを進めていく日本のやり方と，そうでないやり方か
どうかはわかりませんけど，原発を生活から切り離してまちづくりとは関
係ないというふうにやっていくドイツのやり方のように，それぞれの国の
歴史的な文脈，経済史の文脈などがプロセスに入ると思いました[17]．（G
さん）

　ところが，他国からはこのプロセスのほうが見えない．「日本はあんなに技
術が発達しているのになぜ事故が起こったのか」という外国人は，「同じ技術
が日本でどう置かれているのか」が見えていない．そういったプロセスが見え
ていないのである．この主張は，第 2 回のグローバルとローカル（普遍と個
別）の話にもつながる．つまり，グローバルで普遍的な視点はこの分類でいく
と，「技術」「結果」のほうしか見えない．どのような文脈に置かれているかが
見えないのがグローバルな視点である．それにたいし，「どう置かれているの
か」という文脈を考えるのが G さんの定義するところの「プロセス」であり，
ローカルに根差した個別の考え方である[18]．

---

17)　この考え方は，「技術と結果を普遍性のほうの体系」に属させるという意味で，技術本質
　　主義をとっており，かつ地理的条件や歴史的文脈を考慮するという意味で「技術の社会構成
　　主義」（SCOT：Social Construction of Technology）的視点をそなえている．ここで技術本質主
　　義とは，技術は社会の形態や要望にかかわらず独立に発展すると考える立場であり，技術の
　　社会構成主義とは，今ある技術は多くの可能性の中から社会の構成員によってそのつどその
　　つど選択された結果であると考える立場である．
18)　この視点は，今回の事故を外国人から見たとき，「原子力技術というものは，日本の政治
　　的・経済的・文化的状況の中に，どのように埋め込まれてきたのか」という問いが出てくる
　　所以でもある．Y. Fujigaki（ed.), *Lessons from Fukushima, op. cit.*, p. xi.

第 3 回　福島原発事故は日本固有の問題か　　57

吉本隆明
提供　朝日新聞社

このような考え方を基礎として，(1) 教訓としてはグローバルで普遍の立場で考える，つまり日本での原発事故を一般化して，どの国でも起こりうると考えること，同時に，(2) 具体的対策としては歴史的文脈を考慮した固有対策を考えること，が可能になる．この視点も，「問題提起」を受けて学生たちが思考を発展させた上でのオリジナルな回答といえるだろう．また，グループ1からは追加として，日本固有かそれとも一般化可能かという問いは，共時的に見ている問いであるが，歴史的に見ても面白いのではないか，という意見が出された．これも興味深い論点である[19]．

最後に石井から，吉本隆明の名前を引きながら，自動車と飛行機と原発はどこが違うのか，自動車がヒトを殺すからといって自動車をなくすことは無理だとすれば，同様なことが原子力にも言えるのではないか，なぜなら科学技術は不可逆だから，という論が紹介された．これに関しては，社会心理学者スロビックが「人びとのリスク認知においては，飛行機と自動車はある程度『制御可能』かつ『既知』のリスクであるのにたいし，原子力発電所事故というものは『制御不可能』かつ『未知』のリスクであるために人びとの恐怖感が大きいこと[20]」を示し，そのため他の技術と比較して人びとが原発事故にたいしてより大きな恐怖感を抱くことを，単なる非合理として片付けられないと論じたことを紹介しておく．

（藤）

---

[19]　さらに，Eさんからは，災害をアーカイブすること，「忘れないでおく」「記録として残しておく」という側面においては，日本だけではなくどの国も同じ傾向をもつのでは，という意見が出された．

[20]　P. Slovic, "Perception of Risk," *Science*, New Series, Vol. 236, No. 4799, 1987, pp. 280–285.

議論を振り返って

2011年3月11日午後2時46分というひとつの時点が，それ以前の日本と
それ以後の日本を明確に分けることになるとは，誰も予想しなかったであろう．
科学がいかに進歩しようとも，天災は容赦なく襲いかかって，いとも容易に人
びとの生活を破壊する．自然にとってはあたりまえの営みが，時に途方もない
災禍を人間社会にもたらすという事実そのものについて，原則的に私たちの介
入する余地はない．しかしそこから派生するさまざまな事態については，好む
と好まざるとにかかわらず，私たち自身の積極的な関与が否応なく要求される．

福島原発事故は，東日本大震災が起こらなければおそらく表面化することの
なかったであろう本質的な議論を多様なレベルで惹起したという意味において，
まさにそうした事象の最たるものであった．大地震自体はもちろん日本以外の
地域でも起こりうるが，これにともなって生起した原発事故，とりわけその後
の対処にあたって発生した情報の管理や責任の所在をめぐる混乱は，果たして
どこまでが「日本」という国の特性に由来するものなのか．「福島原発事故は
日本固有の問題か」というメインテーマは，そうした問題意識で提起された
ものと受けとめた．

論点1「あなたは2011年3月11日午後2時46分になにをしていましたか．
そしてどんなことに巻き込まれましたか」は，まず大震災の時点に戻ってそれ
ぞれの個人的な体験を語りあうという趣旨なので，当然ながら議論というより，
たがいの出発点を確認しあう展開になっている．授業の時点から振り返れば4
年以上も前のことなので，学生たちはまだ中高生であり，居住地区もさまざま
であった．2人の教師も含めて関東圏にいた5名と，愛知・香川・大分にいた
3名でははっきり経験が異なるわけだが，これが1995年1月17日の阪神・淡
路大震災であれば逆の感想になったことだろう．その時点で学生たちはまだ生
まれたかどうかといった頃だが，TAのひとりは当時5歳で関西にいたので，
結果的に2つの震災を経験したことになると語っていた．いずれにせよ，「震
災当時の経験を共有するために論点1を設けたにもかかわらず，逆に居住地域
が異なる人との経験の共有の困難性をみなで共有する結果となった」という

第3回　福島原発事故は日本固有の問題か　　59

「議論の記録」のまとめにすべてが集約されている.

　続く論点2「直後の政府の対応,報道,そして東京電力の対応をどう思いましたか」をめぐって語られたことは,その当時リアルタイムで感じられたことと,さまざまな知識や情報を得てから事後的に考えられたことが微妙に入り混じっていて興味深い.まだ中高生であった学生たちにしてみると,リアルタイムではやはり原発の安全性をめぐる情報の錯綜ぶりが印象的だったようだ.一方には放射線の漏出についてひたすら不安をあおるような報道があり,他方にはことさらに安全性を強調するような専門家のコメントが流されたため,科学的な知識をもたない一般市民はいったいどちらを信じればいいのかわからないという状況が見られたことは記憶に新しい.まさに科学者の社会的使命と責任が問われるような事態が急に生じたために起こった混乱であった.

　しかし数年の時をおいてみると,政府もマスコミも科学者も「行動指針となるような統一見解」を提示することができぬままにこうした混乱が生じたのは,ある程度やむをえない成り行きだったようにも思われる.情報を提供する側からすれば,いたずらに不正確な数値や解釈を流せば混乱が増すだけなので,ある程度フィルターをかけて科学的に精査した事実だけを公表すべきであるという立場をとらざるをえない面があるし,一方,原発や放射能についてほとんどなにも知らない一般国民の側からすれば,みずからがとるべき行動を判断するためにはできるだけ正確な事実を一刻も早く知りたいというのが自然な感情であるから,両者のあいだにはどうしても乖離が生じてしまう.

　発信者がさまざまな情報をどこまで整理し取捨選択して公表すべきかは,にわかに回答を提示することのできない問題である.いい加減な流言飛語の氾濫によって社会に無用の混乱が生じるリスクを軽視すべきではないが,その一方で,私たちの知らないところで政府によって情報が統制されたり,一部の専門家のみの判断によって人びとの行動が一定方向に誘導されたりすることの危険にたいしても,私たちは敏感でなければならない.この問題は,第8回の「国民はすべてを知る権利があるか」においてふたたび取り上げられることになるだろう.

　これと関連して,学生たちから当時の「一致団結ムード」にたいする違和感が表明されたことの意義も強調しておきたい.話は違うが,たとえば2015年

1月にパリで起こった「シャルリ・エブド」編集部襲撃事件[21]後の展開——「私はシャルリ」というメッセージがまたたくまに世論を席巻した——は，どのような問題であれ，ある主張が誰も異を唱えることのできない形で社会全体を覆い尽くしてしまうことの危うさを示している．そしてこうした運動の盛り上がりは，しばしば善意の同調圧力となって人びとの思考を停止させ，犠牲者にたいする真摯な弔意を置き去りにして独り歩きしてしまいかねない．その意味で，「がんばろうということは，ほんとうに被災者たちのためになるのだろうか」という問いをみずからに提起する若者たちの健全な感性は貴重だと思う．

論点3「あなたの専門分野はこの震災にたいしてなにができますか」は，「異分野交流・多分野協力論」というこの授業の趣旨に直結する問いであり，出された回答も期待通りの多様性を示している．おそらく多くの日本人があのとき「ひとりの人間として自分になにができるのか」とみずからに問いかけたと思われるが，これを「ある専門分野の勉強をしている一学生として自分になにができるのか」という問いに特定化してみたとき，果たしてなにが見えてくるのか．被災者にたいする心理的ケア，健康上の配慮，子どもたちの教育などは目に見えやすい貢献だが，必ずしも顕在的な形ではなくても，自分の学んでいることが具体的な局面でどのように社会に還元されうるのかを考えることの必要性は全員が実感していたようだ．

いずれにせよこの議論は，どんな専門分野も（それが「専門」である以上）社会との接点は限定的にならざるをえず，それぞれができることにはおのずと限界があるということ，したがって単独ではしょせん無力であるということを確認する機会になったと思われる．逆にいえば，だからこそ自分の専門分野が社会システムの中でどのような位置づけにあるのかを相対化し，他の分野とどのように連携すれば本来の力を発揮できるのかを見定めることが重要になる．授業では個々の分野にとってなにができるかを提示しあうにとどまった感があるが，これを相互にからめて，具体的な協力形態を考えてみるところまで展開

---

21)　2015年1月7日，イスラム教を揶揄するカリカチュア（諷刺画）をしばしば掲載していたフランスの諷刺新聞『シャルリ・エブド』の本社が武装した2人組に襲撃され，編集長ら12名が銃で殺害された事件．この後，パリのみならず，フランス全土に表現の自由擁護のデモが拡大し，「私はシャルリ」という言葉が一致団結のスローガンとして世界的に広まったが，中にはその同調圧力に抗して「私はシャルリではない」と唱える人びとも現れた．

できれば，なんらかの災害復興プロジェクトを構築することができるかもしれないという感想をもった．

論点4「この原発事故は日本固有の問題と思いますか．それともどんな国にも起こりうることと思いますか」は，今回のメインテーマであるが，ここでは「メリット」という観点から問いをとらえようとする意見がユニークで興味深い．事実として「日本固有の問題か否か」を考えるのではなく，「日本固有の問題と考えることに（あるいはどこの国でも起こりうる問題と考えることに）どのようなメリットがあるのか」と問う姿勢は，ある種のプラグマティズムともいえるが，これはともするとさまざまな問題を現実的文脈から切り離して抽象的に論じようとする本質主義的傾向への意図せざるアンチテーゼになっている．そうした傾向に陥りがちな学者のひとりとして，新鮮な思いで受けとめた．

「メリット」という概念を導入すれば，誰にとっての「メリット」であるかによって答えはおのずから異なってくる．つまりどのような問いにたいしても，立場と切り離した判断はありえないということだ．ましてや原発のように政治経済に密接に関わる問題となれば，当然ながら政府，産業界，地域住民，それ以外の国民等々によって，態度決定の根拠もプロセスも同じではない．これをさらに拡大していけば，日本以外でも原発を抱えている国とそうでない国では，「フクシマ」にたいする見方も当然違ってくるだろう．このように，具体的なステイクホルダーと関連付けることによって問いそのものを相対化し，多面的な回答の可能性を追求してみることは，思考の方法としてきわめて有効である．

技術自体の普遍性と利用プロセスの文化的個別性に関する意見や，今回の問い自体を共時的視点から通時的（歴史的）視点へと発展させると面白いのではないかという提言も，こうした思考の実践例としてとらえることができる．グローバルとローカル，普遍と個別といった問題系は，これまでの授業でも何度か言及されてきたものであるが，今回はそれが学生たちによってさらに深められてきたという印象をもった．

最後に，教室で私が言及した吉本隆明について補足しておくと，彼は東日本大震災からしばらくのちに受けた新聞や週刊誌のインタヴューで，脱原発論にたいして「原発をやめる，という選択は考えられない」「発達してしまった科学を，後戻りさせるという選択はあり得ない」と語り[22]，「人類が積み上げて

きた科学の成果を一度の事故で放棄していいのか」「自動車だって事故で亡くなる人が大勢いますが，だからといって車を無くしてしまえという話にはならないでしょう」と主張していた[23]．しかしこれにたいして，評論家の井崎正敏は吉本の率直な物言いや首尾一貫性に最大限の敬意を払いつつも，「原発がほとんど原理的なレヴェルで人間に統御不可能なシステムだという事実にあえて眼をつぶり，つまり他のもろもろの科学技術と横並びにすることで，一般論に解消するという詭弁まがいの暴論を吉本は弄していた」と的確に指摘している[24]．これは「議論の記録」の最後で藤垣が引いているスロビックの議論と呼応するものなので，ここで紹介しておきたい． (石)

---

22) 『日本経済新聞』，2011 年 8 月 5 日朝刊.
23) 『週刊新潮』，2012 年 1 月 5 日・12 日合併号.
24) 井崎正敏『〈戦争〉と〈国家〉の語りかた』，言視舎，2013 年，15 頁.

第 4 回

芸術作品に客観的価値はあるか

フィンセント・ファン・ゴッホ『ひまわり』
© AFP / The Picture Desk / The Art Archive /
National Gallery London / Eileen Tweedy

問題提起

　たとえばここに1枚の絵があるとする．その価値はどうやって決まるのだろうか．いや，そもそも絵画作品について価値を決定することは可能なのだろうか．

　「価値」ではなく「価格」であれば，いわゆる市場原理，すなわち需要と供給の関係によって決まると考えられる．絵画作品のオリジナルは1枚しか存在しないので，それにたいする社会的需要が大きければ大きいほど値はつり上がる．たとえばかつて日本では，ファン・ゴッホ（以下，単にゴッホと記す[1]）の『ひまわり』が約58億円で購入されたという話があった[2]．また，2011年にカタール国の王室が購入したセザンヌの『カード遊びをする人々』は約268億円で取引きされたといわれ，目下のところこれが世界最高記録だそうである．このほかにもピカソやムンクなど，その作品が100億円を超える価格で売買された例は少なくない．

フィンセント・ファン・ゴッホ
シカゴ美術館蔵

　これら著名な画家の代表作であれば，常識を超えた価格で取引きされるのも当然という気がする．だが，ではその絵に本当にそれだけの「価値」があるのかとあらためて問われると，言葉に詰まってしまう人が多いのではなかろうか．ある絵画が100億円で取引きされたということと，その絵画に100億円の価値があるということは，必ずしも同義ではないからだ．

　確かに同じひまわりを描いた絵でも，無名画家の作品だったら数万円程度で買えるのに，ゴッホ

---

1) この画家の姓はファン・ゴッホであるから，そのように表記するのが正しいが，日本ではしばしば単に「ゴッホ」と呼ばれているので，ここでもそれに従っておく．
2) 『ひまわり』と題されたゴッホの作品は数枚あるが，1987年，安田火災海上保険がそのうちの1枚をこの価格で購入した．

の作品だと数十億円もする．しかしそれはけっして，ゴッホの絵が無名画家の絵より10万倍すぐれており，10万倍の感動を人に与えるということを意味しているわけではない．絵画がもたらす感動は定量化できるものではないのだから，数値に置き換えることなど不可能である．だからゴッホの作品自体に，描かれた時点ですでに数十億円に相当する客観的な価値が内在していたわけではないと考えるのが自然であろう．

ピエール・ブルデュー
©AFP /Roger-Viollet/Jean-Régis Roustan

　じっさい，生前のゴッホの絵が1枚しか売れなかった[3]というのは有名な話であるし，その価格も当時の通貨で400フラン，単純換算はできないが，現在の日本円でせいぜい数十万円といったところであった．サロンに出品しては落選し続けたセザンヌについても，執拗な酷評にさらされたムンクについても，事情は似たようなものである．

　となると，彼らの作品に高い価値が付与される社会的なメカニズムがどこかで作用したと考えざるをえない．ここでピエール・ブルデュー[4]の議論を参照してみよう．彼は『芸術の規則』（1992年）の中で，次のように述べている．

　　芸術作品の価値の生産者は芸術家なのではなく，信仰の圏域としての生産の場である．それが芸術家の創造的な力への信仰を生産することで，フェティッシュとしての芸術作品の価値を生産するのだ[5]．（強調原文）

　文脈ぬきでいきなり読むと若干わかりにくいかもしれないが，「信仰の圏域としての生産の場」とは要するに，作品の作り手が組み込まれている人間関係や社会的制度の総体のことである．ブルデューによれば，芸術家自身がみずからの意志と能力だけで独自に価値を創造するわけではない．そうではなく，彼

---

3)　売れた絵は晩年に描かれた『赤い葡萄畑』，購入者はゴッホの友人であったベルギーの詩人ウジェーヌ・ボックの姉で，女流画家のアンナ・ボック．
4)　ピエール・ブルデュー（1930-2002）はフランスの社会学者．代表的な著作に『ディスタンクシオン』（1979年．邦訳：石井洋二郎訳，藤原書店，1990年）など．
5)　ピエール・ブルデュー『芸術の規則Ⅱ』，石井洋二郎訳，藤原書店，1996年，85頁．

（女）が身を置いている「生産の場」のさまざまな力学作用の結果として，その芸術家が「創造的な力」に恵まれた特殊な存在であるという共通の認識（客観的な根拠をもたないがゆえに，ブルデューはこれを「信仰」と呼んでいる）が形成され，その作品が一種の「フェティッシュ」（無条件の崇拝対象）として価値を付与されるというのである．

　絵画についていえば，この「生産の場」は画家以外に美術評論家，ジャーナリズム，絵画愛好家，画商，美術館，一般観衆，等々によって構成されている．たとえばゴッホは生前はまったく無名であったが，死後，一部の美術評論家たちがその作品を再評価しはじめると，絵画愛好家たちはこれを入手したいという欲求を抱く．すると画商たちが需要の増大に応じて彼の作品の値段をつりあげ，裕福な個人や権威ある美術館がこれを高額で買い取るようになる．その結果，ゴッホはそれだけの評価に値する偉大な芸術家であるという共通了解（信仰）が，一般観衆のあいだに形作られていく．そしていったん名声が確立すると，以上のような価値創造のサイクルが加速度的に拡大し，彼の絵は世界的な有名画家の貴重な作品（フェティッシュ）として認知されるに至る．もしかすると数万円でしか取引きされなかったかもしれない作品が数十億円で売買されるという手品のような現象は，このようにして可能になるのである．

　では文学の場合はどうだろうか．出版物としていくらでも複製可能である文学作品には，絵画作品のような「物としての唯一性」が存在しないので，価格決定のメカニズムはまったく異なっている．たとえばダンテの『神曲』は価値ある作品として長く受け継がれているが，刊行されている書籍自体の値段は一般の書物と変わらない．つまり文学作品については価値と価格の対応関係がほとんど存在しないので，絵画のケースよりも純粋に「価値」の問題が浮き彫りにされやすいともいえる．

　文学における「生産の場」を構成するのは，作家，出版社，編集者，批評家，ジャーナリズム，読者，等々である．ある作品が編集者の目にとまって出版され，新聞や雑誌で批評家の称賛を受け，場合によっては賞などの制度によって付加価値を得て世に送り出されると，その作者は価値ある存在として認定され，やがては名声を獲得し，作品の安定的な供給者としての地位を築いていく．

　もちろん絵画の場合と同様，このプロセスは作家の生きているあいだに進行

するとは限らない．『赤と黒』（1830年）の作者であるスタンダールが「私は1880年に知られるだろう．1930年に理解されるだろう」という言葉を残して世を去ったという有名なエピソードがあるが，生前ほとんど注目されることのなかった彼の作品は，この予言通り死後に認められ，今日では文学史にゆるぎない地位を占めている．逆に生前は高く評価されていた作家が，時代とともに忘却の淵に沈んでしまったというケースもあるだろう．

こうした一連の過程を経て，私たちは現時点での作家地図とでもいうべきものを手にしている．世界的なスケールでその頂点に位置するのは，シェイクスピア，ゲーテ，ドストエフスキーといった面々であり，日本に限っていえば夏目漱石や森鷗外といった名前が上位にくるであろう．そして彼らの作品は，しばしば「不滅の古典」「永遠の名作」といった言葉で聖別され，不変の価値をもつものとして継承されていく．

では，これらの作家たちの作品には果たして「客観的な価値」が宿っているのだろうか．「主観的」という言葉が「人によって異なる」ことを意味するのであれば，「客観的」という言葉はこれとの対比において「誰にとっても同じ」ことを意味するはずだが，ゲーテの『ファウスト』やドストエフスキーの『カラマーゾフの兄弟』は，誰にとっても等しく価値を有しているといえるのだろうか．読者の中には，これらの作品を退屈としか感じない者も必ずいるだろうし，デュマ・ペールの『三銃士』のほうがよほど価値ある作品であると考える者も少なからずいるのではあるまいか．

絵画や音楽についても，話は同様だ．「誰が観ても美しい絵画」や「誰が聴いても感動的な音楽」など存在しない．レオナルド・ダ・ヴィンチの『モナリザ』が名画であるとか，ベートーヴェンの『第九交響曲』が名曲であるとかいったことは，あたかも万人の認める普遍的真理であるかのように思われているが，それも「生産の場」によって社会的に形成された一種の神話，ブルデュー言うところの「信仰」にすぎないのであって，これらの作品に万人が共有する客観的な価値が内在しているわけではないのである．

ここで私たちは，そもそも「客観性」とはなにか，という問いに突き当たらざるをえない．アメリカの科学史家であるセオドア・M・ポーターは，『数値と客観性』（1995年）において，「多くの場合，客観性は厳密に定義されていな

いにもかかわらず，賞賛にも非難にも引き合いにだされる」と述べている[6].
つまり「客観性」とはいつでもどこでも同一性を保持する不変不動のものではなく，特定の局面に応じていかようにも規定されうる曖昧さをはらんでいるがゆえに，立場によって「賞賛にも非難にも」使い分けられる政治性をはらんでいる．逆説的な言い方をすれば，およそ「誰にとっても同じ」客観的な定義を付与できないところにこそ，「客観性」の本質があるのだ．

　この問題を掘り下げていくときりがないのだが，これ以上の議論は問題提起の範囲を超えてしまうので控えておこう．いずれにせよ，ブルデューは社会学者の立場から芸術作品の価値創造のメカニズムを分析する「作品科学」を提唱し，ポーターは科学史家の立場から各国における信頼性のあり方を比較分析する「客観性の文化研究[7]」ともいうべき視点を切り拓いた．つまり両者は逆方向の過程をたどってはからずも文系・理系の枠を越えた地平で出会うのであり，「芸術作品に客観的価値はあるか」という問いはまさにその交点に位置しているのである． 　　　　　　　　　　　　　　　　　　　　　　　　　　　　　　（石）

---

6)　ポーター『数値と客観性』，前掲書，19頁．ポーターについては，第1回脚注5参照．
7)　同書の巻末に収められた訳者による「解題」を参照のこと．同，302頁．

論 点

1 あなたが感動したことがある芸術作品（文学，音楽，美術，演劇，映画，その他ジャンルを問わない）の具体例を挙げ，感動した理由を他者に共有可能な言葉で説明しなさい．

2 多くの人間がその価値を認めているにもかかわらず，自分にとってはまったく価値がないと思われる芸術作品の例を挙げ，その理由を他者に共有可能な言葉で説明しなさい．

3 「芸術は主観の領域に属するものなので，いかなる作品にも客観的な価値などない」とする立場と，「それでもやはり誰もがその普遍的な価値を認める芸術作品は存在する」という立場のどちらをあなたは支持しますか．その理由は？

4 芸術作品に限らず，一般に「客観的価値」というものは存在すると思いますか．ブルデューとポーターの議論を踏まえて考察しなさい．

....　**議論の記録**　...................................

　「芸術作品に客観的価値はあるか」というメインテーマをめぐって，4つの論点を用意しておいた．そのうち2つは各人の個人的な体験を聞く趣旨だったので，今回はグループ分けはせず，最初から全体でディスカッションする形で授業を進めることにした．

〈論点1：あなたが感動したことがある芸術作品（文学，音楽，美術，演劇，映画，その他ジャンルを問わない）の具体例を挙げ，感動した理由を他者に共有可能な言

第4回　芸術作品に客観的価値はあるか　　71

葉で説明しなさい〉

　Ａさんはヴィクトル・ユゴーの小説『レ・ミゼラブル』を挙げ，小学生のときにダイジェスト版を読んで率直に涙を流した経験を語った．この作品は映画やミュージカルにもなっていて，これらにも大いに感動したという．もっとも，だからといってその後完全版を読んだかというとそうではないようで，教室には全文を読破した学生はいなかった．ダイジェスト版で外国文学の名作に触れるというのは，おそらく私たちが子どものころから変わらぬ普遍的な体験なのだろう．

　Ｄさんが挙げたのは映画で，『クレヨンしんちゃん　嵐を呼ぶモーレツ！オトナ帝国の逆襲』．この選択には意表を突かれたが，話を聞いてみれば納得のいく経験であった．

　　　私がなんで感動したのかって考えてみると，野原家というしんのすけの
　　　一家があるんですけど，その大黒柱であるヒロシっていう父親が，家族を
　　　愛する気持ちをもって敵に立ち向かうというシーンがあってですね．そこ
　　　で私はブワーッとくるんですよ（笑）．そういう家族を愛する気持ちがま
　　　っすぐに伝わってきて，それで感動したんだなって．そう考えてみると，
　　　私にとって感動することは，たぶん自分の経験とか感覚とかとリンクして
　　　いるということが大事なんだと思いました．（Ｄさん）

『クレヨンしんちゃん』といえば，テレビアニメ版が下品な俗悪番組の代表のように言われて「子どもたちに見せたくない番組」の常連となり，世の母親たちからしばしば槍玉にあげられていたが，劇場映画９作目にあたる本作は「20世紀博」という設定で過去と未来の相克をテーマとしており，大人の鑑賞にも耐える作品として評価が高い．しかしそうした講釈とはとりあえず無関係に，自分の感覚に引き付けて「家族愛」に素直に感動したという言葉は，芸術との出会いの原点を思い出させてくれた．

　Ｆさんが挙げたのは「自作の俳句」で，他の学生たちとは少し毛色が異なっている．Ｆさんは高校のときに俳句部に入っていて，はじめて人に評価されたのが「春寒し　前に抱える　紙袋」という句だったのだという．この「春寒

し」という季語が，紙袋を前に抱えるという描写とマッチして，少し暖かくなってきたけれどもまだ肌寒くて身が縮こまる感じをうまく表現していると言われ，自分が考えていなかったところまで深く読み込んでもらったことに感動したというのである．これは必ずしも論点1の問いに直接答えているわけではないが，自分が作品を作る側からの経験として面白かった．

演劇が好きというEさんは，大学1年生のゼミで読んだ『リア王』を挙げた．ストーリーが面白いということのほかに，シェイクスピアという人間の偉大さも理由だという．価値観の対立する人びとのせめぎあいを時代の大きな動きの中でとらえているところに，強い感銘を覚えたそうだ．

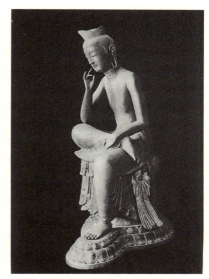

弥勒菩薩像

　　登場人物が，古い中世的な思考に囚われたままの人と，新しいルネッサンスの時代の，家柄とか血統を重視する方向を逃れようとする人びとに大別されるんですね．そのせめぎあいを，シェイクスピアは時代が動いているというものすごく大きいムーブメントを感じながら書いているんだということがわかったときに「おお，ぞぞぞ［寒気］」という感覚を得たんですね．今考えてみたら言っていることは当たり前なんですけど，一読したあとにいろいろ考えてみて，その背後にとてつもなく大きなものが控えているとわかったときに，ぞわっとする感じがありました．それが感動と呼べるのかなと思いました．（Eさん）

Cさんが挙げたのは彫刻作品で，広隆寺の弥勒菩薩像である．国宝の彫刻第1号として有名だが，あの細い体の中に56億7000万年後に弥勒の仏として地

上に戻ってくるというストーリーを内包しているスケールの大きさや，悠久の時間の中で人びとを救済しようという強い意志を表す微笑み（アルカイック・スマイル）の深さが感動的であるという．ただ，いかにも飾ってあるという感じで宝物館に置かれているのが残念で，その点では法隆寺の夢殿の救世観音のほうが，置かれている場所まで含めて完璧ということだった．そこで「いろいろな知識なしでそれらの仏像を見ても感動したと思うか」という質問を投げかけてみたが，それにたいしては「やはり仏像というのは［……］その仏様の慈悲を知った上で見たほうが，自分の心に訴えるものになると思います」という答えが返ってきた．

　Gさんは「他者に共有可能な言葉で説明しなさい」と言われるとむずかしいと前置きしながら，フランス文学の授業で読んだジャン＝ジャック・ルソーの『孤独な散歩者の夢想』を挙げた．「晩年の孤独な諦観と，サン＝ピエール島の自然の美しさに自分の夢想を重ね合わせる形で美しい文章がつづられているという，その雰囲気に感動したっていう感じで」．文体の美しさに感動するという経験は，この作品がしばしば「散文詩」の源流とみなされることからも十分理解できるという石井からの補足があり，さらに，どうやって統計をとったのかわからないが，この本が自殺者のそばに置かれていることがもっとも多いと言われているというエピソードの紹介があった．

　Hさんは幼いころイギリスに行っていて，そこで連れていかれた美術館でたまたま見た1枚の絵に感動した記憶を披露した．

　　　その作品はまったく有名なものではないと思うんですが，青空の草原で赤毛の馬がいなないている絵で．小さい自分から見たら大きくて，迫力や，対峙したときに馬のいななきや草原を渡る風を感じられた気がして，人間ってこんなものを描けてしまうんだということに感動したことが深く記憶に残っています．（Hさん）

それはなんという絵なのかいまだにわからないのかという問いにたいしては，「調べてわかってしまったときに，幼少期に見た風景が崩れてしまうんじゃないかというちょっとしたおそれもあるので，あまり調べていないですね」とい

74

う答えが返ってきた．まったくなんの知識もなしに作品に触れたときの感動と，Cさんが仏像に関して語っていた，ある程度の知識があった上で見ないと味わうことのむずかしい感動の2種類が出てきたことは，なかなか興味深い．

　これで学生の経験談はひと回りしたが，せっかくなのでTAの2人にも感動した芸術作品を挙げてもらった．Jさんは小川洋子の『人質の朗読会』という小説を挙げ，要領よく内容を紹介した上で作品の魅力をわかりやすく説明した．またIさんは，ボストン美術館と東京芸術大学美術館のコラボによる展覧会（「ダブル・インパクト展」）で見た河鍋暁斎[8]の『地獄太夫』という日本画を挙げ，狂気と滑稽の共存する作品が醸し出す雰囲気を雄弁に語ってくれた．

ジャン・ロレンツォ・ベルニーニ『プロセルピナの略奪』
ボルケーゼ美術館蔵
©AFP/DPA Picture-Alliance/DPA/Fredrik von Erichsen

　藤垣は，ローマのボルケーゼ美術館にあるベルニーニ[9]の『プロセルピナの略奪』を挙げた．Cさんの仏教彫刻にたいして西洋彫刻が出てきたわけだが，この作品の魅力については「セクハラとエロティシズムの境界について[10]」という文章で語られているので，機会があれば参照していただきたい．また最後に石井にも矛先が向けられたので，とりあえずアルチュール・ランボー[11]の『地獄の季節』と大江健三郎の『芽むしり　仔撃ち』，それにオディロン・ルドン[12]の絵画作品を挙げておいたが，前2者については過去に文章を書い

---

8) 河鍋暁斎（1831-89）は旺盛な反骨精神で知られる浮世絵師・日本画家．幕末から明治にかけて活躍し，多くの戯画や諷刺画を残した．
9) ジャン・ロレンツォ・ベルニーニ（1598-1680）はイタリアの彫刻家．バロック期を代表する芸術家で，画家・建築家としても活躍した．
10) 東京大学『学内広報』，No.1445, 2013年10月25日号，25頁．
11) アルチュール・ランボー（1854-91）はフランスの詩人．十代で天才的な作品を書き，その後は中東・アフリカで文学と無縁な生活を送った．この詩人については最終回でも言及する．

たことがある[13]ので，詳細は省略する．

　こうしてみると，ひと口に芸術作品といっても，ジャンルは文学，映画，絵画，彫刻など多岐にわたっているし，文学の中にも小説だけでなく，俳句，戯曲，随筆，詩など，さまざまな形式が見られることがわかる．学生たちが（TAや教員も含めて）「名作に感動した」という紋切り型の経験ではなく，じつに多様な芸術体験をしてきたことがうかがえる結果となった．

〈論点2：多くの人間がその価値を認めているにもかかわらず，自分にとってはまったく価値がないと思われる芸術作品の例を挙げ，その理由を他者に共有可能な言葉で説明しなさい〉

　Aさんは，しばしば優良図書として推奨されるある現役作家の作品を挙げた．差し障りがあるので具体名を記すのは控えておくが，要するに物語がある種のパターンにはまっていて，登場人物の設定も図式的であり，感動を押し付けられているような気がするというのが理由である．

　Dさんは具体的な作品名は挙げられないが，「自分の感覚とのリンクがないものにはあまり価値を見いだせない」と語った．たとえばある有名な絵を見て美しさを感じることはあっても，自分の感覚に落とし込めないと表面的に撫でられたような感じで終わってしまい，心の奥まで響いてくることはないという．これに関連して石井からは，『モナリザ』のように有名な作品は無名画家の無名の作品とちがって，それを世界的な名作だという先入観なしに見ることはほとんど不可能であるから，純粋な感動を覚えることはきわめてむずかしいだろうという発言があった．これは論点1でHさんが語ってくれた，無名の絵画作品を前にした感動経験と表裏一体の話になっている．

　Fさんの答えは意表を突いたもので，「アイドル」であった．ファンは多いけれども，歌はみんな同じようなものばかりで共感できないという．そもそもアイドルの歌を「芸術」の範疇でとらえることはできるかというのはひとつの問いであるが，それはさしあたり措くとして，誰もがもてはやす対象に自分は価値を見いだせないという違和感は前の2人と共通したものであろう．

---

12)　オディロン・ルドン（1840–1916）は幻想的な画風で知られるフランスの画家．
13)　石井洋二郎『告白的読書論』，前掲書．

76

Eさんが挙げたのは,『チャーリーとチョコレート工場』などで知られるロアルド・ダール[14] の作品であった.

> 子どもが主人公になって大人社会を皮肉るみたいな,子どもの側から反逆を仕掛けていくという反骨精神を描いたりとか,『チャーリーとチョコレート工場』だったらお金持ちの子どもたちがめちゃめちゃひどい目にあったりとか,風船にされて飛ばされたりとか,そういうシーンがありましたよね.その過程において,お金持ちの子どもとか,学のない大人とか,子どもの気持ちを理解しない大人とか,一面的に描かれすぎていて,構図が単純すぎてイラつくというか,ただ子どもがまとまって反逆を起こすのが面白い,みたいな構図にだんだん見えてしまって.(Eさん)

また,映画化された作品に関しては,「子どもが出ていればかわいい,子どもが出ることでエンターテインメント性を確保している,みたいなところ」にも反発を覚えるという.

Cさんは「今ふと思いついた」という注釈つきで,数年前に大ヒットしたあるアニメ映画を挙げた.これも営業妨害になるといけないので具体名は記せないが,TA のIさんもこの意見には全面的に賛同ということで,要領よくあらすじを披露してくれた.後で調べてみたら,なるほどインターネット時代にふさわしい内容の作品で,若い層にはかなり支持されているらしい.旧世代の教師としては時代の推移を痛感させられる話題となった.

Gさんはまず,「価値」といえばふつうはプラスの価値を意味するけれども,逆になにかを嫌いであるというマイナスの意味で作用する価値もあるのではないか,という本質的な問いを提起した上で,次のように語った.

> 文学とか絵画であれば,見る・読むという行為である程度能動的に働きかけていかないと [……] その価値が得られないんですけど,音楽であれば耳で聴くからある程度の受動性があって,それは聴覚に特有のものだと

---

14) ロアルド・ダール(1916–90)はイギリスの作家.諷刺的な短編小説や児童文学で知られる.

思うんですね．能動性の働くときには，自分は見たり読んだりしているわけだから，なにかしら価値をそこに見いだそうとしてしまうのではないか．逆に音楽の場合だと，私は無調音楽がどうしても慣れなくて．最近の音楽ではけっこう多いんですけど，旋律があまり見当たらないというような．それこそ武満徹とかそうかもしれないですけど，これは聴覚の受動性という意味では，なにも感じない．嫌いとも好きとも感じないと思われます．
（Gさん）

　この観点からすると，「価値がない」というのはプラスもマイナスもない，だからなにも感じられないということを意味することになる．
　Hさんは，いわゆる現代芸術の作品について，意味のわからないものが多いという．「考えても考えてもこれがなにを表しているのかわからなくて，単に奇抜にオブジェを飾っただけではないか，というようなことが感じられてしまうので，あまり自分には価値を見いだせない」というのだが，こうした思いは多くの人たちが共有するものだろう．ここで石井は「芸術作品は意味がわからないといけないと思うか」と問うた上で，現代芸術は「なにかを表象しなくてはならない」という思い込みの裏をかくという側面をもっているのではないか，解釈によって「意味」に到達することで安心するという形とは異なる享受の仕方を示唆しているのではないか，という視点を提示した．
　TAのJさんは先のGさんの言葉を受けて，「価値がない」作品は自分に変化をもたらさないので記憶にも残らないのだと発言し，Iさんは保守的な価値観に凝り固まった作品には価値を見いだせないと語った．また，藤垣はピカソのキュビズム時代の絵画が好きではない，初期の作品のほうがずっといい，と語ったが，これはHさんの感想とも通じるものだろう．これにたいして石井は「彼〔ピカソ〕は自分があまりにも完成された技量をもっているから，それを破壊することに一生を捧げたのではないか」と発言したが，20世紀以降は絵画であれ音楽であれ，また小説であれ，さまざまなジャンルで既成の「美」の概念をあえて破壊するような試みがおこなわれてきたことはまちがいない．
　こうしてみると，論点1・2を通して古典的な「名作」と言われているものがもっと挙がるだろうという教師の側の予想はみごとに裏切られ，比較的新し

78

い作品への言及が多かったことがわかる．学生たちにとって「多くの人間がその価値を認めている芸術作品」という言葉の喚起する対象が，すでに教師たちとはかなりずれていることがわかって，たいへん示唆に富む展開であった．

〈論点3：「芸術は主観の領域に属するものなので，いかなる作品にも客観的な価値などない」とする立場と，「それでもやはり誰もがその普遍的な価値を認める芸術作品は存在する」という立場のどちらをあなたは支持しますか．その理由は？〉

　この問いにたいしては，まずいずれの立場を支持するか TA もまじえて挙手してもらったところ，ちょうど4対4に分かれた．前者はFさん，HさんとTA の2人，後者はAさん，Cさん，Dさん，Eさんで，Gさんは立場を留保．そこでまず，両方の視点から互いに主張を戦わせてもらうことにした．

　前者のグループからは，たとえ名作と言われるものでも価値を感じない人はいるので，誰もがその価値を認める作品などありえないという意見，自分の経験に照らしてみても芸術体験は個人的なものなので，これを「客観的」とは言えないという感想が出された．また，ある作品が高い評価を得ていくプロセスは偶然の要素がかなり強く，初期の評価がたまたま多くの人びとの見方に影響を与えて拡散していったにすぎないので，これを客観的価値とは言えないのではという意見もあった．さらに，芸術作品は個人の経験と深く結びついて記憶に刻み込まれてはじめて意味をもつものなので，同じ本を読んだ者どうしが語り合うときには，客観的に1冊の本が存在してその価値を共有しているかのような幻想が成立するけれども，実際には違う本について語っているという現象が見られるという興味深い指摘があった．

　　誰もが1冊の本について語っているように見えるにもかかわらず，そしてその本自体は物質的に存在するように見えるにもかかわらず，全然違う本について話している，という現象が起きてしまう．その上で，会話が成り立ってしまっている．「あれ良かったよね」とか「あれやっぱつまんなかったよね」っていうふうに，全然違うものを見ているのに話せてしまっていることこそが面白くて不思議なことですよね．そこから，客観的な価値という幻想のようなものも生まれてくるんだと思うんですが，芸術はや

はりその人の思い出の中で語られているもの．そう思うがゆえに，主観的
な領域に属するものだと思います．（I さん）

　これを受けて石井は，同じ人間が同じ本を読んでもそのつど経験は異なるの
で，「結局，芸術作品そのものは，客体としてはそこにあるけれども，それを
享受する側にとっての作品というのは，なにひとつ同じものはない」と発言し，
これを突き詰めていけば，「作品」とは書物とか映画のフィルムといった客体
のことではなく，受容者との出会いの中ではじめて成立するものであり，すべ
ての芸術作品は主観の領域にあるということになるが，これにたいしてどう反
論するか，という形で反対側のグループにバトンを渡した．
　まず，人間が生まれながらに共有している生命とか肉体といった要素は万人
にとって普遍的な価値をもっているので，これを扱った芸術作品にはプラスで
あれマイナスであれ心を揺さぶられるはずだという意見があった．また，「多
くの人間がその価値を認めている」ものが実際にある以上，客観的な価値がな
いものはない，という見解も表明された．音楽に関しては，モーツァルトの作
品が和音の進行によって生物学的に気持ちのいい終わり方をしていて，ベート
ーヴェンの作品にはない特徴らしいという話が出た．これは「人間の根源，生
物としての人間に訴えかけるものとして，万人に共通する価値がある」という
立場であり，舞踊についても同じことが言えるのではないかというコメントが
付け加えられた．一方，芸術作品には普遍的な価値が内在しているが，それは
誰にでも全体像が見えるものではなく，ある瞬間に一部が顕現するだけであり，
そのためにはある種の神秘体験が必要なのではないか，という意見も出された．
　これらの意見を受けて，G さんからは 2 つの立場をどう乗り越えればいいの
かという問題が提起された．文学作品や絵画作品に関しては，これを受容する
側の能動的参加がどうしても要求されるので，客観的な価値は作品の内部に純
粋なものとして存在するというよりは，主観的な価値の総体として存在すると
考えるべきではないか．音楽の場合はまず作曲者の作品にたいして演奏者が能
動的に働きかけるという第 1 の能動性があり，次に演奏者の演奏にたいして聴
衆が能動的に聴くという第 2 の能動性が働くので，文学や絵画と違って 2 段階
になっているけれども，主観性の契機があるという点では基本的に同じであり，

やはり主観性の総体として客観性が成り立つことに変わりはない．だからそうした意味においての客観的・普遍的な価値は存在するのではないか，という意見である．こうして議論が深まりを見せてきたところで，最後の論点に話が移った．

〈論点4：芸術作品に限らず，一般に「客観的価値」というものは存在すると思いますか．ブルデューとポーターの議論を踏まえて考察しなさい〉

　まず問題提起文に関連して，『芸術の規則』の訳者である石井が，芸術作品の価値はそれ自体に客観的事実として内在するわけではなく，受容する側が作品を評価するために生産する言説の蓄積によって形成されるという，ブルデューの基本的な立場をあらためて説明した．そして『数値と客観性』の訳者である藤垣からは，客観性とは個人の恣意性を排除し，没個人性を追求した結果として出てくるものであるという，ポーターの議論の要点が端的に示された．さらに藤垣は芸術と科学を対比して，「芸術は個別を徹底的に追求することで普遍に至ろうとするのにたいし，科学は個別を徹底的に排除することで普遍に至ろうとする」という図式を提示してみせた．

　ここで学生からは，たとえば飢えを満たすというのは人間としての本能なので，これに資することは絶対的な正義として認められるのではないかという，「客観的な価値」一般についての問題提起があった．家族愛にはみんな感動するはずだというのも同じ考え方だろう．では誰にとっても心地よい音楽というものは存在するのか．人間の認知特性として，誰もが一様に感動するメロディーやリズムのパターンは確かにあるという立場と，それもやはり地域や民族によって異なるという文化相対主義的な立場の両方があって，なかなか決定しがたい問題ではある．

　こうして話題は，とくに芸術ということに限定しなくても，そもそも誰もが認める「客観的価値」というものは存在するのか，という一般的な問いへと展開していった．このあたりから議論はやや抽象的な方向に流れていった感があるが，これは論点の設定がもともと抽象的だったせいなので，やむをえないだろう．

　その中で興味深かったのは，「作品自体に価値があるというよりは，要素が

あると言うべきではないか」というGさんの意見である．ここで「要素」というのは，まだ価値には昇華していない段階の特徴といった意味で，「それが自分の価値観という物差しをあてがわれたときに，価値に昇華する」という．つまり，作品にはもともと価値が存在するという実在論的な立場と，価値はあくまでも受容する側によって見いだされるものだという唯名論の立場があるとすると，作品に宿っているのは「要素」であって，それが受容者の価値観と一致したときにはじめて「価値」になるというのがGさんの議論だが，これは主観主義と客観主義の統合を図る視点として面白い．

これに関連してTAのIさんは，はじめは言葉にできなかった主観的な感動が徐々に自分の中に取り入れられていくプロセスを「受肉」という言葉で定義し，この作業を通して経験が客観化され，しだいに共有可能な言葉に変わっていくことが重要なのではないか，「主観でしかなかったものを客観化していき，言語によって共有可能にしていく，というプロセスがあることこそが，芸術の価値を作っていくのではないか」という意見を述べた．この「受肉」という概念は重要であり，「より多くの人間により深い受肉の契機を与える要素をより多く含んでいる作品に，より価値がある，という言い方もできる」と石井がコメントしたところで，今回の議論は終了した． (石)

議論を振り返って

第4回の「芸術作品に客観的価値はあるか」という問いは，そもそも価値とはなにか，客観性とはなにかという問いを内包している．もともと価値というのは主観の領域にあるものとされている[15]．だからこそ，客観的価値というものの中身を詰めなくてはならない．つまり，第4回の問いには，主観―客観（あるいは個人的―普遍的）の軸と，価値とはなにかの問いが混在しているといえる．

論点1と2は論点3を具体的に考えるために問いを「自分ごと化」している

---

15) これは，事実（facts）を客観の領域，価値（value）を主観の領域に分けて論じる習慣によっている（S. Jasanoff *et al.*（eds.）, *Handbook of Science, Technology and Society, op. cit.*, p. 17). Facts については第7回でふたたびふれる．

準備段階である．ここでは論点3からコメントすることにしよう．論点3とは，「芸術は主観の領域に属するものなので，いかなる作品にも客観的な価値などない」とする立場と，「それでもやはり誰もがその普遍的な価値を認める芸術作品は存在する」という立場のどちらをあなたは支持しますか．その理由は？というものである．この問いにも，主観―客観の軸と価値の軸の2つが入っていることが見てとれる．この問いに答えるためには，少なくとも以下の2つの問いに答えなくてはならない．

① 芸術作品の価値を考えるとき，それらの価値は，そもそも「作品」に属するのか，評価する側の「個人」に属するのか．
② 価値判断における客観性とはなにか．

まず①の問いについて考えてみよう．①の問いにたいして，

A: 作品という客体に価値が存在する．
B: 作品ではなく，評価する主体の側によって価値が判断される．

という立場がある．「議論の記録」の最後のほうにあるような「作品にはもともと価値が存在するという実在論的な立場と，価値はあくまでも受容する側によって見いだされるものだという唯名論の立場があるとすると」という表現がそのままこのAとBの分類にあてはまる．そして，Aという立場をとれば，そのまま客体としての作品の価値＝客観的価値というのが成立してしまう．そして，Bの立場をとる限り，主観―客観の軸の「主観」のほうにとらわれてしまうことになる．

それにたいし，「芸術作品の価値はそれ自体に客観的事実として内在するわけではなく，受容する側が作品を評価するために生産する言説の蓄積によって形成される」というブルデューの立場は，①の問いにたいして，AでもなくBでもないCの立場，つまり作品と受容者の相互作用としての価値の創成ということになろう．

第4回　芸術作品に客観的価値はあるか　83

C: 作品と主体の相互作用によって価値が生成される.

ここで「問題提起」にあるブルデューの解説に戻ってみよう.「芸術作品の価値の生産者は芸術家なのではなく,信仰の圏域としての生産の場である」とブルデュー本人が記しているが,具体的にいえば,

> 文学における「生産の場」を構成するのは,作家,出版社,編集者,批評家,ジャーナリズム,読者,等々である.ある作品が編集者の目にとまって出版され,新聞や雑誌で批評家の称賛を受け,場合によっては賞などの制度によって付加価値を得て世に送り出されると,その作者は価値ある存在として認定され,やがては名声を獲得し,作品の安定的な供給者としての地位を築いていく.(問題提起文)[16]

このように,作品の価値を決めるのは,作品と評価する主体とが作りあげる「生産の場」における両者の相互作用ということになる.

次に,②の問いについて考えてみよう.②の問いにたいして,

X: あくまで価値判断は主観によっておこなわれるので,客観性は存在しな

---

16) 『学内広報』「ひとを世に送り出すということ」(2014 年 10 月 25 日号)で用いた事例を参考に,文学における「生産の場」と科学における「生産の場」を対比してみよう.1954 年歌人中条ふみ子を世に送り出した中井英夫と,2014 年 STAP 細胞を作り出したとされるある女性研究者を世に送り出した科学者との対比である.この内容を,ブルデューの概念装置を使って言い換えると次のようになる.

> 文学における「生産の場」を構成するのは,作家,出版社,編集者,批評家,ジャーナリズム,読者,等々である.これによって中条の歌集『乳房喪失』は世に送り出され,信仰の圏域を作り,この歌集が「フェティッシュ」として価値付与された.その信仰圏域の生成と価値付与において中井による歌集命名が効果的であったことは言うまでもない.一方である科学者の作り出した「リケジョ」は世に送り出され,2014 年 1 月に一時的に信仰の圏域を作り出したが,STAP がフェティッシュとなった直後に,その科学的プロセスに疑義が申し立てられたのである.

このように,科学における「生産の場」の作り方には,文学・芸術における「生産の場」と類似性はあるが,一時的にフェティッシュとなったものがつねに「再現性」という名の科学的吟味にさらされる点で異なる様相を帯びる.

い.

　Y: たとえ価値判断が主観によっておこなわれるとしても，その集合体とし
　　ての間主観性 17) の中に客観性は存在する.

という立場がある. このように分けていくと，もともとの論点3のうち，「芸
術は主観の領域に属するものなので，いかなる作品にも客観的な価値などな
い」とする立場は，①B②Xの立場（芸術作品の価値は主体の側によって判断
され，客観的価値は存在しない）といえる. もう一方の「それでもやはり誰も
がその普遍的な価値を認める芸術作品は存在する」という立場は，それ以外の
組み合わせ（①Aあるいは①B②Y）と考えることができる. すでに述べたよ
うに，Aという立場をとれば，そのまま客体としての作品の価値＝客観的価値
というのが成立してしまう. しかし，授業での議論の経過は，①についてはB
またはCという形で議論が進んでいったと考えられる.
　「議論の記録」に見られる石井の文章を見てみよう.

　　同じ人間が同じ本を読んでもそのつど経験は異なるので，［石井は］「結
　　局，芸術作品そのものは，客体としてはそこにあるけれども，それを享受
　　する側にとっての作品というのは，なにひとつ同じものはない」と発言し，
　　これを突き詰めていけば，「作品」とは書物とか映画のフィルムといった
　　客体のことではなく，受容者との出会いの中ではじめて成立するものであ
　　り，すべての芸術作品は主観の領域にあるということになる［と述べた.］

　この主張は最後の「すべての芸術作品は主観の領域」という表現を真に受け
れば，①B②X（芸術作品の価値は主体の側によって判断され，客観的価値は存
在しない）という形で議論を誘い出しているといえる. しかし，「受容者との

17）　主観性が根源的にはエゴ・コギト（われ思う）として単独に機能するのではなく，たが
　　いに機能を交錯させつつ共同的に機能するものであって，こうした主観性の間主観的な共同
　　性が対象の側へ投影されたときに客観的世界という表象が生じると考える. フッサールの現
　　象学とともに提示されたという説以外に，カントの判断力批判における普遍的可伝達性の概
　　念にその原型的なかたちを見る解釈もある（鷲田清一「間主観性」，『哲学・思想事典』，岩
　　波書店，1998年，282–283頁）.

第4回　芸術作品に客観的価値はあるか　　85

出会い」というところを，作品と受容者との相互作用ととらえれば，①C②X（作品と主体の相互作用によって価値が生成される．しかし客観性は存在しない）とも考えられる．

さらに，「文学作品や絵画作品に関しては，これを受容する側の能動的参加がどうしても要求されるので，客観的な価値は作品の内部に純粋なものとして存在するというよりは，主観的な価値の総体として存在すると考えるべきではないか」と述べ，「主観性の総体として客観性が成り立つこと」に言及したGさんの主張は，主観性の総体としての客観性ということに言及しており，「主観性の間主観的な共同性が対象の側へ投影されたときに客観的世界という表象が生じる」という間主観性の考え方に相当する．よってこの主張は①C②Y（作品と主体の相互作用によって価値が生成され，かつ主観の集合体としての間主観性の中に客観性は存在する）であるといえよう．

また，Iさんによる「主観でしかなかったものを客観化していき，言語によって共有可能にしていく，というプロセスがあることこそが，芸術の価値を作っていくのではないか」という主張も，①C②Yと解釈できる．加えてこの主張は，間主観性の生成を「言語化による共有可能化」によるとしている．それを受けた石井のコメント「より多くの人間により深い受肉の契機を与える要素をより多く含んでいる作品に，より価値がある，という言い方もできる」は明らかに①C②Yといえよう．

最後に，ブルデューとポーターの対置を示しておこう．ブルデューの言説の紹介を見る限り，彼は①C②Yの立場をとっていることが示唆される．それにたいし，ポーターは，客観性とは個人の恣意性を排除し，没個人性を追求した結果として出てくるものであるという立場をとる．「個人の主観」は恣意性をふくむものとなるため，主観性の間主観的な共同性が対象の側へ投影されたときに生じる客観的世界を採用しない立場をとるのである．彼は，20世紀初頭のアメリカの保険数理士のおかれた文脈と，19世紀半ばのイギリスの保険数理士および同時代のフランスの鉄道技術者のおかれた状況を，史実に忠実かつ詳細に比較することを通して，イギリスの文化状況では紳士であること，フランスではエコール・ポリテクニーク出身であるエリートの判断および自由裁量のほうに重きが置かれたのにたいし，それらを信用しないアメリカ文化は，

誰がやっても同じ結果に到達する計算手続きのほうを重要視したことを示した．つまり，個人の主観を徹底的に排除した形での客観性を描き出したのである．これは，②の問いにたいして，XでもなくYでもなくZの立場を示したことになる．

　Z: 判断の手続きを誰がやっても同じ結果となるようにすることによって客観性が得られる．

　このように考えてくると，ブルデューは①C②Yであるのにたいし，ポーターは①C②Zであることがわかる．Zの立場をとるならば，「誰がやっても同じ結果に到達する手続き」によって芸術の価値を評価しなくてはならなくなるだろう．明らかに，これは芸術の評価とは異なるものである．なぜなら，芸術は個人の感性をもとにしなければ成立せず，感性は上のような手続きにおきかえることができないからだ．「芸術は個別を徹底的に追求することで普遍に至ろうとするのにたいし，科学は個別を徹底的に排除することで普遍に至ろうとする」という議論の記録にある藤垣の主張は，客観性の成立プロセスにおけるYとZの違いを，個別—普遍の軸を用いて言い換えたものである．個別（individual）と普遍（universal）の軸と，主観（subjectivity）と客観（objectivity）の軸とはよくパラレルに用いられる．そして次なる問いは，この2つの軸がどの点で同じでどのように異なるかということである．これについては，読者にオープン・クエスチョンの形で開いておこう． （藤）

第 **5** 回

代理出産は許されるか

レオナルド・ダ・ヴィンチ『聖アンナと聖母子』
© AFP / Photononstop / Eurasia Press
ルーヴル美術館蔵

問題提起

　近年の生殖医療の発達によって，人類は体外受精のみならず，代理懐胎も可能とする技術を手にした．代理懐胎とは，「子を持ちたい女性（依頼女性）が，生殖医療の技術を用いて妊娠すること及びその妊娠を継続して出産することを他の女性に依頼し，生まれた子を引き取ること」をいう[1]．ここで妊娠・出産を依頼された女性のことを代理母と呼ぶ．代理出産にはサロゲートマザー型とホストマザー型があり，前者は一般に，「夫の精子を第三者の子宮に人工受精の手技を用いて注入して懐胎させ，この第三者が妻の代わりに妊娠・出産するもの」であり，後者は，「妻の卵子を［……］取り出し，夫の精子と受精させ，胚となったものを第三者（代理母）の子宮に移植することによりこの第三者を懐胎させ，この第三者が妻の代わりに妊娠・出産するもの」と定義される[2]．日本では，2003年にタレントの向井亜紀がネヴァダ州に住む女性（代理母）に依頼して子をもち，実子として戸籍に記録することを裁判で争ったことで話題となった．日本の民法では分娩した女性，つまり代理母を実母として認めてきた経緯がある．2007年最高裁は向井の実子として記載することを却下したため，子どもは国際養子として養育されている．

　代理懐胎をめぐっては，代理出産を禁止している国（スイス，ドイツ，フランス），条件つきで認めている国（イギリス，オーストラリア，韓国），州ごとに規制をしている国（アメリカ）など，諸国の状況もさまざまである．日本では，「学者の国会」と呼ばれる日本学術会議で，2006年12月

辻村みよ子『代理母問題を考える』
（岩波ジュニア新書，2012年）

---

1) 日本学術会議対外報告『代理懐胎を中心とする生殖補助医療の課題——社会的合意にむけて』，2008年4月，生殖補助医療の在り方検討委員会，3頁．
2) 辻村みよ子『代理母問題を考える』，岩波ジュニア新書，2012年，7頁．

に法務大臣・厚生労働大臣連名の審議依頼を受けて「生殖補助医療の在り方検討委員会」が設置されて，2008年4月に報告書が出された．「代理出産を認めるべき」という意見は，子がもてない女性やカップルも科学の進歩による生殖医療の恩恵を受ける権利があるのだから，代理母契約を認め，その条件を検討すべきというものである．それにたいし，「禁止すべき」という意見は，第三者である代理母に出産時のリスクを負わせてまで自分の子がほしいというのは身勝手であるため，国は法律を作って禁止すべきというものである．

　この問題は，学術会議の委員会に参加した専門家のあいだでも，学問分野によって考え方や根拠が異なった．また，答えがいくつもあって，子どもをもちたい側の権利と代理母（契約を結ぶ代理母の多くがインドなどの発展途上国の女性で，貧困などの理由で金銭上の対価のために自己の健康を売買の対象とすることもある．これは身体搾取にあたる）の健康を守ることと，生まれてくる子どもの権利のうち，どれを優先すべきか，というむずかしい側面もある．

　まず，学問分野によるとらえ方の違いを紹介しておこう．医学的側面からの検討では，そもそも妊娠・出産という身体に負担の大きい仕事を他人に頼むことのリスクが指摘されている．妊産婦死亡率，妊娠中のリスク，分娩後の障害のリスクなどである．それに加え，代理母が遺伝子的な母にかわって妊娠を続けること自体の，母体へのリスクの見積もり，代理出産が胎児に与える影響（妊娠中の母体から胎児への物質の移行にともない，その物質の直接作用やDNA配列の変化をともなわない遺伝情報の変化＝エピジェネティック変異によって，出生後の子の健康状態に影響がおよぶこと）などもまだ研究途中である．また，代理出産は，ふつうの医師─医療対象者（代理母）関係に加えて依頼者という第三者が加わるために，代理母にとって最適な医療行為が，必ずしも依頼者の希望する医療行為と一致しないこと，依頼者が希望する医療行為を代理母が承諾しないことなどが起こりうる．代理出産で生まれた子になんらかの障害があった場合などは問題がさらに複雑になる．

　次に，生物学の立場から見た問題としては，以下が挙げられている．哺乳類としてのヒトにとっては，配偶子を体外で受精させること自体，すでに自然の生殖行動からの逸脱である（もちろんここで「自然」とはなにか，をめぐっての議論が展開可能である）．したがって，代理出産は，妊娠から出産までのリスク

を他人に負わせ，自分は傍観者になるという点で，本来の生物の営みとしての生殖行動からは大きく逸脱している．また，妊娠中のホルモン分泌など内分泌系の変化は，出産後の哺育行動の準備といえるが，その妊娠行動と哺育行動を分離するのも生殖行動から逸脱する．

さらに，法学の立場から見た問題点として以下が挙げられている．（1）自主規制（学会などの）にすべきか，行政指針やガイドラインにすべきか，あるいは法律で定めるべきか，（2）刑法上の刑罰をどうするか（代理母がリスクを冒すことによって利益を得ようとする商業主義的なあっせん行為については刑罰の対象とすべきでは，といった問題），（3）民法上の親子関係をどうするか（子の法的地位，実子か養子か，分娩者＝母ルールをどうするかなど）である．

続いて，この問題をむずかしくしている各種の人権の問題を見てみよう．親になることを決定する権利，子をもつ権利というものが依頼側には存在する．そして，子をもとうとする者の自律性（自己決定権）が主張される．一方で，代理出産については，「『依頼する女性は妊娠・出産の健康リスクを負わない』ことから，『法律で代理懐胎を制約することは，女性の自己決定権の違憲な制約である，とはいえない』[3]」という主張がある．「自由とは，他人を害しないすべてのことをなしうることにある」（フランス人権宣言第4条）とあるように，代理懐胎の場合は，他人を害するリスクがあるため，子をもとうとする者のみの人権だけでは議論できないという点である．また，子をもつ権利は，生まれてくる子の権利とも対立する．子の権利は子の福祉と関係する．学術会議の報告書では，子の福祉に関して，次の3つの問題を挙げている．（1）対価をともなう代理出産の場合には，自分の病気などを隠して代理母になろうとする者も皆無ではないため，危険の大きい胎内環境は，子の福祉に反する．（2）出生の経緯やその事実を隠そうとすることが子に与える影響がある．（3）現実的な問題として，子の引き渡し拒否や引き取り拒否などが生じる場合がある．とくに子に障害がある場合など，引き取り拒否が生じる可能性が高い．これらは子の福祉を考えた場合，もっとも憂慮すべき問題である．

最後に，リプロダクティブ・ライツ（生殖の権利）についてふれておこう．

---

3) 辻村みよ子『代理母問題を考える』，前掲書，105頁，および，青柳幸一『憲法における人間の尊厳』，尚学社，2009年，174頁．

人権には3つの世代がある．第1世代は近代市民革命期の人権（すべての人間は生まれながらに自由で平等）であり，アメリカ独立宣言（1776年）やフランス人権宣言（1789年）に見られるものである．実際には，第1世代の人権は性差別や人種差別を内包していた[4]．これを改良したのが第2世代の人権であり，第2次世界大戦後のフランス，ドイツ，イタリアの諸憲法などによって確立された現代的人権である．これは性差別や人種差別のない自由権・社会権を求めたものである．この自由権・社会権に続いて第3世代の人権が議論

アメリカ独立宣言

され，平和権（平和的な環境の中で生きる権利），環境権，プライバシー権などが含まれる．リプロダクティブ・ライツはこの第3世代の人権にあたり，子を産むか否かの決定権，産むか否かの決定を実現する権利などがふくまれる．この産むか否かの決定を実現する権利が，第三者（代理母）の健康や人権，および子の人権と抵触する可能性があるのは上で述べたとおりである．　　　　　（藤）

---

[4] 実は「政治学」という学問自体，この第1世代の人権を不問のまま基礎にしているという指摘がある（岡野八代，日本学術会議シンポジウム，2014年）．たとえば，「再生産（子を孕み産むこと）に関わらない，ニーズ／依存関係から解放されている『自由な』男が市民社会をつくる．賃労働に関わらない，解放されている『自由な』男が国家を考える」といったものである．ここで「自由」という言葉の政治性に注意してほしい．再生産に関わらないことはほんとうに自由だろうか．再生産に関わらないことによって，ある領域に想像が及ばないことは，不自由なのではあるまいか，などさまざまな問いが喚起される．

第5回　代理出産は許されるか　93

論 点

1 あなたは代理出産は許されると思いますか．そのように考える根拠はなんですか．

2 代理母あるいは依頼者になりたいですか．そのように考える根拠はなんですか．

3 授業時間を使って，ロールプレイ（役割演技）をしてみます．以下のうち，どれかの役を演じ，主張をしてもらうので，それぞれの役の主張を考えてきてください．
- 依頼者（子をもとうとする者）
- 代理母
- 担当医（主治医）
- 子の人権擁護者
- 代理母仲介（あっせん）業者
- 政府高官（法務大臣，および厚生労働大臣）

.... 議論の記録 ....

この日の議論は，まず2つの問いについて考え，続いてロールプレイ（役割演技）の実習に入った．

〈論点1：あなたは代理出産は許されると思いますか．そのように考える根拠はなんですか〉

この問いには，4人がイエス，つまり許されると答え，2人がノー，つまり許されないと答えた．許されないと答えた学生は理由として，「出産を聖なるものと考えており，その儀礼的行為にたいして，労働をするということがどう

94

しても相容れないから」「子をもつ権利を主張するなら，養子縁組も可能であり，遺伝子至上主義（つまり自分の遺伝子をもった子を尊重する）はよくない」「新しい技術にはつねに不確実性があり，あまりよくないことが起こる可能性があるため」などを挙げた．

　　私は出産というものを聖なるものというか，儀礼的なものだと思っています．どういうことかというと，「子どもを授かった」っていうじゃないですか．そこでなにか生産をするんじゃなくて，なにかもっと聖なるものの存在を人間は感じると思うんですね．安産祈願というものもしますし．そういう儀礼的なものであるにもかかわらず，代理出産というのは労働としてとらえている，「私はできないから他の人に頼んで，お金を払って頼む」というのはまさに相手に労働をお願いしているということになる．妊娠・出産という行為と労働という行為が一緒になるということにたいして私は違和感を覚える．それでノーを選びました．もう1つあるんですが，子をもつ権利というのがあると思うんですけども，それは別の方法を選ぶやり方もあると思う．たとえば養子縁組とかいろんな方法がありますし，遺伝子というものが親子をつなぐ唯一の絆であるというのか，ということを疑問に思いました．（Cさん）

　また許されると答えた学生は理由として，「子どもがほしいという〈個別〉の願望と，それを制御・規制する〈普遍〉とのあいだにどう折り合いをつけるかの話だと思う」「仲介業者は明らかに身体の商品化をしているという点で批判されるべきだが，それら権力関係をすべてとりはらったとき，全面的に否定する理由はないのでは」「家族をつくる権利と，代理出産の結果生じる差別の問題や公序良俗違反の問題とを天秤にかけた場合，代理出産を禁止する理由が見当たらないから」「出産時のリスクもあるが，リスクを理解した上でやるのならよいと思う．リスクだけでは禁止する理由にはならない」「子どもがほしいのにできない人の立場にたつと禁止することはできない」などの意見が出た．

〈論点2：代理母あるいは依頼者になりたいですか．そのように考える根拠はなんで

第5回　代理出産は許されるか　　95

すか〉

　これについてはイエスと答えた学生が 1 人，ノーが 5 人であった．イエスと答えた人の根拠は，「将来もし結婚してパートナーとのあいだに子どもができない場合，それを利用したいから」というものである．ノーと答えた人たちの根拠は，「産むという行為は人間という動物の行為であり，労働として対価を得るものではないから」「子どもの将来や，子どものアイデンティティのことを考えると依頼したくないから」「権利として許されても，個人としてはリスクが大きいから」「遺伝子を残すのではなく，養子を引き取ればよいから」「積極的に子どもがほしくないから」などであった．

　さて，1 つめの問いは，代理出産を「原理的に許されると思うか」であり，2 つめの問いは「自分の問題としてどう思うか」である．1 つめの問いでリスクを許容し，原理的には禁止できないとしても，みずからの問題としてはリスクを許容できないとした傾向が見られた．また，2 つの問いを考え合わせると，原理的に許され，かつ自分でも利用したいと考える人（1 名）と，原理的には許されていいが自分では利用したくないと考える人（3 名）と，原理的にも許されないし，自分でも利用したくないと考える人（2 名）に分かれた．

〈論点 3：ロールプレイその 1〉

　役割演技は，自分と異なる立場を「演じる」ことによって，複数の立ち位置を往復することを学ぶ実習である．第 1 ラウンドとして 6 つの役割（代理出産依頼者，代理母，担当医，子の人権擁護者，代理母仲介業者，政府高官＝法務大臣および厚生労働大臣）を演じてもらった．学生の配役は教師の側が決めた．つまり自分がやりたくない役を演じる学生も出てくることになる．5 分間で自分の役の擁護演説の「立論」を考え，3 分間で話してもらった．

　まず依頼者役の学生は，「自分とパートナーの遺伝子の一部分を受け継ぐ子どもの重要性」を唱え，遺伝子こそが子どもの将来にとってもアイデンティティの客観的証拠であるとし，代理母との「契約」を結ぶことによってきちんと依頼したいと述べた．

　　　　私は，パートナーと結婚してからもう 5 年経っているんですがなかなか

子どもが生まれず，不妊治療も受けましたがうまくいきませんでした．それでも私はどうしても子どもがほしいと思っています．まず代理母をお願いする前に養子じゃダメなのかという意見があると思うんですけど，私とパートナーの一部分を受け継ぐ，血を受け継ぐというのが子どもとの目に見えない絆となるでしょうし，それこそが子どものアイデンティティの養成につながると思うので，子どもが私たちの子どもであるというアイデンティティをもって育ってくれるということが，養子じゃなくて代理母だと子どもにもわかってもらいやすいということで，代理母出産をしようと思っています．で，代理母にリスクを与える可能性があるのではないかという意見があったかと思うんですけど，代理母さんの了解は契約書で同意を得ている．しかも万が一のことも考えてしかるべき保険にも加入していますので，代理母さんの健康状態を第一に考えて私たちは出産をおこなおうと思っていますので，代理母さんの健康状況を確認し，主治医の意見も聞きながら代理母出産をやり遂げたいと思っております．（Cさん）

　ちなみにこの依頼者役になったCさんは，さきほどの論点1で出産を聖なるものととらえ，代理母出産に反対を唱えたCさんと同一人物である．Cさんが，自分の考えとは異なる役を，堂々と演じ，自分の意見と正反対の意見を述べていることがわかる．

　続いて代理母役の学生は，リスクのことがあっても，子どもを望む依頼人の役に立てることの大切さを述べ，担当医のサポートがあればきちんと役割を果たせる，とした上で理路整然と代理母の立場を正当化した．

　　私は子どもが大好きです．依頼人のかたの子どもがほしいという気持ちもよくわかります．養子じゃなくて自分たちの遺伝子を受け継いだ，自分たちの血をもった子どもがほしいと思う気持ちもわかります．だから確かにお医者さんからはリスクのことをすごく聞かされましたし，それもじゅうぶん理解していますが，せっかく私の体は子どもを産めるようにできてますし，子どもがほしい依頼人のために役立つことができるのなら協力しない手はないと思います．担当医のかたも無事に出産できるように精一杯

第5回　代理出産は許されるか　　97

サポートしてくれるとおっしゃっていたし，依頼人のかたも私の健康状態をすごく気にかけているので，依頼人のかたが子どもと幸せな家庭を築いている姿を見るために，私は代理母を引き受けようと思います．（Dさん）

　担当医役は，医師としてそのようなサービスが患者から求められたなら，それに応えるのは当然であると主張した．子の人権擁護者役は，出産した代理母の子どもか，それとも依頼者の子か，という論争になったとき，「子どもをほしいと思った人，つまり依頼者が存在しなければ代理母も存在せず，その人たちが産みたいと思わなければ成立しないのだ」ということを認識する必要性，そして代理母契約を約束として守っていただく義務があると主張した．仲介業者役は，代理母が禁止されたときのデメリット，つまりあらゆる不妊治療を受けても妊娠しなかった場合の次の可能性の提供の重要性を指摘し，代理母が自分の身体のことを考えてきちんと契約を結んでいるのなら仲介も必要である，ということを主張した．最後に政府高官役は，生殖ツーリズムの問題にふれ，法による規制がある程度必要であることを述べた．ここで藤垣は，25年前の出産経験から，出産後の母体変化が出産前の理性による想像を超えたものであることを述べ，生理的変化は理性による「契約」と別物であること，そのため契約を結んだ代理母が出産後の生理的変化から，契約破棄をして自分の子どもとして育てたいと主張する可能性があることを示し，そのような主張にたいして一律に「非合理的」とレッテルを貼れるものだろうか，という問題提起をおこなった．

〈論点3：ロールプレイその2〉
　続いて，第2ラウンドとして自分の役割を固定したまま，別の役割の人たちへの「反論」「批判」を考えてもらった．考える時間は5分，プレゼンテーションの時間は3分である．まず依頼者役の学生は，代理母依頼をすることは「他者にリスクを与えないという原則に反してはいない」「公共の福祉に反しない限り，子を望む権利は侵害されないのでは」「子どもが産めない人の権利は守られるべきである」「代理母による契約破棄は，法的な手段によって解決すべきである」という，依頼役への批判にたいする再批判を展開した．次に代理

母役であるが，「たとえ母体の変化があったとしてもそれを理解して産むのであれば問題ない」「依頼人がもつ権利を否定することはできない」「子どものできない体質の人がもつ権利は保証されるべきである」と主張した．医師役は，「代理母の出産後のケアをケースごとに判断すれば批判は回避できる」「養子に比べて，目に見える絆は遺伝子である」と主張した．子どもの人権擁護者役は，「代理母が契約を破棄して子どもの親権を主張した場合，子どもの人権の側面から考えて合理的に判断すべきである」「説明して納得してもらうしかない」「また，代理母であることを明かし，第 2 の母として生きる道もある．うちにはお母さんが 2 人いるのよ，というケースは，養子の場合もある．その場合，どちらを自分の母と決めるかは，子が成人してから，子が決めるという手もある」「そもそも産みたいと思った人［依頼者］がいなければ生まれないのであり，それは産んだ人ではない」という論が展開された．さらに，仲介業者役は，「代理母を禁止するほうが，弱者［発展途上国の代理母志願者］への抑圧になるのではないか」「弱者から仕事を取り上げることが，ほんとうに弱者の権利を守ることになるのか．仕事を取り上げるほうが搾取なのではないか」という論を展開した．

　　［代理母を］禁止するほうが，巨悪が弱者につけ込んで思うように動かしているというようなイデオロギーがあるのかなと感じました．弱者を守るのが政府という話もあったんですが，仮にインドのケースなどで代理母をやって生活を立てている人がいるとして，その人から代理母という手段を取り上げるのは本当に弱者の保護に当たるのか，というのは問題になります．かからなくていいプレッシャーをかけてしまうというのもあります．また，仕事として命を背負う仕事は他にもありますので，代理母だけ特別視するというのは少し疑問に思いました．自分でも過激なことを言っているのはわかるのですが．（A さん）

　政府高官役は，医師が背負っていくべき責任の重さ，弱者とは誰か，代理母を認めないことは新たな弱者を生む，という視点が必要なのではないかと主張した．

〈論点3：ロールプレイその3〉

　第3ラウンドとして，今度は，自分とは異なる役の立場から，自分の役を批判することを試みた．準備時間は5分，プレゼンテーションは3分である．まず依頼者役であるが，「障害をもった子が生まれた場合，自分の遺伝子をもっていても他者が産んだ子を，依頼者は自分の子として受け容れることができるのか」という問題点，「代理母が死産したときのこころのケア」などの必要性を唱えた．代理母役は，すでに代理母に感情移入しすぎたので，別の立場をとることに困難を感じたことを明らかにしつつ，「女性の身体の商品化」「個人間の契約でないところへ話が進む危険性」「仲介業者のビジネスにどう対抗できるか」などの問題点を指摘した．

　　　ちょっと代理母のほうにだいぶ感情移入しちゃってむずかしかったんですけど（笑），政府の立場から考えたかたが，なぜ禁止されなければならないのかとおっしゃっていましたが，代理母出産がもしどこまでもこういうふうに許されるようになっていってしまったら，それこそ女性の体が機械化，商品化というふうに進んでしまう問題を抱えているのであって，これは依頼人と代理母個人間の問題として片付けられるものではない方向にもしかしたら進んでしまう可能性があると思います．そして，今回は仲介業者のかたもすごく立派なかただからよかったのですが，もし仲介業者がちょっとずるいというか，悪質なことを考えていた場合，自分が儲けること，これをビジネスとしてとらえて儲けることばかりを考えて，依頼人のかたの子どもがほしい気持ちを尊重した行動も食い物にしてしまう可能性もあるわけなので，これはあらゆる問題を内包していると考えられます．一口に気持ちがあるからいいかと片付けられる問題でもないと思うので，禁止すべきだと思います．（Dさん）

　医師役は，「医師というのは，代理母出産という大きな流れの中の1つの変数にすぎない」と述べた．子の人権擁護者役は，今度は代理母役となり，「第2の母という感覚は受け入れられない」「自分の体をもって産むという絶対的

100

な経験の差がある」「いくら遺伝子が他人のものでもお腹を痛めて産んだら自分の子」「契約があっても親権を主張する」と主張し，子の人権擁護役（つまり第1，第2ラウンドにおける自分）を批判した．

> 代理母です．私は代理母出産を引き受けて自分の体で依頼者さんの子どもを産みました．やはり第2の母という位置付けも受け容れられなくて，紛れもなくうちの子だという感覚があります．そもそも現在の法律では限定容認されているとはいえ原則として禁止されています．それはやはり肉体で，自分の体を使って産むということの大きさを物語っていると思います．どこからが母親になるということなのか，という問題とも関わってくると思うのですが，依頼者はお腹を痛めて生んだことはないので，それをできない人にたいして言うのは失礼だというのはわかっているのですけども，そこに絶対的な経験の差があるのは埋められないことだと思いますので，これはうちの子だという感覚はわかってもらえないと思います．そしてそれを経験した今，いくら遺伝子が他人のものだったとしても自分の子であるという感覚が強くありますので，契約等も事前に説明があったとはいえ，それは経験してみないとわからないところが大きかったと思いますので，自分の親権を主張させていただきたいと思います．（Eさん）

加えてEさんは，政府高官役も演じ，子の人権擁護役の批判を展開した．

> こんなに複雑な関係性が生じている時点でというところから考えると，政府として一番懸念すべきは全体的なマネジメントができなくなることなのかなと考えました．容認しているとさまざまなトラブルが起こりうるわけで，全体を俯瞰してマネジメントできなくなる可能性があり，そういうリスクは避けなければならないというのが政府としてありうる考えかと思います．（Eさん）

続いて仲介業者役であるが，「もともと弱いものをもっとしばってどうするのか」「代理母が誰に危害を加えているかといえば，自分に危害を加えている

のである」「それに政府が制約をかけるのは，売春を規制するのと同じである」
「代理母出産を許容すれば，代理母を利用するつもりがもともとない人にたい
し，代理母さえ利用すれば遺伝子を残せるのに，というある種の社会的圧力を
かけることになる」と主張することによって政府高官役（ここでも第1，第2
ラウンドにおける自分）を批判した．また，対立の構図として，推進者（依頼
者と代理母）対規制者（政府）という構図だけでなく，代理母，依頼者，子の
権利擁護者という対立の構図もあること，さらに，法律で規制するか医師のガ
イドラインで規制するかという対立の軸もあることが主張された．政府高官役
は，「法は〈普遍〉，個人の欲望は〈個別〉にあたる．後者には当事者の切実性
がある」「中途半端に容認するからだめなのである．先進国が禁止するから途
上国搾取が起こるのだとすると，先進国が容認すればいい」という主張をし，
みずから演じた政府役を批判した．さらに，子をもつ権利といったときの
「子」のイメージと，出産した人が産んだ現実の「子」とのあいだには，ギャ
ップがあるのではないかという意見が出された．

> 　子をもつ権利といったとき，その「子」が表すものが一緒かというのが
> 悩ましい問題だなと思っていて，つまり，自分の中でイメージされている
> 子どもと，出産した人がイメージしていた「子をもつ権利」というときの
> 「子」というのは本当に同一のものなのか，というのを問い直す必要があ
> るのではないか．イメージで「子どもがほしい」というときの子どもって
> 果たして本当にフラットな状態での子どもなのかというのも気になったの
> で一応問題提起しておきたいと思います．（Gさん）

　これら一連のロールプレイのあと，この演技がイギリスのウェルカム・トラ
スト5）で実際に生命倫理の教育などに使われていることが藤垣から説明され
た6）．そののち，今回のロールプレイをした感想を述べてもらった．依頼者役

5）　ウェルカム・トラスト（The Wellcome Trust）は，イギリスに本拠地のある民間財団であ
　る．製薬会社（The Wellcome Foundation Ltd.）のオーナーであったヘンリー・ウェルカム卿
　の死後，遺言に基づき，医学研究と医学の歴史研究を助成する目的で，1936年に設立され
　た．
6）　たとえば，2003年から2006年に芸術（arts）が生命科学と関与する資金提供プロジェク

ウェルカム・トラストのギッブス・ビル

は,「人の気持ちに入り込んでいくことは,当事者意識をもつ意味でも意義がある」「倫理問題を学習する上で意義がある」と述べた.

　　当事者意識をもつことによって演劇的にこういう倫理問題を考えるというのは,多角的な視点が得られると思います.自分の中でも,演劇する以前の凝り固まった視点ではなくて他の視点が見られるという意味で,すごくいいなというか,ぜひいろいろなところでやりたいなと思いました.中

トとして Pulse というものがあり,生命倫理がからむ課題に演劇などを使っている (http://www.wellcome.ac.uk/Funding/Public-engagement/Funded-projects/Awards-made/WTDV030227.htm).この Pulse の評価レポートが下記 URL にある.これを見ると,参加による学習のモデルという言葉が出てきており,日本でいうアクティブ・ラーニングが「参加」(engagement) という言葉で語られ,その参加の中に芸術活動による参加(演劇など)があることが読み取れる (http://www.wellcome.ac.uk/stellent/groups/corporatesite/@msh_grants/documents/web_document/wtx030565.pdf).さらに,Pulse プロジェクトの後,For the Best というプロジェクトが芸術分野の資金提供を受けており,腎臓病の子どもと家族の経験を,院内学級の子どもたちによる演劇で表現する,ということに取り組んでいる (http://www.wellcome.ac.uk/Funding/Public-engagement/Funding-schemes/Arts-Awards/index.htm, http://annaledgard.com/wp-content/uploads/forthebest_evaluation.pdf).これを見ると,参加型芸術プロジェクトという言葉が使われており,日本でいえば,教育における「アクティブ・ラーニング」と,科学技術社会論における「市民参加」と,芸術家による「一般市民の芸術への参加」という,それぞれ別の文脈で語られているものの統合体のプロジェクトが動いていることが読みとれる.

第 5 回　代理出産は許されるか　103

高とかの授業でも道徳の授業とかでも使えるんじゃないかと．（Cさん）

　このように，ロールプレイは，「自分の中の多元性に気づく」側面をもつ[7]．代理母役からは，「もともと感情移入が苦手なので，疲れた」「その人の立場に立って考えるのは大変だった」「代理母の人がどう考えているのかを考えるきっかけになった」「自分と異なる立場を知る上で役に立つ」という意見が述べられた．さらに，医師役は，「自分にはわきあがってくる感情というものがなかった」と述べたのちに，以下の意見を述べた．

　　　このロールプレイの結果，論を戦わせるのか，妥協を図って解決策を見つけていくのかで意見の出し方が変わるのかなと思いました．（Bさん）

　これは，シナリオの作り方によってロールプレイの効果も異なるのでは，という指摘である．子どもの人権擁護者役からは，「子どもの立場にはなれない」「自分が代理母から生まれた子だったらどうなるのだろうという問いになるのだろうか」という意見が出された．ソフト面としての感情と，権利・合理性といったハード面をすり合わせることは頭では想像できるが，自分の生の感情を出すわけでない，といった感想が出された．

　仲介業者役は，「業者なので，感情的になったらアウトなので，私としては演じやすい役だった」「おもしろかった」という意見に加えて，以下の意見を述べた．

　　　最後，じゃあみんなでどう落とし所をつけるか？　というところまでできたらもっとおもしろかったかなという気が．（Aさん）

　医師役の学生の指摘と同様，各役の人が妥協点を見つける場合のシナリオと，

---

7)　ロールプレイを通じて STS（科学技術社会論）の思考スタイルを養成することができるという指摘もある．K. Fortun, STS＋Practitioners, Presentation in 4S Presidental Prenary, 40th Annual Meeting of Society for Social Studies of Science, Denver, No. 11-14, 2015. シラバスについては以下を参照．http://environmentandpoliticsrpi.wikispaces.com/syllabus.

戦って物別れに終わるシナリオとでは，異なる展開になることだろう．また，自分で自分の役のセリフを考える（この授業のやり方）と，準備してあるシナリオで演劇をするのとでは，また異なる効果が得られることだろう．政府高官役からは，「メタ的な役なので，感情移入がしにくかった」「普遍と個別の綱引きの中で考えることができたので，苦痛は感じなかった」という意見が述べられた．そして，医師役と同様のシナリオについての指摘があった．

最後に石井から，議論の整理のために次の表が提示された．その上で，子をもとうとする男性および女性の「遺伝子」の継承ということに注目した場合，次のような場所に線が引ける，ということが示された．また倫理の問題，政治の問題，医療の問題などあらゆる問題が集約されていることが指摘された．

	精子	卵子	子宮
一般の出産	本人	本人	本人
ホストマザー型	本人	本人	第三者
サロゲートマザー型	本人	第三者	第三者
精子借用	第三者	本人	本人
養子	第三者	第三者	第三者

また TA の I さんからは，以下の感想が得られた．

　　自分がどう思うかということと，他人が，あるいは社会全体がどう思うかを考えないといけないのだけれど，それをつなぎうる可能性は想像力の問題にもなると思う．社会の価値観がどうあるべきか，科学はどうあるべきかを想像する力というのは，やっぱり個人から出発してしか考えられないし，そういう意味で今回のロールプレイという形で想像力を行使するのは大事なことなんだなと思いました．（I さん）

以上，他者の立場を想像する力を鍛える上で，そして自分の中の多元性に気づく上で，ロールプレイはなんらかの効果をもつと考えられる．　　　　　（藤）

議論を振り返って

　はじめてロールプレイの手法を取り入れたこともあってか，今回はいつにもまして教室の雰囲気が活発であったような印象がある．

　男女間で営まれる性行為の結果，精子と卵子が結合して女性が妊娠し，やがて出産に至るというのが一般的な生命誕生のプロセスである．しかしながら，世の中にはさまざまな事情によって，子どもが欲しくてもこの通常のプロセスをたどることのできないカップルが存在する．やむなく子どもをもつことを断念する男女も少なくないが，それでもなお自分たちの子どもをもちたいという願望を捨てきれない人びとも多い．そこで代理出産という問題が浮上してくることになる．

　最初に確認しておきたいのは，じつは代理出産というのは生命誕生をめぐる特殊ケースのひとつにすぎないということである．だからこの問題について考えるためには，まず一般的な妊娠・出産のパターンから外れたいくつかのタイプを分類しておくことが必要だろう．「議論の記録」の最後に示された表は，教室での議論を聞きながら私が自分の頭を整理するために作ってみたものである．

　問題提起文にも解説されている通り，ひと口に「代理出産」といっても，サロゲートマザー型とホストマザー型の 2 種類がある．「サロゲートマザー」を直訳すればまさに「代理母」になるが，これは夫の精子を妻[8]ではない女性の子宮に注入して妊娠させ，その女性が出産するものであるから，受け継がれる遺伝子は夫と代理母のものであり，妻の遺伝子は受け継がれない．これにたいしてホストマザー型は妻の卵子を取り出して夫の精子と受精させた後，別の女性の子宮に移植し，その女性が出産するものなので，受け継がれるのは夫と妻両方の遺伝子である．つまりこの場合は「出産」という行為だけが代理母によって代行されることになるから，遺伝子の継承という観点からすれば，サロ

---

[8]　「夫」「妻」という言い方は婚姻関係を前提としたものであるが，代理出産は結婚していない男女に関しても当然おこなわれうるものなので，その意味では正確ではない．しかしここでは便宜的にこれらの用語を用いておく．

ゲートマザー型よりも一般のプロセスに近い．学生たちの議論を聞いていると，どちらのケースを想定して「代理母」と呼んでいるのかがやや曖昧だった印象があるが，全体としては「ホストマザー型」のほうを前提として話が進んでいたようだ．

先の表では「ホストマザー型」と「サロゲートマザー型」のあいだに線が引かれているが，これは「子ども」の定義に関わることである．夫と妻の両方の遺伝子を受け継いだ子だけを「子ども」と呼ぶ立場に立つならば，同じ代理出産でも両者は明確に区別され，ホストマザー型はむしろ一般の出産の側に位置づけられることになる．

一方，不妊の理由は男女いずれにもありうるので，妻の側に原因があってサロゲートマザー型代理出産をおこなうケースがあるとすれば，夫の側に原因があるために第三者の精子を使用して妻が妊娠・出産するケースも当然ありうる．つまり第三者による卵子の提供と精子の提供は背中合わせの関係にあり，いずれの場合も遺伝子は半分だけ受け継がれることになるので，両者はパターンとしてはきわめて近い[9]．そして精子も卵子も第三者のものである場合は，遺伝子的には文字通り「他人の子ども」ということになるので，これがいわゆる「養子」のケースにあたる．

このように整理した上で，まず論点1「あなたは代理出産は許されると思いますか．そのように考える根拠はなんですか」にたいする反応を見てみると，ノーと答えた学生の中から，出産を「聖なるもの」として考える意見が出されたことが注目される．「少子化」論議に代表されるように，ともすると国家の労働人口や年金問題といった経済的側面だけから語られがちな出産という事象を，「人間が聖なるものの存在を感じる儀礼」としてとらえる視点は新鮮で，「子どもを授かる」という言い方が示す生命誕生の神秘性をあらためて思い起こさせる．この観点からすると，自然な妊娠・出産以外の方法で子どもを作る

---

9) ただし出産という行為をともなう以上，サロゲートマザーはどうしても特定されざるをえないが，精子の提供者（いわば「サロゲートファーザー」）は一般に匿名であるか，複数男性の精子を混合することで特定不可能なように操作されているので，その点でははっきり性格を異にしている．その結果，後者によって生まれた子どもは自分の父親が誰であるか知りえないという事態が生じ，成長してから事情を知らされるとアイデンティティ・クライシスに陥る可能性がある．

ことは原則的に許容されないことになるだろう.

　また同じくノーと答えた学生からは,遺伝子至上主義への批判も出された.
これは明確にホストマザー型の代理出産を想定したもので,自分たちの遺伝子
を受け継いでくれさえすれば,出産にともなうリスクを第三者に負わせてもや
むをえないとする考え方にたいする抵抗と考えられる.一方,イエスと答えた
学生たちには,子どもを作って家族を形成する権利はやはり尊重されるべきで
あり,代理出産によってその権利が守られるのであれば,一定の条件のもとで
許容されるべきであるという考え方が共通して見られたようだ.

　論点2「代理母あるいは依頼者になりたいですか.そのように考える根拠は
なんですか」は,一般論はともかくとして,自分が当事者だったら代理出産を
どう考えるかを問うものだが,じつはこの問いにはひとつのねじれが含まれて
いる.代理出産を認める立場であっても,女性にとって「代理母になる」こと
と「依頼者になる」ことは別のことなので,「依頼者にはなりたいと思うが代
理母にはなりたくない」,あるいは逆に「代理母は引き受けてもいいが依頼者
にはなりたくない」といった回答も当然考えられるからだ.また,そもそも
「代理母になる」ことは女性にしか可能ではないので,男性は「依頼者になり
たいかどうか」という問いにしか答えようがない.

　このことを踏まえた上で回答の分布を見ると,イエスは1人だけで,あとは
みなノーと答えており,論点1の原則論にたいする回答分布とは整合していな
い.原理的な賛否と個人的な賛否のあいだにずれが見られることがわかったわ
けだが,これはある意味で予想通りの結果だろう.また,ノーの理由もそれぞ
れに異なっていた.

　ロールプレイに移ってからは,学生たちのなかなか堂に入った「役者ぶり」
が発揮された.実際にやってみればわかることだが,自分の立場とは必ずしも
同じではない立場に身を置いてその意見を言葉にするというのは,かなりの想
像力と思考力が要求される作業である.今回は6つの役割(代理出産依頼者,
代理母,担当医,子の人権擁護者,仲介業者,政府高官)が設定されたわけだが,
「議論の記録」に引用されているいくつかのせりふを見ればわかるように,学
生たちはそれぞれに割り振られた「ロール」をみごとに「プレイ」していた.

　その中で浮上してきた問題のひとつに,代理母(この場合はホストマザー)

がたとえ厳密な契約によって遺伝子的には「他人の子ども」を産んだとしても，出産という行為を通過すると，理屈抜きにそれを自分の子どもとして感じるようになるのではないか，ということがある．これは俗にいう「お腹を痛める」という経験の重さに関わる問題で，代理母役を演じた E さんの「自分の体を使って産むということの大きさ」「いくら遺伝子が他人のものだったとしても自分の子であるという感覚が強くある」といった発言にそれが端的に表現されている．

　ホストマザーでさえそうした感覚を抱きうるとすれば，サロゲートマザーの場合はなおさらであろう．いくら法律上の契約があったとしても，ある程度の医学的なリスクを冒して，しかも自分の卵子を使って妊娠・出産した女性が，生まれてきた子どもを「わが子」として感じるのは至極当然であるように思える．となると，よほど事前に共通の了解事項を確認して文書にしておかないと，依頼者とのあいだに親権をめぐる紛争が事後的に生じないとも限らない．これは「子どもをもつ権利」といったときの（抽象化された）子どものイメージと，実際に生まれてきた（具体的な）子どもとのあいだにはギャップがあるのではないか，両者は同じ「子ども」という言葉で表されてはいても別のものなのではないか，という G さんの問題提起につながる問いであり，ひいては「親とはなにか」「子どもとはなにか」という根源的な主題にも行き着く問題である．

　ともあれ，代理出産は医学，生物学，法律学，倫理学，経済学等々，じつに多様な分野にまたがる問いを内包しており，それだけに「異分野交流」「多分野協力」の題材としては恰好のテーマであった．普通に考えると，こうした状況はめったに出会わない特殊ケースのように思われるが，誰にとってもわが身に降りかかってくる可能性が必ずしもゼロとはいえないし，直接の当事者ではなくても，職業によってはなんらかの形で関わらざるをえなくなることも十分考えられる．これから医師になったり弁護士になったりする場合には，授業で演じたような役割を実際に演じなければならない立場に立たされることがないとも限らない．そのときにはぜひ，今回の授業を思い出して適切に「ロールプレイ」をしてもらいたいものである．

　まだ結婚もしておらず，子どももももったことのない学生たちが，想像力と思考力を全開させて議論に臨んだ今回の授業は，教師にとってもきわめて示唆に

富むものであった．

（石）

第 6 回

飢えた子どもを前に
文学は役に立つか

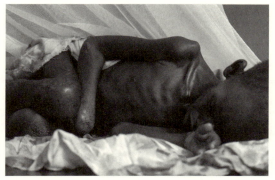

© AFP / MUSTAFA ABDI

問題提起

　この問いはジャン＝ポール・サルトル[1]に由来する．彼は1964年4月，『言葉』と題する自伝の刊行を機におこなわれた『ル・モンド』紙のインタヴューにおいて，かつて一世を風靡した自分の代表作である『嘔吐』（1938年）を回顧しつつ，次のように語った．

　　私に欠けていたのは現実感覚でした．あれ以来，私は変わりました．現実をゆっくりと学んだのです．私は飢え死にする子どもたちを見てきました．死んでいく子どもを前にして，『嘔吐』は無力です[2]．

　この発言を踏まえて，まずは問いにたいする3つの回答を想定してみよう．第1の回答は，「文学は現実に餓死する子どもを救うことはできないのだから役に立たない」というもので，サルトルの言葉をそのまま敷衍した答えである．あたりまえのことだが，『嘔吐』に限らず，世に名作と言われているどんな作品であっても──『ハムレット』であろうが『戦争と平和』であろうが──空腹に苦しむ子どもにとっては（いや，飽食した大人にとっても）食べること

ジャン＝ポール・サルトル

---

1) ジャン＝ポール・サルトル（1905-80）はフランスの作家・哲学者・思想家．実存主義の主導者として，さまざまな分野で数多くの著作を遺した．
2) 「ジャン＝ポール・サルトル『言葉』について語る」，ジャクリーヌ・ピアチエによるインタヴュー，『ル・モンド』1964年4月18日号（Sartre, *Les Mots et autres écrits autobiographiques*, Gallimard, Bibliothèque de la Pléiade, 2010, p. 1256）．ちなみに同じ1964年の10月22日，サルトルはノーベル文学賞に選ばれたが，12月10日にこれを辞退した．

のできないただの活字の集合体にすぎない．したがってこの立場をつきつめて
いけば，必然的にごく単純な文学無用論につながることになる．

　第2の回答は，「確かにどんなにすぐれた文学も飢えた子どもを救うことは
できないが，ある作品が人びとの思考や感情に作用を及ぼし，それがめぐりめ
ぐって飢えた子どもを救うことにつながることはありうるのだから，その限り
において文学は役に立つ」というものである．これは文学が直接的・現実的な
有用性はもたなくても，場合によって間接的有用性をもちうる可能性に賭ける
という意味で，いわば希望観測的な文学有用論といえよう．

　そして第3の回答は，「飢えた子どもを前にして文学はなんの役にも立たな
いが，それでいいのだ，文学はなにかの役に立つためにあるのではなく，純粋
に無償の営みとしてあるのだから」というものである．これは第2の回答のよ
うに文学の有用性を主張するのではなく，むしろ現実的には無用であること，
無用性に徹すること自体に文学の存在意義を見いだす立場で，逆説的な文学擁
護論としてとらえることができる．

　それでは順番に，以上3つの回答を検討してみよう．

　まず第1の回答にたいしては，文学は果たして飢えた子どもを救うため（だ
け）にあるのか，と反問することができる．文学には人びとの心を癒したり，
魂を昂揚させたり，意識を啓発したりといった，さまざまな役割がある．つま
り文学には文学なりの存在意義があるのであって，「飢えた子どもを前に」と
いう条件のつけ方がそもそも間違っているのだ．文学はもっと多様な可能性に
向けて開かれているはずであり，餓死する子どもを救えないからといってその
存在自体が否定されなければならない理由はない．今日まで文学が消滅してい
ないという事実こそが，文学の必要性を裏付けるなによりの証である——と，
おおよそこんな反論が想定される．

　第2の回答についてはどうだろうか．これは有用性の要請そのものは認めな
がらも，それが即時的かつ直接的な形で満たされる必要はなく，迂遠な回路を
経た上であってもかまわないという立場で，一見したところもっとも妥当で説
得的な回答のように思える．だが，その回路が必ず飢えた子どもの救済につな
がるという保証はどこにもないし，おそらく実際にそんな夢物語を本気で信じ
ている作者も読者もほとんどいないだろう．結局のところこの種の説明は，文

第6回　飢えた子どもを前に文学は役に立つか　　113

学の根拠を正当化するために無理やりひねりだされた口実にすぎないのではないか，という素朴な疑問はぬぐえない．

　では，第3の回答はどうか．これは「文学はなにかの役に立たなければならない」という前提そのものを斥け，文学の内在的価値を擁護する立場であるから，その意味ではきわめて旗幟鮮明である．しかし，人間のあらゆる営みはなんらかの社会的使命を果たすべきだと考える倫理観の持ち主から見れば，ほとんど開き直りに近い身勝手な自己正当化と映るであろう．サルトルは冒頭の引用の少し後で，「作家はしたがって大多数の側，飢えている20億人の側に立たなければなりません，もし万人に語りかけ，万人に読まれたいと願うのであれば．そうでなければ，作家は特権階級に奉仕し，特権階級と同じく搾取者になってしまいます」と語っているが，この立場からすれば，無償の営みとしての文学を擁護する人びとは「飢えている20億人」に敵対する搾取者として断罪されざるをえない．

　このように，3つの回答にはそれぞれ説得的な部分と反論可能な部分が微妙に混在しているのだが，作家たちの中には基本的に第3の回答を支持する立場をとる者が多いようだ．たとえば冒頭に引いたサルトルのインタヴュー記事から1カ月あまり後の1964年5月28日，「ヌーヴォー・ロマン」と呼ばれる新しい傾向の作家，クロード・シモン[3]は『レクスプレス』誌に「サルトルはいったい誰のために書くのか？」と題する文章を発表し，文学が果たす役割は政治その他のすべてから独立した自律的なものであると主張した．また，同じ雑誌にはシモンより20歳近く若い新進作家のイヴ・ベルジェ[4]も寄稿しており，強い口調でサルトルを批判しつつ，文学と現実は別ものであるという議論を展開した[5]．これらはいずれも，文学を安易に現実的目的に従属させようとする思考法にたいする作家の側からの反撃である．

---

[3]　クロード・シモン（1913–2005）はマダガスカル生まれのフランスの作家．代表作に『フランドルへの道』（1960年．邦訳：平岡篤頼訳，白水社，1969年），『ファルサロスの戦い』（1969年．邦訳：菅野昭正訳，白水社，1973年）など．のちに1985年度のノーベル賞作家となる．

[4]　イヴ・ベルジェ（1931–2004）はフランスの作家・出版者．長年にわたって大手出版社のグラッセに勤め，みずからも小説やエッセーを刊行した．

[5]　*L'Express*, le 28 mai 1964.

日本の作家では大江健三郎が20代の頃、こうした論争の経緯を踏まえて「飢えて死ぬ子供の前で文学は有効か？」と題する文章を書いているが、その終わりの部分には「広島の原爆病院前の日盛りの広場、蚊のなくような声で、核兵器の廃止を希望した患者代表が、冬の終りにむなしく絶望して白血病で死んだという記事にふれると、まったく動揺し混乱してしまうのである」という一節がある[6]。餓死する子どもと同様、白血病で死んでいく被爆者を前にしてもなお、文学はおのれの無力さに目をつぶり、自律的価値を主張したり無償の営みとして自己正当化したりすることを許されるのだろうか．「文学はなんのためにあるか？ なぜ書くのか？ という問いに答える試みほど、作家にとって危険な、割りのあわない冒険はない[7]」と大江は率直に告白する．文学と現実世界の関係は、それほど困難で微妙なものだ．

クロード・シモン
©AFP/Jean-Pierre Muller

ところで本書の読者の中には、自分は文学になんか興味がないし、ましてや文学者ではないので、このような問いにこだわる意味がまったくわからない、という人も少なくあるまい．だが、「文学」という言葉をみずからがコミットしている活動領域や学問分野に置き換えてみれば、これがいくらでも拡大可能な問いであることがすぐに了解されるだろう．「飢えた子どもを前に音楽は役に立つか」「飢えた子どもを前に哲学は役に立つか」「飢えた子どもを前に物理学は役に立つか」等々——この問いを自分自身のケースに適用してみたとき、あなたならいったいどう答えるだろうか．

文学を一分野として含む芸術一般に関しては、サルトルの発言より1世紀以上前に書かれた文章がある．テオフィル・ゴーチエ[8]の小説『モーパン嬢』（1835年）の序文がそれだ．そこで彼は「人間の生存を支えるのに現実的に有

---

6) 大江健三郎『厳粛な綱渡り』、文藝春秋、1965年、224頁．
7) 同、223頁．
8) テオフィル・ゴーチエ（1811-72）はフランスの作家．小説、詩のほか、美術批評や旅行

第6回 飢えた子どもを前に文学は役に立つか　　115

テオフィル・ゴーチエ

益なものは何か？　日に二度のパン入りスープと一切れの肉，文字どおり厳密な意味で腹を満たすのに必要なものはそれだけだ」と述べた上で，「音楽なんて何になる？　絵画なんて，何の役に立つ？ ［……］真に美しいものは，何の役にも立たないものに限られる．有益なものはすべて醜い」と喝破した[9].

芸術は飢えを満たすにはまったく役に立たないが，現実的に無益であるがゆえに美しいのであって，もしなにか他の目的に奉仕する有益なものであったらそれだけで醜いものになってしまうとするこの立場は，しばしば「芸術のための芸術」という用語で語られるもので，先に挙げた第3の回答を先取りするものとしてとらえることができる．

当然のことながら，目の前で死んでいく子どもを救えないのは文学だけではない．音楽も，絵画も，無力であるという点ではなんら変わりはないし，哲学も，数学も，法律学も，物理学も，その意味では同断である．直接役に立つものといえば，つまるところゴーチエの言う「日に二度のパン入りスープと一切れの肉」，すなわち食糧と，これを供給するのに必要な交通手段や経済システム，そして飢えた子どもの健康を回復させる医療技術くらいだろう．少なくともこうした状況で文学・芸術はまったく無益だし，大半の学問もほとんど無用ということになる．

この考えを押し進めていくと，最終的には学問不要論に行き着きかねない．とくに昨今は人文科学系の学問にたいする風当たりが強く，大学に人文系の学部は無用であるという議論さえ時折見かけるようになった．こうした流れの中で，「役に立たない学問」はなお，みずからの存在根拠を主張することができるだろうか．

このように，サルトルの問いは文学に限らず，すべての学問にたいして，さらには人間のあらゆる営為にたいして提起されるべき普遍的な問いなのである．（石）

　　記でも知られる．
9) テオフィル・ゴーチエ『モーパン嬢（上）』，井村実名子訳，岩波文庫，2006年，52-54頁．

論 点

1 あなたは今回のテーマに関して，問題提起文にある3つの回答のどれを支持しますか．その理由は？（自分なりの第4の回答を示すこともありうる）

2 あなたが専門としている（しようとしている）分野は，直接的であれ間接的であれ，飢えた子どもを救うのに役立つと思いますか．その理由は？

3 「役に立たない」学問には存在意義がないと思いますか．もし存在意義があるとするならば，そのことを他人にどのように説得できますか．

.... 議論の記録 ....

「飢えた子どもを前に文学は役に立つか」というサルトルの（いささか時代錯誤的な匂いのする）問いにたいして，若い世代はどのように向き合い，どのような答えを出してみせるのか──そんな興味と期待を抱きながら授業に臨んだ．設定した論点は3つである．

〈論点1：あなたは今回のテーマに関して，問題提起文にある3つの回答のどれを支持しますか．その理由は？（自分なりの第4の回答を示すこともありうる）〉
問題提起文にある3つの回答を手短に要約すれば，
(1) 文学は現実に役に立たない．
(2) 直接には役に立たないけれども，間接的にめぐりめぐって役に立つ可能性はある．
(3) そもそもなんの役にも立たなくてよい．

第6回 飢えた子どもを前に文学は役に立つか 117

というものであったが，まずどれを支持するか挙手してもらったところ，（1）
が1人，（2）が3人，（3）が2人，それ以外が1人，という分布であった．

　（1）の支持者の意見は，あくまでも「飢えた子どもを前にして」という限定
つきであれば，実際に空腹を満たすことはできないのだから役に立たないのは
事実であるというものだが，だからといって誰にとっても役に立たないという
意味ではない，つまり文学が無用であるという意味ではない，という補足つき
であった．

　（2）の支持者からは，「救う」ということが単に空腹を満たすだけではなく，
幸福に生きられる状態にすることではじめて実現できるとすれば，やはり文学
は役に立つといえるのではないか，「役に立つ」ということは，農業や経済シ
ステムが担っている「直接ものを食べさせる」という役割から同心円状に拡が
っていくものであり，文学はたまたまその外側のほうに位置しているにすぎな
いのだから，それを「役に立つ／立たない」と切り分けてしまうことはできな
いのではないか，また，文学は直接的に飢えを満たすことはできなくても，飢
えていない人びとがそれによって心が豊かになり，その豊かさでなにかを実行
する気力が湧いてくるのであれば，やはりどこかでつながっていると思う，と
いった意見が出た．

　また，少し違った観点からの意見もあった．

　　　人間を特徴づけているものを考えてみると，私は「自由」というものじ
　　ゃないかと思います．［……］文学や音楽がない世界を考えてみると，ク
　　リエイティヴな活動がないということは自由さが失われていると考えられ
　　て，そうすると人間が人間たらしめられないというか……．文学は人間を
　　人間たらしめるものであって，人間が人間でなくなったときに，飢えた子
　　どもにたいしてなにか共感を覚えることができるのかといわれると，覚え
　　られなくなってしまうのではないかと思います．つまり，飢えた子どもに
　　たいする「共感」を，文学や音楽のような知的創造的営為が養うのではな
　　いかと思いました．（Cさん）

　文学（あるいは音楽）のような創造行為は自由をもたらすことで「人間を人

間たらしめるもの」であり，それが飢えた子どもにたいする人びとの「共感」を養うという意味で役に立つ，という考え方である．

（3）の支持者からは，「人はパンのみにて生くるに非ず」というように，飢えている子どもにパンを与えてもそれは問題の本質的な解決にはならないが，かといって，文学の意義は必ずしも感動を与えるといった情動的な面だけでとらえるべきではなく，むしろ教育によってものが読める状態になることのほうが，「役に立つ」という意味では大きいのではないか，という意見が出た．これは貧困地域の子どもたちを救うという観点からすると，きわめて現実的なものであろう．

また，文明の発達は技術の発展でしかありえないという立場をとる受講者からは，役に立つということを物質的な豊かさに限定すると，文学はいかなる場においても役に立ちえないという意見も出たが，これは立場としてはむしろ（1）に近いように思われる．

また第4の立場として，そもそも飢えた子どもにとって食物が必要であることは自明であり，そこに文学を持ち込むこと自体がレベルの違う話であるから（1）はありえないとした上で，（2）と（3）を折衷して「文学は存在としては無償ではあるけれども，可能性に向かって開かれてもいる」，そしてその可能性を開くには受け手の側の能動的な関与が必要になる，という意見も出された．つまり文学は本来，それ自体が現実にたいして直接役に立たなくてもよい存在であるのだが，受け手の働きかけに応じてなんらかの役に立つ可能性に向けて開かれてもいるという考え方である．

ここで石井は，そもそも問いの正当性自体を問うことも重要であると述べた上で，サルトルの言葉がもともと彼の『嘔吐』について言われたものであったことに注意を促し，この作家を専攻しているTAのIさんに作品の内容を説明してもらった[10]．

ここから話はさらに文学から芸術一般に広がっていき，では絵画や音楽は人

---

10) 『嘔吐』は1938年に刊行されたサルトルの代表作．明確なあらすじと呼べるようなものはなく，主人公である旅行家・歴史研究家のアントワーヌ・ロカンタンが何気ない事物にたいして吐き気を覚える過程の描写を通して，「実存は本質に先立つ」という実存主義の命題を表現した作品．

を救えるのか，役に立つのか，という問いをめぐってひとしきり意見が交わされた．基本的に，絵画も音楽も飢えた子どもを救うことはできないし，逆にいえば芸術がなくても人は死ぬわけではないので，その意味では役に立たないかもしれないが，やはり人間が人間として生きていく上で芸術はなくてはならない，あるいは少なくともあったほうがいい，あってほしいという意見が多かった．

　　　私は文学というか芸術がない世界というものを知らないのでなんとも言えないのですが，自分の生活から芸術がすべてなくなってしまったとしたら，私は生きていけないと思います．それは身体的な飢えというよりも，心が飢えてしまうという意味で，豊かな人生が送れないからだと思います．
　　（Hさん）

　また，受容者の側だけでなく，表現者の側から見ると，芸術に携わらなくては生きていけない人もいるはずなので，その意味では存在意義があるという見方が提示された．一方，私たちは，科学技術は役に立ち，人文系の学問や文化芸術は役に立たない，とされている社会にたまたま住んでいるだけであって，じつはおよそ芸術の影響を受けていないものなどこの世にないのではないか，芸術をもたない文化はおよそないのではないか，という力強い芸術擁護論も披露された．さらに，芸術は芸術のためだけにあっていいという立場をとった上で，要は芸術を使う側の問題なので，間接的には役に立つものであってほしいという意見もあった．

〈論点２：あなたが専門としている（しようとしている）分野は，直接的であれ間接的であれ，飢えた子どもを救うのに役立つと思いますか．その理由は？〉
　２番めの論点は，第1の論点の「文学」を自分の専門分野に置き換えた問いであり，受講者たちは各自の専門に即してそれぞれの意見を語ってくれた．
　比較文学を専攻するEさんは，比較という方法論が文学に限らずあらゆる分野に応用可能なものであること，そしてそれは自文化の相対化・異文化の理解を基本とするがゆえに，思考の枠組みとしてはきわめて有効なものであり，

120

もし世界中の人がこうした考え方を身につけたら戦争はなくなるのではないか，と語った．

　　真に相手の文化に向き合って，自分の文化が相対化されていくプロセスを，たとえば全人類が考えてくれたら，たぶん戦争はなくなるんだろうな，と．要するにそういうことなんですよね．文化を理解する，他者を理解するということは単純なことなんだけど，それがなかった場合に引き起こされることを考えてみてください，といいますか．人間のつながりを考える上で，基本的なんだけど絶対に欠かしてはいけない部分というか．思考の枠組みとして明らかに役に立つのではないかと私は思います．（Eさん）

表象文化論に関心があるというGさんは，研究対象が必ずしも「飢えた子ども」のような特殊状況に置かれているわけではない「普通の大人」というフラットな存在になりがちなので，その限りでは現実的には「役に立たない」かもしれないが，それでも提起された問いそのものを崩したり転倒させたりする役割はあるのではないか，という．

美術史に関心があるというHさんは，基本的に美術自体は「芸術のための芸術」という考え方からすれば役には立たないけれども，美術研究によってなんらかの豊かさ（たとえば感動）を引き出す手伝いはできるし，それが社会全体につながっていくことで「役に立つ」ことはできると思うと述べた．

倫理学を専攻するCさんは，多元的にものを考えなければならない現代において，過去の思考的営みを解釈し熟考することには意味があると述べたあと，芸術が役に立つか立たないかという議論に戻って，それがカタストロフィの方向に流れる危険性について指摘した．例として挙げられたのが合唱で，確かにこれが士気高揚に用いられると戦いにも利用されうる．授業の参加者には意外に合唱経験者が多く，話はワーグナーとナチスの関係にも及び，ひとしきり盛り上がった．

　　去年の講義で『ニーベルンゲンの歌』というのを表象文化論で扱いました．それは強いゲルマンというイメージの形成が，ヒトラーなどに利用さ

れるなどしていかに変遷していくかという話だったんですが，芸術の受容のされ方に焦点をあてるのも表象文化論ならできることかなとひきつけて考えました．（Gさん）

いっぽう宇宙工学を専攻するBさんは，自分の学問は飢えた子どもを救うのに間接的に役に立つと言明する．

結論から言うと，私のやっていることは飢えた子どもを間接的に救うのに役立つと思います．なぜなら，私のやっていることには明確なフローがあって，研究開発したあと，それが実用化されて，その実用化された技術が民間に移転されるという流れがあるからです．［……］今は宇宙空間で役立つエンジンの研究をしているのですが，技術が転用されて民間で役立つと思うので，それが飢えた子どもを救うことの役にも立つと思います．（Bさん）

ここで石井は，開発された科学技術が逆に飢えた子どもを殺す方向に使われてしまう可能性もあるのではないか，と反問してみたが，これをきっかけに，技術が社会に移転されるときの監視役は科学者自身が担うべきなのか，それとも人文社会系の研究者が担うべきなのか，といった問題に話が展開していった．そこで藤垣に話を振ったところ，科学技術社会論という学問は科学技術政策にもコミットしていて，その意味で直接的に社会に役立つ回路をひとつもっているけれども，もうひとつ間接的な回路ももっていて，それは既成のものの見方とは異なる見方を提供するという認識論的なレベルで役に立つという回路である，という回答が得られた．

臨床心理学専攻希望のDさんは，飢えた子どもを救うのであれば直接的な役立ち方しかありえないと思うので，その意味では自分の分野は役に立たないという答えであった．

私は直感的になんですけど，飢えた子どもを救うのに間接的に役立つ，ということがイメージできなくて，極端に言ってしまうと，直接的な役立

ち方しかない，と思っています．だから私がやっている学問も，間接的に
役立つという言い方もどうにかすればできるとは思うんですが，それは無
理した言い方だとしか私には思えなくて，はっきり言えば役には立たない，
と思います．（Dさん）

また法学専攻のAさんは，「役に立つ」ということ自体の直接性・間接性が
客観的に決められるものではないと指摘する．

　ひとつ想定できるのは，ワーキングプアの家庭でまともに食事も与えて
もらえずに死にかけている子ども，もしそういう子どもがいるとすれば，
憲法は生存権を認めて社会保障を提供するわけですよね．それで救えるの
かという話になるわけですけど，これが直接的に救えているのか間接的に
救っているのか私にはわからなくて．というのは，確かにお金あげてごは
んあげて直接救っているように見えるんですけど，ただ飢えている子ども
に向かって「社会保障がもらえるよ」と言ってもお腹はふくらまないわけ
で．（Aさん）

その上でAさんは，たとえば憲法が潜在的に役立っている面は確かにある
が，個々の政策が役に立っているかどうかは疑問であると述べた．
　このように，表明された回答はさまざまであるが，いずれもそれぞれの専門
分野の立場から真摯に自分の学問を相対化する努力をしていることがうかがえ
た．

〈論点3：「役に立たない」学問には存在意義がないと思いますか．もし存在意義が
あるとするならば，そのことを他人にどのように説得できますか〉
　まず石井から，人文社会系の学問にたいする昨今の風当たりの強さが話題と
して提供され，役に立つ学問／役に立たない学問というものは本当にあるのか，
そしてもし一般に役に立たないといわれている学問になにか存在意義があると
擁護するなら，どういう理由づけが可能なのか，という問いが提起された．
　この問いにたいしてはまずAさんから，江戸時代におこなわれた漢字の部

第6回　飢えた子どもを前に文学は役に立つか　　123

首の研究が，すぐに役立つものではなかったけれども，現在はパソコンに役立っているという事実を例として，どんな学問にも存在意義はある，という意見が出された．しかし中にはついに役に立たなかった学問もあるかもしれない，そうした学問にも存在意義はあるといえるのか，そもそも「役に立つ」とは誰にとってのことなのか，100年後に，たった1人でも関心を抱いた者がいれば，それだけでもその学問には意味があったといえるのか．

　　結果的に役に立っていなかったら，それは価値がないのでしょうか．最初はまだ価値がわからないけど，5年先10年先になってやっぱり社会の役に立ったからこの学問には価値があった，ということが言いたいのか，あるいはずっとそういう時が訪れなくても，あらゆる学問には価値があると言いたいのか，Aさんの立場はどっちなんだろう．（石井）

こうした問いに対して，別の受講者から，そもそも「役に立つ／立たない」という二分法は，それぞれの立場の人間が自分の閉じた語彙の中で語っているにすぎないのではないか，という的確な指摘があった．

　　役に立つ／立たないという二分法は，役に立つ学問が優勢であるから役に立たないというのが対象として現れてくるわけで，結局はどちらも自分たちの語彙でしゃべっているにすぎない，というか．役に立つ学問だと思っている人たちは，その役に立つ世界の中で役に立たない対象を糾弾するし，逆に役に立たないと言われている学問は，役に立たないという語彙の中に閉じていくというふうに．二分法そのものがお互いを閉じた語彙の中で論争させているにすぎないのかなと思って．（Gさん）

ここで藤垣から，アスペン研究所[11]の「科学技術とヒューマニティ・セミ

11）　アスペン研究所は，1949年アメリカのコロラド州アスペンで催されたゲーテ生誕200年祭をきっかけに，過度の専門分化によって失われつつある人間の基本的価値の回復を目指して1950年にアメリカで設立された機関．この理念はやがて世界に広がり，1998年には日本アスペン研究所が設立された（初代会長は小林陽太郎・元富士ゼロックス会長）．ここでは「エグゼクティブ・セミナー」をはじめとして各種のセミナーが開催されており，「科学・技

ナー」に参加したときの経験が紹介された．これは企業のエグゼクティヴクラスが 20 人くらい集まって 2 泊 3 日で古典を読むというもので，「ヒューマニティ」「デモクラシー」「科学技術と社会」の 3 セッションから成り，カント，プラトン，モノーなどのテクスト [12] の抜粋をあらかじめ読んできて各自の読み方を発表しあうのだという．

> まずテクストに向き合って，それから他者の話を聞く．他者の話を聞けなくなっている人はたくさんいるので，これも訓練になる．他者の話を聞くことを通じて，今度は自分に向き合うということをする．だからテクストの対話と他者との対話と自己との対話をすることになるわけです．主催者によると，大企業には人間＝自分と思っていて，それが相対化される機会がない人が多いのだけど，これらの対話を通じて人格の涵養が可能になる．そしてそのことがリーダーシップ研修になるのだとのことです．これってある意味で企業人の教養研修なんですよ．［……］私が一番印象的だったのは，セミナーの主催者が「こういうことをやるときにはアカデミアの役割は大きいんですよね」と言ったことです．日頃目の前のソリューションばっかり考えている思考に，学問の側から相対化の視点を与えてくれるんだと．そのことがアカデミアの役割であって，そういうことをするのがアカデミアの責任ですよと言われたんです．（藤垣）

アカデミアの重要性を強調し，普段この種のテクストと向き合ったことのない人間に自分の立場を相対化する視点を提供するだけでも人文社会科学系の学問には存在意義がある，ということを企業人側から言われたのは，藤垣にとって大きな経験であったという．とすれば，たがいに閉じた語彙の中で語っている者同士が対話への回路を開くだけで，もしかすると状況は変わるかもしれな

術とヒューマニティ・セミナー」は 2013 年から開催されている．

12）「ヒューマニティ」のセッションではカント，リッケルト，ホワイト，シャルガフ，「デモクラシー」のセッションではプラトン，トクヴィル，オルテガ，福澤諭吉，ウェーバー，「科学技術と社会」のセッションではスノウの『二つの文化と科学革命』，シュレーディンガーの『生命とは何か』，Vannevar Bush（ヴァネヴァー・ブッシュ）の *The End of Frontier*，モノーの『偶然と必然』，小林傳司の『トランス・サイエンスの時代』など．

い.

　ここから話は大学に及び，学部の統廃合が本当に問題化したらいったいどうなるのか，予算の都合でどうしてもどこか廃止しなければならなくなったらどうするのか，とくに文学系の学部は……というなまなましい話題に移っていった．確かに有用性・必要性という観点からしてある種の序列はあるだろう，じっさいイノベーション優先の思想が世界を席巻していることは否定できない，しかしやはり文学や芸術を生み出す「場」は必要なのではないか，等々．

　しかしそもそも学問によってそれぞれ成果が社会に還元されるタイムスケールが異なるので，一律にはとらえられないのではないか，という意見も出た．

　　　時間単位・日単位で飢えた子どもを救うなら，栄養学とか農学の知識が
　　　最優先だと思うんです．年単位，数年後数十年後で役立つと言えば技術と
　　　か，数百年後なら科学とか，もっと先だと数学とか，もっと先だと文学と
　　　か哲学とか．そういうスケールの話じゃないでしょうか．何年後の未来を
　　　想定しているのかとか，いつ役に立つのかということを考えないと，これ
　　　らの問いに答えることはできないのではないかと思います．（Bさん）

　確かに「役に立つ」という言葉ひとつとってみても，どのようなタイムスケールでとらえるかによってその意味はまったく異なってくる．昨今の議論はともすると短期的な有用性ばかりが強調されがちであるが，文学や芸術に，あるいは人文社会科学全般にそうした有用性を求めるのは根本的に筋違いだろう．結局，「役に立つ」「役に立たない」といった言葉自体も，それぞれが閉じた語彙の中で別の意味を付与しているのであって，それが異分野間の対話によって開かれるとすればこの授業にも意味があるという，みごとなまとめが学生から提出されたところで時間が尽きた．　　　　　　　　　　　　　　　　　　　（石）

議論を振り返って

　この回の議論は，（1）サルトルの問いの吟味，（2）「役に立つ」という言葉の吟味，そして，（3）社会の中の各集団がそれぞれの語彙に閉じこもってしま

うことの意味，の3つに集約できるのではないかと思われる．それぞれについて考えてみよう．

サルトルの問いは，1）目の前にある「飢えた子ども」という状況から，ものごとの優先順位をつけるということと，2）日常生活を維持する上で必要なこと，の2つの異なる側面を，1つの問いの中で混同させている特徴をもつ．1）は，限りある資源（たとえば国家予算，国連の予算など）の中で数多くの課題を解決しなくてはならないときに，課題に優先順位をつける発想とつながる．それにたいし，2）は，そのような資源配分の考え方とは独立に，人が日常生活を維持していく上で必要不可欠なものはなにかという問いにつながる．1）と2）はそもそも独立なのにたいし，サルトルの問いは一見その独立性を失わせる力をもつのである．

この日の議論の中で出てきた「人は芸術なしに生きられるかどうか」という問いは上の分類でいえば2）である．人が芸術なしに生きられるかどうかは，感性の洗濯なしに生きられるかどうかということにつながる．学生の言葉のように「芸術がなくなってしまったら心が飢えてしまう，豊かな生活が送れない」．これらは，そもそも1）の優先順位の議論とは別ものである．同時に，別の学生の指摘である「人間が人間でなくなったときに，飢えた子どもにたいしてなにか共感を覚えることができるのか」「飢えた子どもにたいする『共感』を，文学や音楽のような知的創造的営為が養う」というのは，なんとかして1）の問いと2）の問いをつなげようとするひとつの試みとも考えられる．

この点については，学生のひとり（Gさん）も最終レポートの中で，「飢えた子どもを前に」「役に立つか」どうかを問うことができる対象はあらゆるものにおよび，かつ，この問いが揺さぶりをかけることができないのがただ単純な「食」というものでしかないこと，そして，このように「食」以外のものが「役に立つ」可能性が奪われてしまう「役に立つ／立たない」の議論には脆弱性と恣意性があること，を指摘している．

ただ，サルトルの問いは，このような問題点を抱えているにせよ，多くの文学者の反応を生んだことは確かである．飢えた子どもの前で文学が有効でないとしても，文学には「きちんと存在価値がある」と説明できるかどうか，文学者としての説明責任を問うためには有効なものであったと考えられる．

さて，サルトルの問いはこのように，「食」以外のものが「役に立つ」可能性を奪ってしまう力をもつのだが，ではそもそも「役に立つ」とはどういうことだろうか．これは第9回でも扱うことになるが，役に立つかどうかを問うためには，必ず直接的・間接的な回路が問題になる．農業の収穫量増大をめざす技術開発は，直接的に飢えの解決に役立つ．それにたいし，宇宙工学の研究開発が民間に移転され国富に役立てば，途上国支援にまわす資源もふえるので飢えの解決に役立つ，という間接的な回路もある．この回路をめぐる議論は，学生が最後に指摘したタイムスケールの話とつながる．「時間単位・日単位で飢えた子どもを救うなら，栄養学や農学」「年単位，数年後数十年後なら技術」「数百年となれば数学，文学，哲学」といった考え方である．

また，知識が何か新しいモノ（食糧や技術）を作るのに役立つことの他に，「考え方の展開」に役立つということもありうる．たとえば，「議論の記録」の中にも出てくる科学技術社会論における「認識の転回」は，次のようなものである．科学技術社会論の中での社会構成主義的な考え方は，確立された知識や技術，現在当然視されている事柄がどのようにしてそうみなされるようになったのかを問いなおす[13]．そして，科学知識，あるいは技術が作られた現場条件の中の隠された規範，社会的になされた選択，社会状況などを分析して明らかにする．こうした考え方は，目のまえにある技術がはじめからその形であったわけではなく，人びとに選択された結果として現在の形になっていることを明らかにして，その歴史的プロセスや政治性を明らかにしてくれる．その上で，たとえば，飢えを生み出す南北問題の背景にある技術発展の歴史を明らかにし，私たちの現実の「認識」を新しいものにする．こういった役立ち方もあるのである．もう1つ，文学には「役に立つ」という枠組みとは独立の「文化の土壌」という側面があるが，これについては第9回で深く議論することになるので，ここでは立ち入らない．

続いて，議論の中に出てきた，「役に立つ／立たないの二分法が，それぞれ

---

13) たとえば以下を参照．S. Jasanoff, "Is Science Socially Constructed: And Can It Still Inform Public Policy?" *Science and Engineering Ethics*, Vol. 2, No. 3, 1996, pp. 263-276. および K. D. Knorr-Cetina, "Laboratory Studies: The Cultural Approach to the Study of Science," S. Jasanoff, *et al.* (eds.), *Handbook of Science and Technology Studies, op. cit.*

の立場の人間の閉じた語彙の中での語りにすぎない」ということを考えてみよう．「役立つと思っている人たちは，その役に立つ世界の中で役に立たない対象を糾弾し，役に立たないといわれている学問は，役に立たないという語彙の中に閉じていく」という考え方である．このことを考える上で，「議論の記録」にも出てくるアスペン研究所セミナーでの体験が参考となるため，以下に再考してみよう．

　企業の管理職クラスの方と一緒に古典を読むこのセミナーは，もともとアメリカではじめられたものである．議論の記録の脚注12にあるような古典のテクストをみなで読む．どの文章になにを感じたか，なにが自分の心に響いたかを対話によって共有し，そのことによって自己にむきあう．私たちは古典にむかうとき，よく「正しい読み方とはなにか」にとらわれがちであるが，「正しい読み方」とは独立に，現代に生きる私たちが，それらの文章に素でむきあったときに，なにを感じたか，インスパイアされたかを共有しあうのである[14]．テクストとむきあうことによって，自分の中にある問題（上司・部下との関係，組織運営のあり方，国のあり方，子との関係）を映し出し，分析する契機を与える．心に響くというのは，そのような核が自分の中にあるからである．このようなテクストとの対話を通して，日ごろ解法ばかり求めている企業人の思考を解放する．思考を解放するという意味でこれはリベラルアーツであると考えられる．他者の話に耳を傾け，自己との対話を深めることは，自分をメタレベルで見つめなおす契機を与え，人格の涵養につながる．その意味でリーダーシップ研修になるという．

　ここで，古典のテクストにむきあうことが，「日ごろ解法ばかり求めている企業人の思考を解放する」ことになることに注意しよう．これは，上記の「役立つと思っている人たちは，その役に立つ世界の中で役に立たない対象を糾弾し」という態度とは対局にある．そして，「解放」に至るには，セミナーにお

14）　テクスト集は一旦定められると，当分は改訂されないが，集まる参加者は，毎回その育ちも経験もそれぞれ違う．そのため，同じテクストを相手にしていても，そこに造られる対話の時空は，一回一回まるで異なるものになるという（村上陽一郎『エリートたちの読書会』，毎日新聞社，2014年，34–35頁）．このことは，同じ芸術作品を目の前にしていても，人によって読み方が異なること，そして同じ人でさえ時期によって読み方や感じ方が異なる，という第4回の議論とつながる．

第6回　飢えた子どもを前に文学は役に立つか　　129

いて司会者およびリソース・パーソンと呼ばれる学者が重要な役割を果たす．司会者は，「正しい読み方」を押し付けるのではなく，参加者の言葉に耳を傾け，対話を促し，発話者がテクストに自分の問題を映し出し，分析する契機を与える．また参加する学者は，対話を促し，次の思考にいざなうためにテクスト関連の知識を提供する．司会者の突然の指名にたいし，「いつなんどきでもみずからの知識を総動員して，他者に短時間で的確に説明してみせること」，すなわち「教養」をもって対応しなくてはならない．日頃「目の前の解法」ばかり考えている思考に学問の側から相対化の視点を提供するためにアカデミア（学界）が役割を担い，責任を果たすのである．これは「役に立つ」「イノベーションに直結する」知識とは別の学問の存在意義であり，これを企業人から指摘されて私自身，目から鱗の落ちる思いがした．

　さらに分析を先に進めてみよう．ここで学者の側は，企業人のテクストへの反応や質問にたいし，「いつなんどきでもみずからの知識を総動員して，他者に短時間で的確に説明してみせること」を演じてみせる．つまり，学問の中で閉じた語彙を企業人にむけて「開く」のである．同時に企業人の側は，テクストにたいして感じたことを自由に言語化する．つまり，企業の日々の生活の中で閉じた語彙を，テクストへの感想という形でセミナー参加者にむけて「開く」のである．その意味で，このセミナーは，「たがいに閉じた語彙の中で語っている者同士が対話への回路を開く」ことを実践していることになると考えられる．

　ここまで考えた後に，もう一度サルトルの問いに戻ってみよう．食の前にはすべてのものが役立つ可能性を奪われてしまうような，さまざまな軸を混同させてしまうこの問いはしかし，文学者としての説明責任を問い，多くの文学者の応答を生んだ．そしてこれらの応答は結果的に，「文学の中に閉じた語彙の中で語っている者が他の領域の人にむけて対話の回路を開く」ことになったと考えられるのである．

（藤）

第 7 回

真理は1つか

ラファエロ・サンティ『アテナイの学堂』
バチカン宮殿蔵

問題提起

「真理は 1 つか」という問いに答えるためには，まず「真理とはなにか」を考えてみなければならない．『広辞苑』(第五版)をひくと，ほんとうのこと．まことの道理，とある．また，哲学用語としては，ア：意味論的には，命題の表している事態がその通りに成立しているときに語られる．イ：真理認識の立場にはおおよそ 3 つの立場がある．観念と実在の合致によって真が成立すると考える対応説．当の観念が整合的な観念体系の内部で適合するときに真が成立すると考える整合説．仮説が事実によって検証されたときに真が成立すると考えるプラグマティズム．現実の真理認識はこの三説によって成り立っている．ウ：倫理的，宗教的に正しい生き方を真理ということもある，という記述もある．日常生活では，この対応説と整合説とプラグマティズムと倫理的な意味とが入り混じって使われているという．

さて，この問いを社会の具体的な問いと関係づけて考えるために，ここで真理をなんらかの社会的な決定をするための根拠とおいてみよう．紛争を解決する社会的手段としての裁判は，判断を下すための根拠を求めるが，その根拠は 1 つには定まらないことも多くある．また，社会がなんらかの意思決定をするとき，「科学的な答え」を根拠にすることは多くあるが，果たして科学的答えは 1 つだろうか[1]．これらについて順に具体的に考えてみよう．

事例の 1 つめは，紛争を解決する場における真理の意味である．科学技術の不確実性の関与する事例として「もんじゅ」訴訟[2]を取り上げる．炉心崩壊

---

1) 「科学的答えは 1 つに定まるか」「科学に答えられない問いはあるか」は科学論における大きな問いである．「科学に答えられない問いはあるか」という問いは，2009 年バカロレア「哲学」の問題の 1 つとして出題されている (Série S., France métropolitaine, Juin, 2009)．バカロレアに関しては，番外篇参考資料の脚注 7 参照．

2) 1983 年 5 月に設置許可(行政処分)のおりた原子力発電所「もんじゅ」にたいし，近隣住民が設置許可は無効として行政訴訟を起こしたもの．2000 年 3 月に福井地裁で住民側敗訴，2003 年 1 月に名古屋高裁金沢支部で住民側勝訴，2005 年 5 月に最高裁判決で住民側が敗訴した．詳しくは小林傳司「もんじゅ訴訟からみた日本の原子力問題」，藤垣裕子編『科学技術社会論の技法』，東京大学出版会，2005 年，43-74 頁．

事故の危険性について，「発生頻度が低いとして解析基準を甘くしたり，事故発生は考えられないとした安全審査は誤り」とした住民側の主張にたいし，国は「炉心崩壊事故は技術的におこるとは考えられない」と主張し，2003 年の名古屋高裁の判決では「技術的におこるとは考えられない

もんじゅ

と評価するのは疑問である」とした．ここで発生頻度をめぐっての真理に違いがあることが示唆される．さらに訴訟を分析してみると，工学的判断（例：どの程度の事故の可能性を想定するかという工学的判断）と，法学的判断（例：どの程度の事故の可能性を想定するかという法律上の判断）とのあいだにはギャップがあることが判明した[3]．このように，紛争を解決する場における真理（判断基準）は 1 つには定まらず，少なくとも 2 つ（工学的判断と法学的判断）あることが示されたのである．

別の例を示そう．水俣病をめぐる原因追及では，患者の症状を根拠として原因分析を進めた臨床医学者が主張した真理と，工場廃液の専門家が主張した真理とのあいだに，明らかに違いがあった．前者は，「金属中毒」に関する文献に掲載されている症状の図表と水俣の患者の実際の症状を比較すると，患者の症状は有機水銀中毒と判断するのがもっとも適していると主張した．それにた

---

[3] このとき，行政訴訟の論理では，(A) 実体的判断代置方式（裁判所が行政庁と同一の立場から行政処分に関する判断をおこない，その結果を行政庁の処分と比較し，処分の適否を判断する方法），(B) 判断過程統制方式（行政官庁の認定判断の過程に着目し，そこに一定の誤りがあればただちに処分を違法とし，取り消すべきものとする司法審査のしかた），(C) 行為規範的統制方式（法律の専門家の技術論の理解がしばしば工学部の学生以下のレベルとなることは疑いないため，司法は技術論的判断を下すべきではない）といった 3 通りの立場をとりうる．(A) は司法も行政庁と同等の科学的判断を下すというものであり，(B) は司法は手続き的判断のみを下すというものであり，(C) は司法は科学的判断には立ち入らないという立場である（小林，前掲論文）．

いし，後者は，窒素水俣工場のアセトアルデヒド生産工程で使っているのは無機水銀であり，この生産工程で有機水銀が生成されるメカニズムを立証できない限り，工場廃液が原因とはいえない，と主張したのである．ここで観察されるのは，医学者と工学者の真理（判断基準）の違いである．これらの例に見られるように，ひと口に専門家といっても，それぞれの専門分野によって真理が異なることが示唆される．

　続いて，「科学は1つか」という問いを考えてみよう．この問いは科学技術社会論で長く議論されてきたものである．科学は1つであり，その分野に階層性がある[4]という考え方が一方にある．それにたいして，分野が違うと知識が妥当かどうかを判断する基準が異なり[5]，同時に適切な方法論として選ばれるものが異なるという考え方がある．たとえば心臓内科医と分子生物学者とでは，同じ問題にたいする適切な方法論が異なる[6]．あるいは，分野が違うと実証研究と呼ばれるものの中身が異なり，高エネルギー物理学者と分子生物学者とでは「実証」の意味が異なる[7]など，さまざまな指摘がある．

　このように考えてくると，科学は1つではなく，分野ごとに知識が妥当かどうかを判断する基準が違うと考えたほうがよさそうである．ここで分野ごとに異なる真理（判断基準）を妥当性境界（validation-boundary）という概念[8]を用いて考えてみよう．妥当性境界とは，専門家集団の単位である専門誌共同体が査読システムによって作り上げる論文掲載諾否の境界のことであり，その分野の知のクライテリアとなる．科学と社会との接点でなにか問題が起こったとき，それぞれの集団は，それぞれのクライテリアから責任を考える．たとえば，ある建築物が地震で壊れてしまったとしよう．そのとき，工学者のもっている知のクライテリア（妥当性境界）と，法学者のもっている妥当性境界と，一般の

---

4)　科学の階層性とは，数学，物理学にはじまって，生物学に至り，最後に社会科学が配置されるものである．（ポーター『数値と客観性』，前掲書，第8章，261頁）．

5)　P. Galison and D. J. Stump（eds.），*The Disunity of Science: Boundaries, Contexts, and Power*, Stanford, CA: Stanford University Press, 1996.

6)　S. Jasanoff, *Fifth Branch: Science Advisors as Policy Makers*, Cambridge, MA: Harvard University Press, 1990; 2nd ed., 1994.

7)　K. Knorr-Centina, "The Care of the Self and Blind Variation: The Disunity of two Leading Science", P. Galison and D. J. Stump（eds.），*The Disunity of Science, op. cit.*, pp. 287–310.

8)　藤垣裕子『専門知と公共性』，東京大学出版会，2003年．

人のもっている妥当性境界とが異なると，その責任をめぐって論争になる．工学者の妥当性境界から見ると，そのような崩壊が起こることは「工学的には予測できなかった」となる．しかし，法律の妥当性境界から見ると，そのような状況下での「予見可能性」「職責の範囲」「結果回避可能性」について法的責任が問えるかどうかが焦点となる．そして市民のもつ妥当性境界は，それらとはまた別の地域住民の立場から，「科学技術者はここまでの責任を負ってしかるべき」という主張をするだろう．この概念を使うと，事例1（「もんじゅ」の例）は法学者と工学者の妥当性境界の違い，事例2（水俣病の例）は医学者と工学者の妥当性境界の違い，と考えることができる．

妥当性境界は，裁判の場を離れても，専門家委員会，審議会ほかさまざまな社会の意思決定の場で，専門分野ごとに異なる真理があることを説明できる．科学史家ポーターは，これを "reasonably credible forms of knowledge" と呼び，それが分野ごとに異なり，かつみなが合意しない，ということを指摘している[9]．学際研究の場では，分野の異なる研究者の共同が必要となるが，それぞれの分野ごとに妥当性境界が異なること，真理と呼ばれるものが異なることを共有しないと共同研究は進まないことが，示されている．

以上のように考えてくると，「真理は1つか」という問いの答えはノーで，真理は複数あると考えてよさそうである．ただし，紛争を解決したり，なんらかの立場を決定したりするためには，それらの複数の真理のうち，どれかを採用し，立ち位置を決定しなくてはならなくなるだろう．それでも，複数の妥当性境界を知ること，あるいは「複数の分野（あるいは現場）を見て，複数の立ち位置を往復すること」には意味がある．現場ごとに異なる知識や根拠を実感し，複数の立ち位置を往復することによって，みずからのよって立つ立場とそれぞれのよって立つ立場を相対化し再考せざるをえない状況に追い込まれるぶん，次の選択の重みも増すことになるからである．　　　　　　　　（藤）

---

9)　ポーター『数値と客観性』，前掲書．

論 点

1　自分の分野の「真理」が，他の分野の真理と対立するケースを想像し，それを他者にもわかる形で言語化してください．

2　1で扱った「他の分野の真理」の立場から，「自分の分野の真理」を批判するとどうなるか，他者にもわかる形で説明してください．

3　2で扱った批判を，逆に「自分の分野の真理」から再批判するとどうなるか，他者にもわかる形で説明してください．

4　1から3の立場の往復で得られた知見を，まとめて説明してください．

議論の記録

　この日はターム制の試験の週であったため，学生の出席者は2名（AさんとCさん）のみ，これにTA2名および教師2名を加えて，6名での議論となった．はからずも宗教，科学，法律，文学の4つの分野における真理の違いを「文化の三角測量」ならぬ「分野の四角測量」で議論する展開となり，非常に興味深いものとなった．

　まず表題の「真理は1つか」の問いについての答えを聞いた．Cさんは，「真理は存在するが，われわれ人間はそれに到達することができないので，表層的にはノー，深層的にはイエスと答える」とした．Aさんは，「ある出来事が起こったときに白黒つける判断において，白なのか黒なのかを決められるとするのは真理が1つであるという姿勢である．しかし実際には双方の見方があ

るので，そのグラデーションの中で妥当なものを見つけていくしかない．同じ
事件でも誰が裁くか，誰が当事者か，どの時代か，によって状況依存的側面が
ある」と答えた．そののちに，4つの論点の議論となった．

〈論点1：自分の分野の「真理」が，他の分野の真理と対立するケースを想像し，そ
れを他者にもわかる形で言語化してください〉

　まずCさんから，科学的真理と伝統的・文化的あるいは宗教的真理という
のは真理としてどちらも尊重されるべきであるのにたいし，科学者の視点から
すると，科学的真理は伝統的・文化的・宗教的真理よりも上位にある，あるい
は科学的真理以外は真理として認めない傾向があることが指摘された．その上
で，宗教的真理と哲学的真理の統合において，「二重真理説」が紹介された[10]．

　次にAさんから，法学的真理と医学的真理との対立の例として，エホバの
証人輸血拒否事件[11]が紹介された．信者である患者は，「輸血を受けてはな
らない」という教義をもとに，万が一手術中に輸血をしなくてはならなくなっ
たとしてもしてはならないという意思表示をしていた．しかし，「輸血する可
能性が高い」ということを医師は事前にじゅうぶんに説明することなく手術に
入り，手術中に輸血がなされた．患者は「宗教的人格権が蹂躙された」という
理由で病院側を訴え，損害賠償命令が出されたものである．ここで医師の判断
からすれば「命を守るのが最優先」であるのにたいし，患者は「宗教的人格権
を守るのが最優先」となって対立が生じたということである．しかしこの場合，
輸血をしないで患者が死亡した場合，逆に家族から訴えられる可能性もあるわ
けで，結局は「説明の不十分さが人格権を蹂躙した」ということになり，事前
説明義務（インフォームド・コンセント）を果たすことの必要性が強調された
とのことである．さらにAさんは，法律では，「あらゆる主張の根源にある正
当性を担保するのが権利である」という立場をとることを紹介した上で，この
授業でこれまで扱った代理母の事例，サルトルの事例などを通じて，自分は今

---

10)　信仰と知識との関係についての考え方の1つ．啓示によって得られる信仰を通しての世
　　界把握と，理性の推論によって得られる知識を通しての世界把握とは，それぞれ別のもので
　　あるから，両者ともに容認されると考えるもの．
11)　1992年に東京大学付属病院で起きた事件．患者の了解を得ないまま，担当医が手術の際
　　に輸血をおこなった行為をめぐって，民事訴訟で最高裁まで争われた．

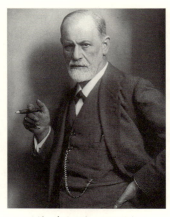
ジークムント・フロイト

まですべて権利にひきつけて話をしてきたが，権利にひきつけない考え方もあることに気づいたということを述べた．そういう権利第一の立場以外からも反論はじゅうぶん可能なのだ，ということへの気づきである．

　続いてTAのJさんからは，最先端の科学的知見はつねに作られつつあって「作動中」なので，そのプロセスで論争になった場合，対立が起きやすいこと，また知見の蓄積途中では，同じ分野の中でも真理が対立するケースはあるのでは，という考え方が示された．

そしてTAのIさんは，文学研究における真理は他のさまざまな分野の真理と対立すると思うと述べた．たとえば文学研究における精神分析の応用を考えると，精神分析自体，19世紀終わりのウィーンの知的状況および歴史的背景の中で生まれたものである．そういう歴史的真実にたいし，著作にあたることからアクセスできるという仮定を文学研究はもっている．歴史の真実は時代ごとに変化するが，その変化を証言する存在として作家は存在するのではないか，という考え方を示した．

　これにたいし，藤垣から，精神分析には，フロイトが読解格子として使っている理論（エディプス・コンプレックスなど）の部分と，精神分析の技法（自由連想にはじまって，転移，徹底操作[12]をへて寛解に至るプロセス）の部分とがあり，後者は理論とは独立に，サイコセラピーとして利用可能であり，精神科医の一部はそれを用いているということが紹介された[13]．

　ここまで聞いていた石井から「文学における真理は1つか，という問いについては，それだけで本が1冊書ける」という発言があったのちに，「文学研究においては，これまでの議論の中で真理という言葉と真実という言葉が使われていたが，この2つの違いとはなにか」という問いが出された．その上で，

---

12)「想起，反復，徹底操作」，『フロイト著作集』第6巻，人文書院，1970年，49-58頁および「転移の力動性について」，同第9巻，68-77頁参照．
13) たとえば丸田俊彦『サイコセラピー練習帳Ⅰ，Ⅱ』，岩崎学術出版社，1986，1988年．

「真実は1つだということはできるかもしれないが，真理が1つとはいえない」
という立場が示された．つまり，ある作家が書いた原稿や他の証拠を用いて実
証研究をおこなうことで，「真実」に至ることはできるかもしれない．しかし，
ある作品をどう読むかということになったときには，その作品に内包されてい
るかもしれない「真理」に到達できるかということが問題になるわけではない，
という立場である．

　　この作品で作者が言いたかったことはこういうことだというふうにパラ
　フレーズすることによって，その作品を読んだと錯覚する．それで真理に
　到達したと思い込む．そういう観点からすると，ある作品をこう読んで作
　者の意図がこういうものであるとわかったということで，読解が完結して
　しまうわけですね．私はそれが「読む」ことだとは全然思ってない．つま
　り作者の意図が最終的に到達すべき唯一の真理だとは思っていないわけで
　す．作品からなにが読めるかが問題なのであって，それは読者によって千
　差万別に違いない．だから読者の数だけ読み方がある．その読み方の1つ
　1つが真理なのだとすれば，真理が1つなんておよそ言えない．
　　［……］科学者はよく，真理を探求することが学問の目的であるという
　言い方をしますが，真理を探求するということは，真理がどこかにあると
　思っていないとできない行為ですよね．発見はされていないけども，客観
　的に真理と呼ばれるものがどこかにあって，あらゆる科学者がそれを探求
　している．それがたぶん自然科学者の基本的な姿勢だろうと．しかし，文
　学研究者はそうではない．（石井）

　ここで注意してほしいのは，文学研究における真理＝作品の読み方，とおい
ている点である．作者の意図が到達すべき真理であるのではなく，読者の数だ
け読み方＝真理がある，という考え方である．これは第4回において芸術の価
値が作品の中に客体として存在するのではなく，評価する個人の側にあるとい
った点と重なる．これは明らかに科学者の探求している真理とは異なる．自然
科学における真理＝自然の読み方と置き換えることは可能であるが，科学者は
読者の数だけ真理があるということより，できるだけ多くの読者と共有できる

真理を求めるのである.

　議論はこのあと，自然科学者にとって真理と真実はどう違うのか，歴史学あるいは他の分野における真理と真実はどう違うのかの話に移った．自然科学者にとって，事実は facts であって，真理は truth である．真実という言い方はあまりしない[14].

　　藤垣「自然科学者にとって事実は fact であって真理は truth なんですね．
　　だからまったく違う概念ですね．で，fact を積み重ねていってそこになんらかの理論をうちたてたときに truth になります」
　　石井「でもその truth というのは，10年後でも100年後でも間違っていたことが証明される可能性にさらされているんですよね．だから地動説だっていつひっくり返るかわからないわけでしょ．とすると，最終的な truth だということはどうやってわかるんですか」
　　藤垣「科学者はつねに最終的な truth だと思っているわけではなく，研究しているとき，今のこの時点においてもっとも truth であるのはこれだ，という研究態度をもちます」
　　石井「それって相対的な態度なわけですよね．今のさまざまな現象を矛盾なく説明できるものはこれだから，これがもっとも truth に近いはずであるというある種の信仰みたいなもの（笑）」
　　藤垣「そういう表現の仕方もありますね」
　　石井「だから覆されない真実があるかどうかは証明不可能だよね」
　　藤垣「というか覆されることはあると思ってるんです．つまり別の fact が出てきて，自分が描き出した構想が書き換えられるということにオープンなんです，科学者は」

---

14)　ちなみに，『広辞苑』（第五版）では，真実は①うそいつわりでない，本当のこと，まこと，②（副詞的に）ほんとうに，③（仏教）究極のもの，絶対の真理，とあり，真理は①ほんとうのこと，まことの道理，②（哲学）で問題提起文の最初に書いた通りである（132頁参照）．双方とも「ほんとう」であることを強調するが，真理のほうのみ「道理」という言葉が出てくる．英語で見ると真実は real-talk, the true, trueness, 真理は truth, veritas（ラテン語）である．例文を見ると，「真実から反れる，外れる」がともに stray from fact，「真実から目をそむける」が ignore the truth となっており，日本語の「真実」という言葉が，あるときには fact を指し，あるときには truth を指す曖昧な言葉であることが示唆される.

140

石井「もちろんそうですよね．だからいつでも反論可能性に開かれている
わけですね」

藤垣「反証可能性ですね，はい」

石井「だからそうやって fact を積み重ねてもっとも truth に近いと思うこ
とを主張するわけだけども，その truth も別の fact が出てくると覆されか
ねない．つまり truth でなくなってしまう可能性は常にある．だから限ら
れた fact によって，つまり所与の fact によってこれが truth だということ
を繰り返しているのが自然科学者なのね」

藤垣「そうです．それで結構です．宗教との違いはここにあります．宗教
は覆されてはいけないんです．宗教の truth はあとからどんな fact が出て
こようと覆されない．それにたいし，科学の truth は新しい fact によって
いくらでも書き換え可能です 15)」

　これに続いて，歴史的事実とはなにか，歴史的真実となにが違うか，自然科
学における事実と歴史の事実はなにが違うか，の議論となった．また，「精神
分析は間違っていることが立証された」というある理系の大学教授の言葉に疑
問を呈した石井にたいし，「間違っていることを立証するとはあまりいわない．
むしろ，こちらの説のほうが説明能力が高いというような，理論の包含性を競
うことになる 16) のだ」ということが藤垣のほうから説明された．

〈論点 2：1 で扱った「他の分野の真理」の立場から，「自分の分野の真理」を批判す

---

15)　ポパーは，科学と非科学（例：宗教）との差は，新たな観察によって得られた知見によ
って，それまでの理論が反証可能であるかどうか（falsifiability があるか否か）にあるとし
た．T. Gieryn, "Boudary of Science," S. Jasanoff *et al.*（eds.）, *Handbook of Science and Technology
Studies, op. cit.*, pp. 393–443.

16)　理論の包含性を競うとは，新しいデータ（facts）が出てきて，それがこれまでの古い理
論 A では説明できない場合に，もし新しい理論 B が新しいデータも説明できることが示さ
れれば，理論 B は理論 A よりも包含性がある，ということを指す．しかし，これはデータ
（facts）と理論が独立であると仮定したときに成り立つ話である．観測の理論負荷性（つま
り facts は理論と独立ではなく，理論 A をとったときの facts の見え方と，理論 B を採用し
たときの facts の見え方は異なる）や，理論の共約不可能性（incommensurability，そもそも
理論 A と B は同じ土俵で比較したり包含性を競ったりできないという考え方）を考慮する
と，単純に理論の包含性を競うという説明は成り立たなくなる．詳しくは，村上陽一郎『新
しい科学論──「事実」は理論をたおせるか』，講談社ブルーバックス，1979 年参照．

るとどうなるか，他者にもわかる形で説明してください〉

　Cさんからは，宗教的真理が再現不可能であるということ，客観的手続き，確実な証拠に基づいて導出されていないことが挙げられた．Aさんからは，法律と科学の接点では，たとえばさきほどの「エホバの証人」のケースでは，裁判所が判断するより医師が判断したほうがいいのでは，という立場が挙げられた．さらに，法律と宗教との接点では，「権利」概念をもとに正当性を担保していくあり方を疑うことが可能では，という立場が挙げられた．たとえば出産を神聖なるものとするとらえ方（第5回の議論参照）などは，法律では「権利で裏づけすること」が必要となり，法律家から見るととるに足らない主張になってしまう．しかし，これも法律の支配する裁判所という場に限られた話であって，裁判所というパラダイムを疑う余地があることが示唆された．

　ここで原発再稼働の裁判の具体例から，下位裁判所を「事実審」と言い，最高裁はその事実審がした事実認定について，大前提の法的判断を下す，ということが示された．さらに，裁判所で出てくる証拠の1つ1つが「事実」，ここの証拠から認められたある認定が「真実」，そしてそれをもとに下した法的判断については，それを「真理」とは言わない，ということが示された．ここまでの議論から，「事実」「真実」「真理」の3つの概念について，分野ごとにあまり使われない概念があり，かつ同じ言葉でも使われ方が異なることが共有された．これは興味深いことであった．

　さらに，TAのJさんの「問題提起文」への質問から，「自然科学は自然科学の中でとどまる限り真理のままでいられるが，社会との接点ではその真理は判断基準として使われてしまう」ことや，「factsの積み重ねの中でもっとも説明力が高いものが真理であり，それは研究の進展によって書き換わるものであるにもかかわらず，判断基準として使われた瞬間に，書き換え不能な真理として扱われてしまう」傾向がある危険性が示唆された．この点は，自然科学研究の「現場」における真理と，それが社会において使われるときの真理のあいだのギャップを表している．

〈論点3：2で扱った批判を，逆に「自分の分野の真理」から再批判するとどうなるか，他者にもわかる形で説明してください〉

まずCさんから,「科学的真理というものも,今この時代のある体系の中での真理でしかない.つまり真理と思われているものも蓋然性の高い仮説でしかない.そういう仮説は真理ではない.同じように伝統的・文化的・宗教的真理も真理ではないといえるのではないか」という意見が提示された.確かに,今ある facts をもっともよく説明するのが truth だといっている点において,それを真理とは呼ばないという立場もありうる.Aさんからは,「確かに裁判所というパラダイムを疑う余地はあるが,それでも人間が自力救済や占いでの決着などの不合理な結果を生み出して

ロラン・バルト
©AFP/Leemage/Polymnia

きた歴史への反省から作り上げてきた制度が裁判所なのであり,そういう制度は絶対必要である」という点,および「主要な争点が宗教的な判断に係る場合は,裁判所は判断できないという判決を出せる.裁判所は制度としての裁判所に割り当てられた範囲について裁判所のルールで判断する.それ以外のことには触らない」「裁判所で扱える権利に立脚しない理屈については裁判所では触らない」という立場が紹介された.

次に,TAのJさんからは,科学における帰納的推論と演繹的推論の2つが紹介され,演繹的推論は「定理」からはじまるのにたいし,帰納的推論ではさきほど議論があった facts の積み重ねによる truth という話が問題になることが指摘された.また,作動中の科学の真理が判断基準として用いられること(論点2参照)にたいして,再批判を展開することのむずかしさが指摘された.さらにTAのIさんからは,「あえて理系と文系をいっしょくたにして,その上で再び理系的/文系的という方法論を考えたときに,ほんとうの違いが見えてくるのだ」という発見的感想が述べられた.その上で,ロラン・バルトの「真実らしさ」の話を挙げ[17],真実らしく見えるのはなにによってか,という現

---

17) ロラン・バルト(1915–80)はフランスの批評家.ここで言及されているのは彼が1968年3月に『コミュニカシオン』誌に発表した「現実効果」という短い論文で,邦訳では『言

実効果についての論が紹介され，文学における真実らしさと演劇における真実らしさの例が挙げられた．これについては，「真実」と「真実らしさ」の違い，そして「真実らしさ」とは言うが，「真理らしさ」とは言わないこと，真実のほうには程度がある傾向があるのではないか，という点が議論された．そこでＡさんから，「裁判において合理的疑いを超えて真実と思える程度に達したときに真実は真実と認定される．これはまさに真実らしさの判断をしているフェーズなのではないか」という意見が出された．「裁判官が自由な心証で一定な疑いを超えたときに真実らしさを認める」ときに法律では真実らしさを使う，ということである．

　ここで石井から「自分の分野における真理の例を言語化してみてほしい」という要望が出された．これを受けてＣさんから，「仏教では真理は言語化不可能である．真理は言語化不可能であるから，お経や説法でそれに近づけていくということしかできない．最終的に真理は体得すべきことであって，言葉にはできない」ということが示された．それにたいし，「空という思想があるが，あれは真理ではないのか」という問いが出され，「空は真理ではない．真理と言うと空が壊れるのだ．空というのは無いという意味であり，空が真理だと言えば空は壊れてしまう」という解説が出た．これを受けて，藤垣から，「仏教の言語化は，それ以外の言語化とは異なる方向をめざすのではないか」という意見が出された．たとえば哲学でおこなう言語化と，仏教における言語化は明らかに方向性が異なる．「空」の例のように，哲学的な言語化をすると仏教における概念は壊れてしまう性質をもつ．このことは，藤垣が，フランス人と座禅を組んだときの経験からも感じられたことだった．日仏先端科学シンポジウム [18] の場で，フランス人約 40 人と日本人約 40 人とで京都永観堂近くの光雲寺の座禅道場で座禅を組んだときの話である．僧侶の話の通りに足をくみ，手をくみ，目線を前の人の臀部あたりに固定し，呼吸を整え，座禅を体験した．それを 2 セッション繰り返したあとで講話が入る．それは英訳されてフランス

　語のざわめき』（花輪光訳，みすず書房，1987 年，新装版 2000 年）の 184-195 頁に収録されている．

[18]　日本学術振興会が主催している先端科学シンポジウム（日米，日独，日仏）の 1 つ．http://www.jsps.go.jp/j-bilat/fos/ 参照．

人に伝えられる．ところがフランス人はその講話を哲学的に理解したがる．概念を「明確化する」（clarify）方向性が異なるため，あとで質問攻めにあったときに苦労する．哲学的に詰めていく方向性と，仏教の「そう言った途端に壊れてしまう」という思考の方向性とは，明らかに異なるためである．

〈論点4：1から3の立場の往復で得られた知見を，まとめて説明してください〉

まずCさんは，「ある体系の中だけに閉じこもっているのならその中の真理だけを扱えばいいのだが，科学と宗教，あるいは科学と倫理が対立する現代において，ある体系に閉じこもることはできない」として，「対話するにあたっては，相手の体系をどこまで理解するかというのが重要になること，その体系にはその体系なりの真理があるというのを各体系の中にいる人が理解する必要性がある」ことを1から3の思考作業から学んだことを述べた．続いてAさんからは，裁判で白黒つける制度の意味を再考し相対化できた，という意見が出された．「科学技術社会論で，科学にも答えが出せない課題について社会的合意を形成しなくてはならない場面があるが，その話と，真理には到達しえないけれど社会的要請として裁判で白黒つけなくてはならない場面とが似ている」という意見も出た．

以上を受けて，第5回のときには役割を変えること（ロールプレイ）によって自分の立場を相対化する体験をしたが，今回の第7回では，その学問分野版を実施したことが藤垣から説明された．明らかにその効果はAさんおよびCさんの意見に反映されていた．TAのJさんからは，「立場を往復することが科学技術社会論 [19]」なので，いつもやっていることであるが相変わらずむずかしいという感想が得られた．TAのIさんからは，「この授業に出るようになってから自分自身の方法論を再考するようになった」「学問がどういうふうに真実ないし真実らしさを形成していくか，そのプロセスが分野ごとに異なるのではないか」という意見が出された．

最後に，石井から，「自然科学も説明能力の高さを競うのであれば，文学研究も説明能力を競うという点で同じである」という意見が出された．文学では，

---

19) 複数の現場を見て，複数の立ち位置を往復することで思想が生まれる．『科学技術社会論研究』，第10号，2013年，91頁．

フリードリヒ・ニーチェ

「どういうふうに解釈するほうが説得的であるか」を競うという．確かに，どういう解釈のほうが説得的であるかを競う点では文学研究と科学研究には同型性があると言えよう．

さらに言えば，文学はどう読むのが一番おもしろいかということに尽きる．結局なにか隠されているものに到達するんじゃなくて，こう解釈してこう読むとこんなにおもしろい，それが人間にとっては非常にプラスになることであるから文学研究という営みはまだ続いていく．その意味で言うと，われわれは解釈の「強度」を競うのであって，「正当性」を競うんじゃないんですね．正しさではなく，どういう読みが刺激的であるか．まさに文学研究というのはそういう世界だと思っているので，すべては解釈であるというニーチェに私は深く共感するわけです．（石井）

ここで「解釈の強度を競う」ことと「正当性を競う」ことの違いが出てくるが，両者の違いについての科学論の蓄積が少なからずある[20]．

藤垣「どのように解釈すれば説明可能性が高いか，というところまでは科学でもやっていますが，でもそれがどのように解釈すればおもしろいかというほうには行かなくて」
石井「科学もやればいいんですよ」

---

20) 科学も文芸評論もどちらも「解釈する共同体」によって「終わりなく交渉される」という考え方は存在する（ポーター『数値と客観性』，前掲書，285頁）．しかし，「科学は正当性を競うのではない」という言い方はしない．ここで正当性には validity の意味と legitimacy の意味がある．Validity は，科学的知見が専門誌に掲載されるときにつねに問われる（藤垣裕子『専門知と公共性』，前掲書）．それにたいし legitimacy のほうは，掲載された瞬間というよりも，後続の論文に何度も引用されることによって形成されるため，時間軸による吟味が入る点が異なっている．

藤垣「おもしろいんだけど（笑），できるだけ多くの fact を包含する形での説明可能性を競うところがあります」

石井「文学もそうですよ」

藤垣「そうですか（笑）」

石井「文学も fact に則ってもちろんやるんですよ．でもあるところからポンと飛ぶんだなきっと」

藤垣「飛ぶんだろうね．飛んじゃいけないんだよね，科学は」

石井「文学は飛んでいいんですよ，無責任なんです」

藤垣「いいなぁ羨ましいなぁ（笑）」

Ｉさん「でもそれでいいんですかね（笑）　そんなこと言ってるとあまりに無責任すぎて」

石井「確かに無責任なこと言ってるよね．むずかしいんだけどね，無責任さを１回徹底してみたらどうかと思うわけ．責任を果たそうと思ってる限り飛べないんですよ」

この学問の責任については，再度第９回で触れることになる．　　　　　（藤）

議論を振り返って

　最初の授業でこちらが用意した 10 のテーマを示し，どれに興味があるか学生たちに尋ねてみたところ，今回の「真理は１つか」を挙げた者がいちばん多かったと記憶している．それだけに，授業日程の関係で出席者が少数だったのは残念だが，「議論の記録」を見ればわかる通り，議論の中身はなかなか濃密で興味深いものとなった．

　なにしろ学生と TA と教師がそれぞれ２人ずつという構成なので，今回は「授業」というより，全員がフラットに話し合うフリートーキングといった趣である．当然教師の出番も多くなるため，私もかなり勢いにまかせてしゃべりすぎた感があるが，その場でおこなった発言は「議論の記録」でかなり引用されているので，その趣旨を繰り返すことはしない．代わりに少し自由なコメントを記すことで務めを果たすことにしよう．

第７回　真理は１つか　　147

第 2 回「グローバル人材は本当に必要か」でも触れた通り,「あらゆる問い
は定義をめぐる問いを内包している」のであってみれば,「真理は 1 つか」と
いう問いについても,まず「真理とはなにか」という問いに答えなければなら
ないことになる.しかしちょっと考えてみればわかるように,これはきわめて
抽象度が高く,およそ回答不能な問いと言わねばならない.したがって,論点
1 から論点 3 まではすべて「自分の分野の真理」「他の分野の真理」というよ
うに,限定付きの言い方で問題を提起している.あらゆる分野に共通の普遍的
な真理なるものは想定しにくいので,まずは分野ごとの真理について考えてみ
ようというわけだ.今回の参加者構成からすれば,「科学的真理」「法学的真
理」「文学的真理」「宗教的真理」の 4 種類が考えられることになる.

この中でもっとも記述しやすいのは「科学的真理」だろう.ある仮説をたて,
実験をおこない,その結果から得られるデータを集め,これを解析し,仮説を
証明する.時には予想外の発見に遭遇することもあるだろうが,基本的に自然
科学はこのサイクルによって真理に到達することを目的としており,実際に到
達してもきた.これまで蓄積されてきた真理は無数にあるが,それぞれの真理
は矛盾する命題とは両立不可能なので[21],その限りにおいて「真理は 1 つで
ある」.そして真理は 1 つであるからこそ,科学者たちは「真理の探求」を研
究の目標として設定することができる.

では「法学的真理」はどうだろうか.ある案件にたいして判決という形で下
される判断を仮に法学的真理と呼ぶならば,それが「1 つである」とは言えな
いことは明らかだろう.そもそも国家や共同体によって法体系はそれぞれ異な
っているので,同じ行為にたいして同じ判断が下されることはまずありえない
し[22],単一の法体系のもとでも,その案件を担当する裁判官によって当然な
がら判断は異なってくる.また時代背景や社会情勢によっても,法学的真理は
さまざまに変化していくにちがいない.「同じ事件でも誰が裁くか,誰が当事
者か,どの時代か,によって状況依存的側面がある」という A さんの言葉は

---

21) 「地球が太陽の周りを回っている」という仮説が真理であることが証明されれば,「太陽
が地球の周りを回っている」という仮説が同時に真理であることはありえない.STAP 細胞
は存在するか存在しないかのいずれかであって,その両方ではありえない.
22) たとえば同様の殺人を犯した場合でも,日本では死刑判決が下ることがありうるが,死
刑制度のない国では終身刑が最高刑であったりする.

そうした事情を語っている．問題はその判断が「正しいか否か」ではなく，ある状況において「どれだけの妥当性を有するか」という度合の問題なのだ．つまり法律に関しては妥当性の程度に応じていくつもの解が存在するという意味で，「真理は１つではない」．

　これが「文学的真理[23]」となると，さらにこのことが顕著になる．教室でも述べたことだが，ある作品を読むとき，私たちはともすると「作者の意図」こそがそこに込められた真理であり，これに到達することがその作品を理解することであると思い込みがちである．もしそうだとすると，作者の意図が解明され，それが読者に伝達された時点で，作品そのものは使命を終えてしまう．作品に内在する真理が明るみに出され言語化されてしまえば，作品自体はもう用済みというわけだ．この考え方からすれば，作者の意図＝文学的真理は１つであり，作品はそれに還元可能であるということになる．

　だが，それならなぜ人はたいへんな時間と労力を注いで小説や詩や評論を読むのか．それは「読む」という行為が作者の意図への到達という目的にはけっして還元できない意味をもっているからであり，それ自体が置き換え不能な経験としての固有の価値を有しているからである．だから文学作品は本質的に要約不可能なのだ．それは音楽作品や絵画作品を要約することが不可能であるのと同じことである．『運命交響楽』を５分間に縮めてみたり，『モナリザ』の一部を５センチ四方に切り取ったりしてみても，まさかそれでベートーヴェンの音楽を聴いたとか，レオナルド・ダ・ヴィンチの絵画を観たとか主張する者はいないだろう．

　したがって，文学的真理と呼べるものがもしあるとすれば，それは作品にはじめから内在しているものではなく，個々の読者が「読む」という経験を通してそのつど生み出すものであると言ったほうが実情に近い．すなわち「議論の記録」に記されているように，文学研究における真理とは「作品の読み方」と同義であるということになる．そして作品の読み方は純粋に個人的なものであるから，当然ながら生み出される真理のありようは読者によってそれぞれに異

23）　ちなみにここで「文学的真理」と呼んでいるのは，「文学的な性格をもった真理」という意味ではなく，「文学という分野における真理」，さらに言えば「文学研究において対象となる真理」といった意味である．

なっている．つまり，文学的真理は1つではなく，読者の数と同じだけ存在する．その中には妥当なものもあればそうではないものもあるという限りにおいて，これは法学的真理のケースと同じであるが，文学の場合は依拠すべき基準（法学における法体系に相当するもの）が存在しないに等しいので，真理の多数性はほとんど無限に拡散していく[24]．

　最後に「宗教的真理」だが，これはそもそも「真理」という言葉のレベルが異なっていると考えるべきだろう．科学はもとより，法学においても，あるいは文学においてさえも，この言葉にはある程度の客観的妥当性が想定されている．しかし宗教においてはCさんの言う通り，真理は「客観的手続き，確実な証拠に基づいて導出されていない」ので，そもそも「客観性」とか「妥当性」といった概念の範疇外にある．つまり宗教的真理はそれを信じる者が真理だと信じればそれだけで「真理」になるのであって，それ以外に根拠はいらないし，実証される必要もないし，他者によって承認される必要もない．もちろんどんな宗教にも教典というものがあって，その意味では依拠すべき基準が明確に存在するわけだが，そこに書かれていることは真理の判断根拠としてあるというよりも，それ自体がアプリオリに「真理」なのである．だから藤垣も指摘しているように，科学的真理はつねに反証可能性に向けて開かれているので「新しいfactによっていくらでも書き換え可能」であるのにたいし，「宗教のtruthはあとからどんなfactが出てこようと覆されない」．

　以上のことを踏まえて授業を振り返ってみると，とくに印象に残っているのは「事実」「真実」「真理」という3つの単語をめぐる議論である．日本語の「真実」という言葉は自然科学においてはふつう用いられないというのは，あたりまえのようでいて，意外に新鮮な発見であった．これを少し拡大してみると，同じ人文科学に分類される学問でも，歴史学においては「歴史的事実」とか「歴史的真実」という表現はしばしば用いられるが「歴史的真理」という言

---

24) ただし，こうして定義される「真理」は完全に読者の主観的な恣意に委ねられているわけではなく，当然ながら作品によって一定の制約を受けている．テクストという客観的な対象が確かに存在している以上，そこに書かれていることを無視してただ勝手な解釈を連ねてみても，それは「文学的真理」としては承認されない．その意味で，文学研究における真理は全面的に読者個人の側にあるというよりも，むしろ読者と作品との出会いの中にあると言ったほうが正確だろう．

い方はあまりしないのにたいして，哲学では「哲学的真理」という表現が一般的であり，「哲学的真実」という言い方はあまり用いられず，「哲学的事実」となるとまず見かけないといった違いがあることに気づく．本題からはいささかずれるが，ここからさまざまな分野におけるこれらの語彙の意味合いを比較検討してみるのも興味深いのではないかという感想を抱いた．

　もうひとつ，授業の最後で触れた「どういうふうに解釈するほうが説得的であるかを競う」という観点，すなわち「解釈の強度」という概念によって，じつは自然科学と文学研究のあいだに同型性が観察されるというのも，示唆的な結論のひとつであった．宗教は別として，学問一般において（もちろん法学も含めて）唯一の絶対的な真理なるものが存在しないのであれば，すべては（「仮説」という形であれ「解釈」という形であれ）とりあえず真理として提示された「真理可能性」にすぎず，その意味では本質的に差異はないのかもしれない．ただし，具体的なテクストという対象に拘束されながらも解釈の全面的な自由に向けて開かれている文学研究には「あるところからポンと飛ぶ」ことが許されているのであって，その「無責任さ」こそが魅力の源泉であるという主張はここでも繰り返しておこう．その意味で，「事実なるものはなく，あるのはただ解釈のみ[25]」（強調原文）というニーチェの言葉は示唆的である．　（石）

25）　ニーチェ『権力への意志　下』，原佑訳，ニーチェ全集 13，ちくま学芸文庫，1993 年，27 頁．

第 **8** 回

国民はすべてを知る権利があるか

『朝日新聞』2009年11月21日朝刊

問題提起

　2013年11月26日に衆議院，12月6日に参議院の本会議で可決され，同年12月13日に公布された特定秘密保護法は，久しぶりに「知る権利」という概念をめぐって世論を二分する議論を巻き起こした．ちなみに『大辞林』（第三版）によれば，「知る権利」とは「国民が公的な種々の情報について公開・提供を要求する権利．また，国民の国政に関する情報収集活動が国家権力によって妨げられない権利」を指す．

　この言葉を聞いて思い出されるのは，1972年にマスコミを賑わせた「西山記者事件」である．1971年に沖縄返還協定が日米間で結ばれたさい，表向きの交渉とは別に，土地の原状復帰費用としてアメリカ側が地権者に払うことになっていた400万ドル（当時のレートでいえば約12億円）を日本政府が負担するという密約が存在することをうかがわせる外務省の極秘電文を，毎日新聞記者の西山太吉が外務省の女性事務官から入手し，これを日本社会党の議員に渡した．電文のコピーを証拠として国会で追及を受けた自民党政府は，件の電文が本物であることは認めたものの，密約の存在自体は否定し，逆に西山記者が情報入手に際して女性事務官との肉体関係を利用したことを盾にとって反撃に転じた．やがて2人は国家公務員の守秘義務違反で逮捕・起訴され，世間の関心はもっぱら男女関係をめぐる三面記事的なレベルへと移ったため，マスコミの追及も腰くだけとなり，国民の「知る権利」の問題はいつのまにかうやむやになってしまったというの

『東京新聞』1972年5月15日朝刊

が，おおよその顛末である[1]．

　当時の首相であった佐藤栄作は，1972 年 4 月 8 日の参議院予算委員会で「国家の秘密はあるのであり，機密保護法制定はぜひ必要だ」という持論を述べている．そしてこの発言から 40 年近くが経過した 2010 年 11 月，海上保安庁の職員が中国漁船と保安庁巡視船の衝突事件の映像をインターネット公開したことをきっかけに，民主党政権のもとで特定秘密保護法案の具体的な検討が始まり，翌年 8 月 8 日には「秘密保全のための法制の在り方に関する有識者会議」の報告書が公表された[2]．そして 2012 年末に自民党が政権に復帰してから，法案成立に向けての具体的な動きが加速し，冒頭に述べた通り 2013 年末，十分な議論が尽くされないまま法案は衆参両院を通過したのである．

　この法案をめぐってはさまざまな意見が表明された．もちろん賛成意見も少なからずあったが，いわゆる「知識人」あるいは「文化人」と呼ばれる人びとのあいだでは，圧倒的に全面的な反対論が優位であったように思われる．その代表的な例は，ノーベル賞受賞者の益川敏英や白川英樹ら 31 人の学者が結成した「特定秘密保護法案に反対する学者の会」の声明文である．法案成立直後の 2013 年 12 月 7 日付で発表された抗議声明から，一部を抜粋してみよう．

　　　特定秘密保護法案は，憲法の定める基本的人権と平和主義を脅かす立法であり，日本の民主主義を戦後最大の危機にさらすものです．［……］
　　　特定秘密保護法は，指定される「特定秘密」の範囲が政府の裁量で際限なく広がる危険性を残しており，指定された秘密情報を提供した者にも取得した者にも過度の重罰を科すことを規定しています．この法律によって，市民の知る権利は大幅に制限され，国会の国政調査権が制約され，取材・報道の自由，表現・出版の自由，学問の自由など，基本的人権が著しく侵

---

[1]　2010 年には民主党政権の調査によって，この密約が確かに存在していたことが明らかにされた．実際に支払われたのは，アメリカから日本への施設引き渡し費用と終戦後の対日経済援助への謝礼として，計 3000 万ドル（約 90 億円）であった．

[2]　委員は縣公一郎，櫻井敬子，長谷部恭男，藤原静雄，安冨潔の 5 名で，いずれも大学教授．この報告書では「我が国の利益を守り，国民の安全を確保するためには，政府が保有する重要な情報の漏えいを防止する制度を整備する必要がある」と結論づけられている．http://www.kantei.go.jp/jp/singi/jouhouhozen/housei_kaigi/pdf/10110808_houkoku.pdf

第 8 回　国民はすべてを知る権利があるか　　155

害される危険があります．［……］

　［……］何が何でも特定秘密保護法を成立させようとする与党の政治姿勢は，思想の自由と報道の自由を奪って戦争へと突き進んだ戦前の政府をほうふつとさせます 3).

　この声明には 3000 名を超える人びとから賛同が寄せられ，反対論の基調となった．また，このほかにも法律学者や歴史学者，弁護士団体，新聞など，さまざまな団体や有志集団が批判的な声明を発表している．
　上の文章には「戦争へと突き進んだ戦前の政府」への連想が見られるが，これ以外にも，日本が厳しい言論統制の敷かれていた戦時中の暗黒社会に逆戻りするのではないかという危惧を表明する論調は少なからず見られた．その典型的な例として，作家の瀬戸内寂聴が 2014 年 1 月 10 日に『朝日新聞』のインタヴューで語った感想を引いておく．

　　表面上は普通の暮らしなのに，軍靴の音がどんどん大きくなっていったのが戦前でした．あの暗く，恐ろしい時代に戻りつつあると感じます．首相が集団的自衛権の行使容認に意欲を見せ，自民党の改憲草案では自衛隊を「国防軍」にするとしました．日本は戦争のできる国に一途に向かっています．戦争が遠い遠い昔の話になり，いまの政治家はその怖さが身にしみていません 4).

　ここで言及されている「集団的自衛権の行使容認」が，その後半年もたたないうちに閣議決定されたことは記憶に新しい 5)．また，「軍靴の音がどんどん大きくなってくる」という言い方は一般市民のあいだにも自然に広がり，新聞の投書欄などでもしばしば見られた．こうして世の中には，「特定秘密保護法案は稀代の悪法である」「特定秘密の範囲は権力の都合でいくらでも恣意的に

---

3)　http://anti-secrecy-law.blogspot.jp/2013/12/blog-post_7.html
4)　『朝日新聞』2014 年 1 月 11 日朝刊.
5)　2014 年 7 月 1 日の閣議決定. http://www.cas.go.jp/jp/gaiyou/jimu/pdf/anpohosei.pdf　その後，2015 年 9 月 19 日未明には安全保障関連法案が参議院を通過して成立する結果となった.

拡大できる」「こんな法案が施行されたら，明日にでも一般市民が理由なく逮捕されるかもしれない」といったたぐいの言葉が増殖し，良識ある人間ならば廃案を叫ぶのが当然であるという空気がみるみるうちに広がっていった．

　しかし事の是非はともかくとして，こんなときこそ感情的・情緒的な雰囲気に流されるのではなく，ものごとを冷静に考えてみるべきだろう．まず最初に検証しなければならないのは，佐藤栄作が言っていた通り「国家の秘密はある」のかどうか，という点である．そのようなものは存在しない，というより，存在してはならない，だから立法行為自体がそもそも無効であるという立場をとるのか，それとも漏洩されると国家の存立が脅かされるような秘密は確かに存在するが，その定義の仕方やこれを保護する方法の中身に問題がある，だから法律制定の必要性は認めるが，今回の法案には反対であるという立場をとるのかで，議論のあり方はまったく異なってくるからだ．

　前者の立場は，国民はすべてを知る権利がある，ゆえにこれを制限するような立法はすべて悪法である，という論理である．しかし一般の会社を例にとってみればわかるように，秘密をもたない組織など存在しないというのはむしろ常識だろう．会社の存亡に関わるような機密情報まですべて一般社員に開示する必要はないという言い方であれば，おそらく多くの人びとが納得するはずだ．では，国家の存亡に関わるような機密情報まですべて国民に開示する必要はないという言い方になると，なぜこれほどにも強い反発が生じるのだろうか．会社と国家はいったいどこが違うのか．

　もちろん両者のあいだにはいろいろな相違点があるだろうが，今回の問題に話を限って言えば，案外本質的な違いはないようにも思える．この立場に立つならば，「国家の秘密はある」という佐藤栄作の言葉は否定できず，前者の立場は有効性を失ってしまう．だから国民は本当にすべてを知る権利があるのか否か，まずはこのことについて明確な答えを出しておくことが肝要だ．この前提作業ぬきで，ただ「天下の悪法」というレッテル貼りだけで済ませてしまうのは，あえていえば一種の思考停止である．そうなると，いささか誤解を招きかねない言い方になるが，誰もが口をそろえて無条件の廃案を主張する集団的合唱の高まり自体がまさに一糸乱れぬ「軍靴の音」に聞こえてくる，という皮肉な現象を生じさせかねない．

第 8 回　国民はすべてを知る権利があるか　　157

これにたいして後者の立場は，「国家の秘密」というものは確かに存在するという前提から出発し，国民の「知る権利」は無制限のものではないことを認めた上で，その制限の仕方について慎重な制度設計の必要性を主張するものである．そもそも「国民」（nation）と「国家」（state）は相対立するものではなく，前者の信託を受けて後者がはじめて成立するものであるはずだから，なにを「国家の秘密」とするのか，誰がそれを決めるのか，それはいつまで守られるべきものなのか，それを漏洩した者はどのような処罰を受けるべきなのか，といったことについても，「負託する者とされる者」という不可分の関係によって結びつけられた国民＝国家の問題として語られなければならない．にもかかわらず両者を「支配する者とされる者」，「戦地に駆り立てる者と駆り立てられる者」といった単純な二項対立の図式でとらえてしまうと，たがいに譲歩の余地のない不毛な対決に陥るのが関の山である．

　「知る権利」それ自体は直接憲法によって保障されているものではないが，二十一条一項の「集会，結社及び言論，出版その他一切の表現の自由」に含まれるものと解するのが一般的な見方であると言われている．つまり「国民はすべてを知る権利があるか」という問いは，同時に憲法が保障する基本的な「自由」に関わる問題でもあるのだ．それだけになおのこと，この問いについてさまざまな角度から考察してみることは，情報の流通と管理がますます困難になりつつある現代に生きる私たちにとって避けられない課題だろう．　　　　（石）

論点

1 あなたがジャーナリストだったとして，問題提起文で紹介されているような密約の存在をたまたま（手段は別として）知りえたとしたらどうしますか．

2 あなたが時の首相だったとして，こうした密約の存在を国会で追及されたらどうしますか．

3 特定秘密保護法が成立した現在，あなたが政府の一員だったとしたら，どのようなことを特定秘密として指定すべきだと考えますか．できるだけ具体的に考えてみなさい．

4 一国民の立場からすると，どのようなことを特定秘密にされては困ると思いますか．できるだけ具体的に考えてみなさい．

.... **議論の記録** ....

　今回は4つの論点を設定し，最初の2つについてはまずグループ討論をおこない，そのあとで全体討論をおこなうというスタイルで進行した．グループ1はAさん，Bさん，Eさん，グループ2はCさん，Dさん，Gさんという構成である．論点3と4については，はじめから全体で討論をおこなった．

〈論点1：あなたがジャーナリストだったとして，問題提起文で紹介されているような密約の存在をたまたま（手段は別として）知りえたとしたらどうしますか〉
　グループ1からは，自分がジャーナリストであればとりあえず知りえたことは全部出してあとは国民の判断にゆだねるという意見と，まずは政府にたいし

第8回　国民はすべてを知る権利があるか　　159

て情報の真偽を確認するという意見が出された．あと1人はまず問題の所在が
よくわからないという感想であったが，これにたいしては，やはり外交上の機
密情報であればそのまま公開するわけにはいかないから問題になったのだろう
という説明がなされた．いずれにせよ，沖縄返還協定の裏で交わされていた密
約の存在が公にされることが国民の公益に資するのかどうか，そしてその判断
は誰がすべきであるのか（政治家か，ジャーナリストか，それとも国民か）とい
うことが問題であるという認識は共有されたようである．

いっぽう，西山記者が情報を提供した日本社会党について，若い世代の中に
はこれが長いあいだ自由民主党に対抗する野党第1党であったという事実もあ
まり認識されていないということが判明し，はからずも教師との世代差が実感
される結果となった．

グループ2からは，まずジャーナリストのあり方を「利己的なジャーナリス
ト」と「良きジャーナリスト」に分けた上で，前者であれば，積極的なスクー
プ報道によって名誉を獲得するという判断，会社の不利益になる場合は報道を
控えようとする判断，政府の弱みとなる情報を握っておいてこれをのちの情報
入手を有利にするために利用するという判断などがありうるが，後者であれば，
政府がなぜこれを密約にしたのかをじゅうぶん検証した上で，やはり秘密にし
ておくべきではないと考えた場合は情報を流すという判断が正しいのではない
かという意見が出された．また，情報を開示する側と制限する側のバランスを
考えたとき，ジャーナリストは当然前者の立場にあるので，情報にたいして恣
意的な判断を加えるのではなく，とにかく入手したものはなるべく開示すべき
であろうという意見も出された．これはグループ1での議論とも重なってくる
姿勢であろう．さらに，もし自分がジャーナリストだったら，国民の知らない
ところで起こっていたことを知りえてなおこれを隠しておくということはプラ
イドが許さないという考えも表明された．

結局どちらのグループでも，情報の隠蔽を正当化する「国益」とはいったい
なんであるのか，という点に議論が収斂していったようだ．

　　国益っていうのは，国民の利益か国家の利益かっていう問題もあって，
　　この場合はなぜ密約にしたのか，本当に国民を守るために密約にしたのか，

160

ということが問われている気がします。これは国家のために密約にしたん
じゃないかな、というふしが見える気がします。この件に関しては。（C
さん）

「国家の利益」と「国民の利益」を分けて考え、密約はどうやら後者ではな
く前者を守るためになされた措置らしいという見方だが、では「国家」と「国
民」はどう区別されるのか。国家のかじ取りをするのは時の政権であり、政権
は国民の負託を受けて成立しているはずなので、「政権の利益にならないこと
は国民の利益にならないと判断して秘密にしたのだ、と言われたらどうする
か」という教師側からの反問にたいしては、次の選挙の判断材料となるべき情
報を政権が独占してしまうと正しい審判が下せなくなるので、それでは国民主
権が守られないという明快な回答が返ってきた。
　また、情報入手のための手段の正当性についても質問してみたが、これにた
いしては自由経済上の契約とのアナロジーで、公序良俗に反するような手段で
得られた情報は排除されてもいいのではないか、という見解が示された。

〈論点２：あなたが時の首相だったとして、こうした密約の存在を国会で追及された
らどうしますか〉
　いっぽう立場を替えて、自分が政権の側にあったらどう対処するかというの
が次の論点である。
　グループ２は、開示と制限の綱引きの中で公開の可否が判断されればいいの
であり、密約として秘匿されなければならなかったのである以上、首相の立場
であればその存在は否定せざるをえないだろうという意見でほぼ一致していた
ようだ。もっと端的に言えば、いったんついた嘘はつきとおすしかない、とい
うことでもある。結局のところ、政権のためであれ、国民のためであれ、秘密
にする以上はその理由が説明されることは論理的にありえないので、国民はけ
っして知りえない。しかしこの案件の場合、情報公開をめぐる綱引き自体は国
会という場で可視化されているのだから、そのプロセスを見て次の選挙にこれ
を反映させるか否かは国民の判断に委ねられている。
　グループ１からは逆に、自分は政治向きではないと断りながら、自分だった

第８回　国民はすべてを知る権利があるか　　161

ら嘘はつきとおせないという意見があった一方，やはり時間がたてばたつほど
糾弾は厳しくなるので，いったんついた嘘はつきとおすべきという意見もあっ
た．また，政権は国民の負託を受けているのだから，情報の秘匿も外務省の裁
量の範囲内であるという論理で，密約の存在を認めたとしてもそのこと自体を
正当化することはできるという指摘があった．これは秘密の判断をエキスパー
トに託すという立場である．さらに，一定の期間が経過したらすべての情報は
公開するということが規定されているのであれば，それはそれでいいことなの
ではないかという話も出た．

　ジャーナリストからすると，裏取引はあってはならないという純粋な正義感
からこの情報を社会党に流したのかもしれないが，それが自民党政権にダメー
ジを与えるための政治的な手段として利用されることは明らかなので，そうな
ると沖縄返還問題とは少し違うレベルの話になってしまうことは予測できたは
ずである．いっぽう政府の側からすると，この密約の存在が明らかになるとア
メリカとの信頼関係が崩れて交渉が頓挫してしまうかもしれないので，多少の
嘘はついても，シラをきりとおして沖縄返還を実現することがまず優先課題で
ある，という判断が当然あったのだろう．それこそが国益にかなうことである
という立場からすれば，あえて密約の存在を暴いて沖縄返還を危うくするジャ
ーナリストや社会党の行動は，まさに国益に反するものであるということにな
る．

　結局この問題は，佐藤栄作の言うように「国家の秘密」は存在するというこ
とを前提とした上で，それはいったいどのようなものでありうるのか（あるい
はどのようなものであるべきなのか），そしてそれは誰が決めるべきなのか，そ
の場合，一部の少数者（多くの場合は時の為政者）の恣意によって秘密が無制
限に増殖してしまう危険をどのように制限すべきなのか，ということに帰着す
るので，40年以上を経て今日の特定秘密保護法の問題にまでつながってくる
ものであるということが確認された．

〈論点3：特定秘密保護法が成立した現在，あなたが政府の一員だったとしたら，ど
のようなことを特定秘密として指定すべきだと考えますか．できるだけ具体的に考
えてみなさい〉

〈論点 4：一国民の立場からすると，どのようなことを特定秘密にされては困ると思いますか．できるだけ具体的に考えてみなさい〉

　ここから先は，はじめから全員での討論で進行したが，論点 3 と論点 4 はいわば裏表の関係にあるため，とくに両者を区別せずに自由に意見を述べてもらうことにした．

　まず特定秘密として指定されうる例としては，テロ組織が人質をとって日本政府に要求を突きつけてきたケースが挙げられた．人命に関わる問題であるだけに，水面下でどのような交渉がおこなわれているのかを逐一公開してしまうわけにはいかない．これは痛ましい実例[6]があっただけに，誰もが納得するところであろう．

　次に挙げられたのは，原発事故に関する情報である．これは，政府から見ればどの地域で高い放射線量が検知されたかをあまり詳細に公表してしまうと国民がパニックに陥る恐れがあるので，ただちに健康被害があるわけではない場合には情報をある程度コントロールするという判断がありうるが，他方，当該地域の住民からすればやはり全部公開してもらわないと不安になるのは当然なので，まさに論点 3 と論点 4 が表裏一体となった例ということになる．

　ただ，当時の新聞報道などにもしばしば「何ミリシーベルト」といった数値が出てきたが，数字だけ見せられても一般市民にはそれがどの程度危険であるのかを判断することはできない．となると，やはりそこには専門家の判断が介在しなければ意味がないのではないか．これはまさに藤垣の専門分野に関わる問題なので意見を聞いたところ，この点については日本学術会議でも議論が分かれていたという話が紹介された．

　　日本学術会議が東日本大震災直後の情報開示のあり方にたいして批判的・反省的に考えていて，いろいろな分科会がそういう議論をしているんですね[7]．たとえば SPEEDI[8] の情報をもっとオープンにすべきだったん

---

6)　2015 年 1 月 20 日，2 人の日本人人質がイスラム国によって拘束されている映像がインターネットで流され，24 日にはそのうち 1 人が殺害された映像が，2 月 1 日にはもう 1 人も殺害された映像が流された．この 10 日間にイスラム国と日本政府のあいだに人質解放をめぐってどのような動きがあったのかは，いっさい明らかにされなかった．

第 8 回　国民はすべてを知る権利があるか　　163

じゃないかとか，先ほどのように，どの地域にどのくらいの放射線量があったのかをすぐ見えるようにしたほうがよかったんじゃないかとか［……］．専門家の中にもさまざまな意見があって，数値そのものを出せばよいというタイプの専門家と，それを解釈した形で出すべきだという人と，あとは解釈にも幅があるからその解釈の幅も含めてオープンにすべきだという人と，解釈に幅がある以上はそれはオープンにすべきでない，という人が，喧々諤々の議論をしており，まだ決まっていない，という状況です．

（藤垣）

　さらに，こうしたケースについては政府に情報統括組織を作ってすべての情報を集中的に管理すべきという意見と，政府の組織以外に，専門家がみずからの判断で情報を提供する組織も併存させるべきという意見もあって，この点に関しても一致を見ていないという．あらためて，情報管理のむずかしさを認識させられる話であった．

　次に挙げられたのは，中国が南シナ海を埋め立てているといったことについて首相が G7 で挑発的な発言をしているという問題[9]で，こうしたデリケートな外交問題はむしろ報道しないほうがいいのではないかという意見であったが，これは首相の発言である以上報道されるのが当然で，首相自身も当然それを前提に発言しているのだから，特定秘密云々の問題とは性格が異なるように思われる．

　また慰安婦問題の話も出たが，これはある情報を報道するか否かという以前に，そもそも政治レベルのむずかしさがあるので，いずれの方向であれ，報道

---

7)　例として，第 1 部「福島原発災害後の科学と社会のあり方を問う分科会」（2012 年 3 月〜2014 年 9 月）および第 1 部から第 3 部にまたがる課題別委員会「科学者からの自律的な科学情報の発信のあり方検討委員会」（2013 年 9 月から 2014 年 9 月）などがある．

8)　System for Prediction of Environmental Emergency Dose Information（緊急時迅速放射能影響予測ネットワークシステム）の略．日本原子力研究所が気象研究所などの協力を得て開発した計算システム．http://www.nsr.go.jp/activity/monitoring/monitoring6-4.html

9)　授業日の直前の 2015 年 6 月 7 日，ドイツ南部のエルマウ城で開催されていた G7（主要国首脳会議）で，安倍晋三首相が中国による岩礁埋め立てに触れて「東シナ海や南シナ海で緊張を高める一方的な現状変更の試みは放置してはならない」と発言し，他国の首脳もこれに賛同した．

の仕方によって世論がことさら大きく動かされていくという側面がある 10).

　ここで石井は，特定秘密保護法案をめぐる社会の動きに関して，あえて少し挑発的な問題提起をしてみた．

　　この文章［問題提起文］にも書きましたが，学者たちはこぞって反対したわけですね．こういうことをやると戦争に突き進んでいくのではないか，と．良識ある知識人は当然そういう立場をとる，というような雰囲気がかなり蔓延しているんだけども，私はちょっと違うスタンスなんですね．そのような雰囲気に流されて，あまり考えずに，これはとんでもない悪法であるという声がどんどん増幅されていく傾向にも，同じように全体主義的な危険があるのではないか，というのが私の感覚で，みんながみんな同じことを言いだすということの怖さをどうしても感じてしまう，ちょっと微妙な問題提起ですけど．この文章に書いたことは，そういう意味なんだけど，なかなかこれはわかってもらいにくい．友人にちょっとこの話をしたら，「おまえは特定秘密保護法に賛成なのか」と言って非難されたんだけど（笑），そうではない．全然そうではない．（石井）

　その上で，あらためて「国家に守るべき秘密はあると思うか」という問いを提起してみたところ，外交・軍事関係についてはやはり公開できない情報も多いであろうということは誰もが共有している認識のようであった．

　　知る権利は国民の主権を守るための柱ですけど，国民がアクセスできるからには，他国民もアクセスできる情報になるはずですよね．一国がみずからで完結しているのであれば，国民にはすべてを知る権利というものがあるはずなんですけれども，みんなが知っている，イコール他所の国も知っているということになってしまうと，外交上明らかにデメリットをもたらすことはある．だから，自国だけじゃなくて他国が関わってくる問題になったときに，秘密というものが出てこざるをえない，というのはわかる

---

10)　2015 年 12 月 28 日，日韓両国は慰安婦問題について「最終的かつ不可逆的」解決で合意したが，合意内容をめぐっては両国で賛否両論が渦巻いている．

話です．（Ｉさん）

　ではそうした秘密を秘密として特定するのは誰の役割なのか．最初に機密情報が入ってくるのは，多くの場合首相周辺ということになるわけだが，その時点でごく少数の人間が情報の選別をおこなってしまっていいのか，それとも第三者機関のようなものが必ずこれを監視できるようにすべきなのか．これは必ずしも国家レベルの話だけではなく，会社にせよ大学にせよ，およそ「組織」の名に値するものであれば普遍的にあてはまることがらであろう．
　ここで受講者からは，なにを秘密にされたくないかという論点4に関連して，「緊急性」の問題についての発言があった．

　　　緊急性のあるものは国民の議論に預けてから判断できないので，比較的秘密の対象になりやすい．ただ，「緊急性があるから秘密にできる」ということの繰り返し繰り返しで一気に加速していったのが戦前だと思うんですよね．と考えたときに，そのあと連続的に緊急事態が発生していく可能性がある行為，入り口になる行為については，それは秘密にされては困る，というのが感覚的にはあります．とくに緊急事態がたくさん発生しやすいのは軍事ですよね．たとえば米軍の配置であるとか．どこがスタート地点かというのはわからないものなんですけど，でも，感覚的に言って，そこからどんどんなし崩し的に緊急事態が起こるようなことは，秘密にされたくないかなと思います．（Ａさん）

　これを受けて藤垣からは，ケースによって秘密の保持者が少しずつ異なっているという指摘があり，科学技術のデュアルユースの例が紹介された．哺乳類間で空気感染する鳥インフルエンザ・ウイルスの遺伝子をオランダの研究者と日本の研究者が見つけて，『ネイチャー』や『サイエンス』などに発表しようとしたところ，バイオテロに利用される恐れがあるという理由で，アメリカのバイオセキュリティー委員会から「待った」がかかったという話である．これは民生と軍事の両方にまたがるような情報をオープンにすべきかクローズドにすべきか，そして誰がそれを判断すべきなのか，という問題であり，通常の学

術研究の範疇を越えて，外交や防衛にも深く関わってくることがらであるだけに，非常に事情が複雑であるという．科学技術の最先端ではこのように，つねに問題が政治や経済，外交や防衛などにも複合的に拡大していくので，「秘密」の保持者を一義的に限定することはむずかしくなっている．

　ここで少し具体的な状況を考えてみようということで，「明日ミサイルが飛んでくる」といった情報が政府に入ってきたとしたら，これは即座に公表すべきか，それとも国民がパニックに陥らないようさしあたり伏せておいて，迎撃してから公表すべきか，という問題を提起してみた．後で知らされても不信感が募るだけなので，たとえパニックになったとしてもやはり自分としては知りたいと思うという意見，公表すればその日のうちに株が大暴落して経済的にも大混乱が生じるに違いないので，結果的に迎撃できたのであれば公表しないほうがよかったということになるのでは，という意見などが出されたが，これもミサイルが実際に落ちるかもしれない地域の住民の気持ちと，国家全体の秩序の維持を第1に考える政府当局者の判断では，たぶん温度差があるだろう．

　そして議論はふたたび情報開示の問題に戻ってきた．国民の中にも，すべてをオープンにしてほしい，すべての情報を知った上であとは自分で判断したいという人と，すべてをオープンにはしないでほしい，はじめから専門家の吟味を経た上で確実とされた情報だけを流してほしいという人の2種類がいる（藤垣）．では政府は，あるいは学者は，いったいどちらの要請に応えるべきなのか．すべての情報を提供されても，専門家でない一般人にはその真偽を判断するすべがないので，どうしても迷ったりとまどったりするし，ともすると無根拠な流言飛語に動かされてしまう．しかし専門家のフィルターを通した情報しか与えられないと，なにか重要なことが隠されているのではないかという不信感が湧いてきて，それはそれで不安だし，専門家によって言うことが違っていたりもするので，いったいなにを信じればいいのかわからなくなってしまう（原発事故後の放射線量に関する情報がまさにそれであった）．

　Bさんからは，情報を公開された側の人間がその情報をもとに実際に行動できるかどうかを基準にしてはどうか，という提言があった．確かに国民がなにも行動に移せぬままいたずらに混乱を増すだけならいっそ公開しないほうがいいかもしれないが，被害が予測できて住民が迅速かつ確実に避難できるのであ

れば情報は公開したほうがいい．藤垣の言葉を借りれば，「国民の科学的リテラシー」が高ければ全部オープンにしたほうがいいが，逆にリテラシーが低い場合は，いっそ秘密にしておいたほうがいい場合もある．つまり国民の科学的リテラシーをどれくらいに見積もるかで，情報の出し方もおのずと違ってくるということである．

小松左京と『日本沈没』（小学館文庫，2005）
写真左：提供　朝日新聞社

Bさん「その国民の中に，たとえば何シーベルトという数値を解釈できる人がいるとしたら，それはどうなんですか」
藤垣「いるとしたら全部オープンにすればいい．実際にそういう理科の教師もいました．全部オープンにしてくれって」
Bさん「一国民の感覚からして，どういう情報から自分は判断しているかっていうと，濾しに濾された最後の残りかすみたいなところから判断していることが多いんじゃないかなって思いますね．上の人が言ったことに基づいて判断・行動しているわけでは，必ずしもないのかなと．たとえばネットに載っているような情報とか，風の噂話とか．そんなレベルでしか動いてなくないですか，私たちって」

これに関連して，Aさんから小松左京の『日本沈没』の話が出た．阿蘇山が噴火するというので，総理大臣が山頂に昇って「今から噴火するから逃げてください」と言うのだけれども，ほとんど誰も逃げない．放射線量の問題に関しても同じで，言ったところで仕方がない，という立場もわからなくはないという．またTAのIさんからは，ある事態に陥ったときにわれわれがどう動くか，

冷静に判断して行動するかパニックに陥るか，といったことを想像する上で，SF作品がたいへん役に立つという発言があった．

　最後にひとことずつ，と求めたところ，解釈できる下地のある情報でないと本当に確実なことを知るのは無理であるとか，秘密にすべきことを誰が決めるのかは本当にむずかしいとか，どう考えても国民からは文句を言われる立場なので政治家には絶対なりたくない，といった感想が述べられた．また，歴史の中にはまだまだ私たちの目に触れていない秘密があるはずで，もしかするとそれらが知らされなかったからかえって幸せだったのかもしれないという意見もあった．

　　今回密約ということで西山記者事件が取り上げられたわけですけど，おそらくこのようなことによって暴かれなかった，本当に秘密裡に進められた密約というものが，国の歴史をさかのぼってみればあるはずなんですよね．たまたま目についたのがこれで，氷山の一角だと思うんですけど．そうした，存在をもみ消されてきたものをもし私たちが知っていたらどうなったのか，ということを考えると……内容がわからないからなんとも言えないんですけれども，まあ，明かされなかったから幸せだったこともそれなりに多かったのかなと，なんとなく想像はできてしまうわけで．だから秘密を秘密にすることの合理性ということにも，うっすら納得するところがありますね．（Eさん）

　さらに，秘密にするのがいいか悪いかよりも，なにを秘密にされたらまずいのかに焦点を当てるべきで，特定秘密保護法が白か黒かという議論は危険である，という意見も表明された．そして，最終的に国民が関心をもつのは結局自分たちの生命が危険にさらされないかどうかということなので，そのために秘密が必要であればそれはそれでかまわない，ただし秘密にされることで生命が脅かされるのであればやはり情報は公開すべきである，というまとめによって，今回の議論は終了した．　　　　　　　　　　　　　　　　　　　　　（石）

議論を振り返って

　まず，この回は4つの論点を通して，「ジャーナリスト」「時の首相」「政府の一員」「一国民」の4つの役割を往復していることに注意しよう．ただし，第5回ではそれぞれに役を割り当てられて役割演技をしたのにたいし，今回では論点ごとにみなで1つの役割の立場になってみる形で議論が進展した点が違いである．

　この回のテーマは国家の機密という比較的重いテーマである．問題提起文にあるように「国家の秘密はあるのか」という問いについてはひとまず確かに存在すると考え，その定義の仕方やこれを保護する方法の中身に問題がある，という立場をとってみよう．そのような立場をとったとしても，吟味しなくてはならないことは以下のように多くある．

　第1に，国家の秘密と「国民の知る権利」との境界引きの問題である．たとえば，2010年9月に尖閣湾での中国船衝突をめぐる事件で，以下のようなことが問題となった．9月7日尖閣諸島付近で操業中の中国漁船にたいし，海上保安庁の船が違法として取締りを開始し，船長を拘束したため，中国側からは船長釈放の要求がきた．国民には，取締りのさいにどのようなやりとりがあったかの詳細はこの時点では知らされていなかった．同年11月4日，取締りのさいの映像がYouTube上に流出し，じつは中国漁船側のほうから海上保安庁の船に衝突してきた事実が多くの国民に知れ渡ることとなり，また一部の国会議員はこの映像を見ていたにもかかわらず，国民には知らされていなかったことも明らかとなった．このとき，画像を流出させた海上保安官は，国家機密情報を漏えいした罪に問われたが，国民からは同情の声もあがった．このときに議論となったのは，機密情報とはなにか，国民の知る権利とはなにか，そして両者のあいだの線引きをどのようにしておこなうべきか，という問いである．国家の秘密はこのように確かに存在する．そして国民の知る権利との境界をどのように引くのかが問題となるのである．

　第2に，情報公開のあり方の問題である．たとえば，第3回でも扱ったように2011年3月11日の東日本大震災に続く原発事故の直後，いくつかの課題が

発生した．事故後の放射線の人体への影響について，日本学術会議は「専門家として統一見解を出すように」という声明を出した．統一見解とは，行動指針となるような1つに定まる知識である．それにたいし，福島在住の市民の1人は，「政府は混乱させたくないというが，事故が起こったこと自体がもう混乱である．また，1つの答えを出したいというが，いろいろな情報が出るのが当然であり，そんなことはわかっている．統一した1つの情報を出したいと専門家は言うが，統一された1つの情報がほしいわけではない．全部出してほしい．その上で意思決定は自分でやる」と述べた．ここで対置されるのは，行動指針となるようなユニークな（統一的な）情報のみ公開するべきか，それともすべてオープンにして国民に選択してもらうべきか，という2つの異なる態度である[11]．

議論の記録にもあるように，日本学術会議ではこの他にも，SPEEDIによる情報公開はどうあるべきであったか，幅のある情報をどのように出すべきか，専門家のあいだで意見が割れるときの意見分布をどのように公開すべきか，などについて，事故後に真剣な議論がおこなわれた[12]．

第3に，これらの不確実性下の科学技術上の公開をめぐる問題が，外交問題の情報公開とパラレルに対置できるという状況である．つまりどこまでを公共にオープンにし，どこから先をクローズドにするかという外交上の機密問題のとり扱い方と，科学技術における不確実性下の情報公開とが，同型性をもつという点である．たとえば，科学史家ポーターは，マーチン・ラドヴィックの『デヴォン系大論争——紳士階級専門家間での科学的知識の形成』を紹介しながら，「論争の最中に，非公式な議論のなかで公的に公刊された論文がもつ役割は，密室でおこなわれる真にきつい外交交渉の最中に，時折開かれる（そして一般に秘密主義の）記者会見が果たす役割と対比するのが適切である」と指

---

11)　この2つの態度は，科学者の社会的責任の考え方に対応している．行動指針となるようなユニークな統一見解を出すのが科学者の社会的責任なのか，それとも，幅のある助言をして，あとは国民に選択してもらうのが責任だろうか，という問いである．

12)　たとえば，安全性あるいは危険性の判断にたいして専門家の意見に幅があるときに，「生のデータ」「データの解釈」「データを基礎とした選択肢の決定」「選択肢の提示」「選択肢の中の選択にたいする専門家の意見分布」の中のどの分布を公開すべきかなどを議論した（日本学術会議「科学者からの自律的な科学情報発信の在り方検討委員会」，2013年9月から2014年9月）．

第8回　国民はすべてを知る権利があるか　　171

摘する[13]．つまり，学者集団の密室の中では意見が違っていても，学者集団の外へ見解が出ていくときは「公式見解」でなくてはならない．公式見解は密室の中での激論のすべてを公開するものではない，つまり学者の意見が分かれていることをすべて公開するものではない，という考え方である[14]．機密情報の中には，このように内部でも意見が割れているものも存在する．

第4に，オープンかクローズドかの問いが，科学技術のデュアルユースの場面でも頻繁に議論の対象となることである．「議論の記録」でも少しふれられているが，たとえば日本学術会議の「科学・技術のデュアルユース問題に関する検討委員会」[15]では，次のようなことを議論した．2012年1月，突然変異による鳥インフルエンザウィルス H5N1 が哺乳類でも空気感染する可能性が，オランダのロン・フーシェと当時アメリカにいた河岡義裕によって明らかにされた．彼らがこの内容を『ネイチャー』誌と『サイエンス』誌に発表しようとしたところ，生物テロに応用される懸念から，アメリカのバイオセキュリティ委員会が掲載前に一部内容の削除を求めた．この鳥インフルエンザの監視や対策のためには研究を公開して次の研究が必要であるが，テロへの悪用防止には公開差し止めが求められる．このときの議論として，情報をオープンにすべきという論者は性善説に立ち，判断は研究者共同体の外部に任せ，専門家としての責任範囲を限定したものと考えた．それにたいし，クローズドにすべきという論者は，性悪説に立ち，判断は研究者共同体の内部で決めるべきで，専門家の責任範囲を拡大して情報コントロールについても責任を負うべきと考えた．そして，この2つのうちどちらにすべきかをいったい誰が決めるのか，専門家にまかせていいのか，アメリカが決めていいのか，あるいはクローズドにした場合，市民が情報を受けとる権利が侵害させるのではないか，といったことが議論された．

---

13) ポーター『数値と客観性』，前掲書，286 頁．

14) 日本学術会議の元会長（第17–18期）の吉川弘之は，unified の中身は independent, balanced, non-partisan advice を意味し，「学者の意見は違って当然（学会は合意する場ではない）．しかし外へでていくときは unified でなくてはならない」と述べている（「福島原発災害後の科学と社会の関係を考える」分科会，2012年5月3日）．これについては第9回で再びふれる．

15) 報告書は，報告「科学・技術のデュアルユース問題に関する検討報告」，日本学術会議，2012年11月30日．http://www.scj.go.jp/ja/info/kohyo/pdf/kohyo-22-h166-1.pdf

このように，科学・技術のデュアルユースをめぐる機密情報（この場合，空気感染する鳥インフルエンザの遺伝子情報）をオープンにすべきかクローズドにすべきかの問いは，明らかに機密情報と国民の知る権利とのあいだの境界引きの問題をひきおこすのである．授業の中で，「生命が脅威にさらされるケース」については国民は知るべきである，という議論が最後に出たが，以上に見るように科学技術の関係する問題では，放射線影響の情報にせよ，空気感染する鳥インフルエンザの遺伝子情報にせよ，生命が脅威にさらされる可能性は十分あるのである．

最後に，石井の指摘した，「良識ある人は特定秘密保護法に反対」という雰囲気に流され，みながあまり深く考えずに，これはとんでもない悪法であるという声がどんどん増幅されていく，という全体主義的傾向の危険性について考えてみよう．

学生のひとり（Aさん）は，「人間は本能的にマジョリティに身をおいて安心したい生き物である」（最終回の差異・多様性をめぐる議論の中での言葉）ということを前提とするならば，政治的な判断についても知識人によって「正解」が出されているほうが心理的安定性は高いことになり，それによって登場するのが「良識ある人ならば特定機密保護法に反対」という風潮である，と最終レポートに書いている．そして，それによって絶対善・絶対悪が作り出されるとし，絶対善の設定は，他者との差異を認識して相互変容し合意に至るというプロセス（最終回参照）を怠ることになり，それはそれで問題であるとする．同時に，絶対悪への攻撃性が際限なく拡大することの危険性を指摘し，「いくら知識があっても差異にたいして慎重になれない者は，結局自分の立場を絶対善化してしまう危険性をはらむ」とする．相手の立場への想像力を働かせ，差異を超えようとすることが本授業のめざす教養であるとすると，そのような全体主義的絶対善の傾向には危惧を抱くべき，とする論点である．以上は，知識人と呼ばれる人たちが絶対善にからめとられる危険性を指摘する視点として，肝に銘じておかねばならない．

国および組織の中の意思決定においても，1つの意見にのみ集約し，他の意見を許さない傾向があるとしたら，それはそれで問題であろう．権力というものは，それだけその地位にある人の目を曇らせるものであるから，権力の座に

ついたら，できるだけ耳をすまし，自分の声と場の声を聴き，距離をとる時間を作り，冷静に分析を重ね，何度もこの選択肢でいいのかどうかを自問しなくてはならない．知識をもつということはそれだけで権力をもつことを意味するので[16]，知識人という権力の座についたら，同様のことが言える．同時に，他の意見を許さないということは，多様な「マルチチュード[17]」の抑圧にあたることになる．時の権力に対抗するために動員された別の「絶対善」が，バラエティに富むマルチチュードを抑圧しはじめたら，それこそ知識をもつもの，学問をするものとしてのあり方が問われることになるだろう．　　　　　　（藤）

---

16)　これについては，J. ラウズ『知識と権力——クーン／ハイデガー／フーコー』，成定薫，網谷祐一，阿曽沼明裕訳，法政大学出版局叢書ウニベルシタス 696，2000 年を参照.

17)　アントニオ・ネグリの用語. 権力をもつ「帝国」的状況にたいし，自発的に動くが必ずしも一意に組織されない多様な人びとのことを指す. 現代社会は，アメリカ合衆国政府，G8, IMF, 世界銀行，WTO のような国際金融・貿易機関からなる「君主政的機能」，グローバルな市場にネットワークを張り巡らす多国籍企業群からなる「貴族政的機能」，そしてこれらと対抗するマルチチュードによる「民主政的機能」の 3 つからなる統合的な世界システムであるとした（アントニオ・ネグリ，マイケル・ハート『帝国——グローバル化の世界秩序とマルチチュードの可能性』，水嶋一憲，酒井隆史，浜邦彦，吉田俊実訳，以文社，2003 年，あるいは『現代思想』Vol.41-9, 2013 年 7 月号).

第 **9** 回

学問は社会にたいして責任を負わねばならないか

問題提起

　標記の問いとともに考えねばならない問いに,「学問は役に立たねばならないか」がある.そもそも役に立つとはどういうことか.知識をそのまま利用する,あるいは人工物を製造することによって役に立つ場合もあるが,一歩離れたところから現実を批判的に見る視点を提供することによって役に立つ場合もあろう.直接役に立つことや実用化と,間接的に存在意義が認められることとのあいだには隔たりがある.同様に,学問が社会にたいして負う責任にも,さまざまな形態があるだろう.

　具体的に話を進めるために,まず科学者の社会的責任について考えてみよう.科学者の社会的責任には3つの相がある[1].1つは,研究者共同体の内部を律する責任であり,責任ある研究の実施を指す.データの捏造をしない,改竄をしない,といった研究の質の保証である.2つめは科学者の活動によって生み出された成果の製造物責任である.たとえば原子核物理学が原子爆弾という生産物を生んだことの製造物責任は,パグウォッシュ会議[2]で議論され,遺伝子組み換え技術という生産物の製造物責任は,アシロマ会議[3]で議論された.製造物責任においては,製造した学者がその結果を意図していた場合のみ責任が発生するのか,あるいは意図していなくても責任は発生するのか,ということが問題になる[4].

「パグウォッシュ会議」2015
ロゴマーク

---

[1] 藤垣裕子「科学者の社会的責任の現代的課題」,『日本物理学会誌』, Vol. 65, No. 3, 2010, 172–180頁.

[2] 核兵器廃絶と世界平和および科学者の社会的責任に言及したラッセル・アインシュタイン宣言（1955）を受け,1957年にノーベル物理学賞受賞者を中心に世界の学者がカナダの寒村パグウォッシュで第1回を開いた会議.第61回パグウォッシュ会議は2015年11月に長崎で開催された.

[3] 1973年にコーエンとボイヤーが遺伝子組み換え技術を確立したのを受け,その潜在的リスクを懸念した研究者たちが米国カルフォルニア州アシロマで1975年に開いた会議.

3つめの責任は，公共からの問いに答える応答責任である．「責任」の英語は responsibility であるが，これは response（応答）できる ability（能力）である．たとえば市民からの「この研究は社会に出ていったとき，どのような形で社会に埋め込まれるのですか」という問いへの応答責任（社会的リテラシー），「この研究は何の役に立つのですか」という問いへの応答責任（説明責任），「それはどういう意味ですか」という問いへの応答責任（わかりやすく伝える責任），「米国からの牛肉輸入再開にあたって BSE の

ラクイラ地震
©RaBoe/Wikipedia（http://creativecommons.org/licences/by_sa/3.0/legalcode）

危険を抑えるためにはどのような判断基準が適正ですか」という問いへの応答責任（意思決定に用いられる科学の責任），「あの報道に用いられた科学の根拠は適正ですか」という問いへの応答責任（報道に用いられる科学の責任）などがある．

　近年の応答責任は，不確実性下の意思決定をふくむため，非常にむずかしい問題をはらんでいる．不確実性下の情報公開をめぐって逮捕され，裁判にかけられたイタリアの地震学者の事例を考えてみよう．ラクイラ地域はもともと地震が多い地域であるが，2009 年 3 月になってやや群発地震の数がふえ，規模の大きい地震も起こった．3 月 29 日ラドン放出の間接測定によって，6 時間から 24 時間以内に大地震が起こるとの予測が民間の測定者によってなされ，30

─────────
4）　ジョン・フォージ『科学者の責任──哲学的探求』，佐藤透，渡邉嘉男訳，産業図書，2013 年．

第 9 回　学問は社会にたいして責任を負わねばならないか　　177

日にはマグニチュード 4.0 の地震も発生した．市民保護局は 31 日にラクイラ市内で「大リスク委員会」を招集した．市民保護局長官の電話記録によれば（検察から証拠提出された），民間予知情報によるパニックを鎮静化する目的でこの招集がおこなわれたとのことである[5]．大リスク委員会の発言は「安全宣言」であるかのように報道され，そのために，大地震が起こることを懸念して屋外で寝泊まりしていた住民の多くが家に戻った．4 月 6 日にマグニチュード 6.3 のラクイラ地震が発生し，309 名の死者と多数のけが人が出た．遺族らは，地震予知ができるか否かではなく，ラクイラ地震で犠牲者が出たのは大リスク委員会が地震に関して間違った情報を出したからであるとして，3 月 31 日の大リスク委員会に出席していた 7 名を 2010 年に刑事および民事で告訴した．2012 年 10 月の判決では，禁固 6 年の有罪となったが，2014 年 11 月の判決で科学者 6 人は逆転無罪となった．

　上記委員会で専門家らは「まったく地震にならないとは言い切れないが，多くの群発地震が大地震につながらずに終わっている」と述べている．しかしメディアはそれを「多くの群発地震は大地震にはつながらない」と述べた．前者と後者では明らかに後者のほうが情報解釈をおこなっているのである．しかし，情報解釈をしたメディアの罪は問われなかった．この場合，安全宣言を解釈したメディアに責任があるのか，それとも誤解されるような述べ方をして，情報伝達装置に徹することができなかった科学者の側に罪があるのだろうか．遺族らの主張は，情報解釈装置になった専門家を責めているのではなく，きちんとリスクを伝えるために情報伝達装置に徹しきれなかった専門家を責めているのである．科学者は情報伝達装置に徹することによって責任が果たせるのか，それとも科学者は情報解釈装置になるべきか．東日本大震災直後の低線量放射線の健康影響をめぐる課題では，現場の住民から情報解釈装置としての専門家が期待され，情報伝達装置になることが責任と考えていた科学者とのあいだに齟齬を生んだ．このように，不確実性下の科学者の責任についてはまだ議論の尽くされていないものが少なからずある．

　さて，以上の自然科学についての責任の 3 つの相を，人文社会科学にも応用

---

5)　纐纈一起「ラクィラ地震裁判」，『科学技術社会論学会第 12 回年次研究大会予稿集』，2013 年，148-150 頁．

してみよう．1つめの研究者共同体内部を律する責任は，人文社会科学でも同様である．引用や典拠をしっかり示すというような第1回で扱ったことがらが，これに相当する．

2つめの製造物責任はどうだろうか．人文社会科学研究の場合の製造物責任はどのように考えればいいのだろうか．たとえばある小説を読んで人生を踏み外したり，自殺者が増加したりしたとしたら，それは責任になるのだろうか．日本学術会議は2015年7月に出した声明の中で，学術全体にたいして人文社会科学分野の学問がどのような役割を果たしうるのかについての説明責任を挙げている．この説明責任の中には，人文社会科学の中の概念を学び，その語彙の中に閉じるだけではなく，その概念を活用して他者との対話に活かせてこそ意義がある（人前で踊って見せてナンボ）という考え方もあるだろう[6]．こうした考え方の中で，たとえば文学研究の例として石井の著作『毒書案内』[7]のような書物を評価するならば，太宰治，ゲーテ，……といった著名人の本を紹介し，解説することを通して，これらの作家がそもそも果たすべき製造物責任を作家の代わりに果たしている，あるいは文学作品が与える影響を解説することによって，文学自体の製造物責任を分析している，と読めなくはない．他の人文社会科学の分野ではどう考えていったらよいだろうか．

3つめの応答責任については，人文社会科学の学問にも十分あてはまる．たとえば，「この研究は社会に出ていったとき，どのような形で社会に埋め込まれるのですか」という問いへの応答責任（社会的リテラシー），「この研究は何の役に立つのですか」という問いへの応答責任（説明責任），「それはどういう意味ですか」という問いへの応答責任（わかりやすく伝える責任）は，どのような学問分野にも適用可能であろう．さらに，社会科学の場合，意思決定に用いられる科学の責任，あるいは報道に用いられる科学の責任は避けて通れない．欧州科学技術社会論会議主催のワークショップに参加するたびに，日本の社会科学者よりも政策形成に深くコミットし，欧州連合の行政官と丁々発止のやりとりをする社会科学者を見て驚嘆を覚える．彼らにとっては，欧州連合の政策

---

6) 藤垣裕子「人文・社会科学インタープリター」，『学内広報』，No. 1472, 2015年9月24日号，9頁．
7) 石井洋二郎『毒書案内——人生を狂わせる読んではいけない本』，飛鳥新社，2005年．

に関与し，批判し，よりよい方向に導くために議論することが学者としての責任なのである．

　ところで，意思決定に用いられる科学の責任あるいは報道に用いられる科学の責任は，自然科学にせよ社会科学にせよ，専門の知見に基づいて「助言」する場面で必ず発生する．助言をするさい，学問を「役に立つ」形にするには，それなりに相手にそったものの言い方が必要である．その技術を取得するプロセスで，相手と自分との距離をつねに確認しなくてはならない．そこでコミットされる側とコミットする側の相互作用は避けて通れない．コミットする対象に無限にのみこまれてしまうこと（対象＝自分）と，まったくコミットしない静観（対象と自分は無関係）とのあいだに，さまざまな距離感が設定でき，この距離感を保つため，つまり「けっして同化しない」ということを実行するために不断の努力がいる．学問が責任を果たすとき，このようなコミットしながらけっして同化しない批判精神が必要になるのである．

　各種の科学では，主客の分離が強調される．主客の分離は，ものごとを「客観的に」距離をおいて批判的に見るために不可欠である．同時に，主客の分離は，上のような助言の場面で相手にそったものの言い方をするときに，対象と距離をとるための不断の緊張感を取り除いてくれる，という意味である種の効率追求となる．しかし，もし学問の側が，対象への関与と距離をとるための不断の緊張感を失って，「客」の側に座していつまでもとどまっているとしたら，学問はなんのためにやるのかが問えるのだろうか．あるいはそのような態度は責任を果たしているといえるのだろうか．

　学問は役に立つか，学問は社会にたいして責任を負うか，と問うとき，そこには，学問に課せられた矛盾する2つの相，つまり「主客の分離と対象への非関与」の姿勢と，「対象への積極的関与」の姿勢の2つのあいだの往復が求められているように思う．現実に学問が責任を果たそうと対象にコミットするとき，このような距離とバランスの問題は避けて通れない課題なのである．（藤）

論　点

1　「学問が役に立つ」とはどのようなことと考えられますか．みずからの専門に即して具体的に考えてみてください．

2　科学者は情報伝達装置に徹することによって責任が果たせるのか，それとも情報解釈装置になるべきか．ラクイラ地震の事例の場合と，それ以外の事例の場合とを考えて，具体的に考察してください．

3　人文社会科学者の責任とはなんでしょうか．みずからの専門に即して答えてください．

4　学問における「対象との距離感」を保つため，つまり「けっして同化しない」ということを実践するための不断の努力について，考えるところを述べてください．

···　議論の記録　···

　この日の議論は，以下の4つの論点に基づいておこなわれた．班分けは，グループ1（Cさん，Eさん，Gさん）およびグループ2（Aさん，Bさん，Hさん）である．

〈論点1：「学問が役に立つ」とはどのようなことと考えられますか．みずからの専門に即して具体的に考えてみてください〉
　まずグループ1からは，人文社会科学は直接的に役に立つというわけではなく，「役に立つ」にはレベルがあることが主張された．レベルには少なくとも2種類あり，目に見えて役に立つこと，そして目に見えずに役に立つことであ

る．前者の例としては法学，後者の例としては思想研究などがあり，それぞれ「作物」（目に見える成果），そして「土壌」（それ自体は目に見えないが，作物の育成に必要なもの）にたとえることができる．

　　……それを土壌と作物ということにたとえてみて，最近言われているのは，その作物のほう，目に見える成果とか，そういうすぐに役に立つものを社会が志向している傾向がある．でもその土壌，いい作物を作るためには土を耕し続けなければというか，よい土を作っていかなければ，キュウリをたとえば1回植えても，そのあとまた植えても病気になったりするように，つねにその土壌っていうのは整備されなければいけない．で，そういうのが割と人文系の学問の，まあ目に見えていないけれども，実は役割としてもっているものじゃないか，それが役に立つということになるんじゃないかっていう話になりました．（Gさん）

　この議論は，2015年6月8日に文部科学省が，国立大学法人にたいし，人文社会科学や教員養成の学部・大学院の縮小や統廃合を求め，「社会的要請の高い分野」への転換を求める通知を出したこと[8]と関係する．「持続的な競争力を持ち，高い付加価値を生み出す国立大学」となる上で，人文社会科学は必要ないと言い切ってよいのだろうか．たとえば，科学技術・学術審議会学術分科会の出した「学術研究の総合的な推進方策について（最終報告）」によると，「（人文学・社会科学）分野の研究は，国の知的資産の重要な一翼を担うのみならず多岐にわたる精神活動の基盤となる教養や文化の土壌を培う機能をも有しており，国全体の知的文化的成熟度を測る重要な尺度ともなりうるものである」（同報告書，25頁）とある．ここでも「土壌」という用語が使われていることに注意しよう．また，「国の知的資産の重要な一翼を担う」ということは，時に「社会の品格の基礎[9]」とも形容される．

---

8)　27文科高第269号，平成27年6月8日「国立大学法人等の組織及び業務全般の見直しについて（通知）」，第3：国立大学法人の組織及び業務全般の見直しの1（1）「ミッションの再定義」を踏まえた組織の見直し，を参照のこと．

9)　西尾章治郎「学術の総合的な推進政策——文部科学省での審議をもとに」，科学技術社会論学会2015年度シンポジウム「日本の学術政策におけるイノベーションの拡大——その深

次にグループ2からは，「学問としてすぐに役立つもの」と「その学問がアウトリーチに役立つもの」の2種類があり，前者は人の暮らしを楽にする学問，後者はたとえば天文学など理論系の理系の学問があるのでは，という意見が出された．

　グループ1の土壌と作物のたとえにたいし，石井から，まさに耕す（cultivate）という概念が文化（culture）につながっていくということ[10]，土壌を耕すことが文化の本質であろう，という意見が得られた．また，世の中にはおおざっぱに言って「すでに自然の中にあるものを対象としている学問」と「人間が創り出したものを対象とする学問」とがあり，後者のうちでも思想や芸術を対象とした人文諸科学は二次的な学問としての性格が強いため，前者に比べて必要性への回路がどうしても迂遠にならざるをえないということが主張された．さらに，文部科学省の通知に見られる「社会的要請にあった分野」という言葉について言えば，「人間が生み出したものに対する二次的な研究」としての文学研究や芸術研究は社会的要請の度合が低いと考えられがちであるが，その前にまず「社会的要請」とはいったいなんであるのか，その中身を検証しなくてはならないという立場が示された．

　これを受けて藤垣から，「人間が生み出したものに対する二次的な研究」の中に，「人間の生み出したものである自然科学」を対象とした学問である科学史，科学哲学，科学社会学そして科学技術社会論が入るということが示された．また，科学技術社会論は二次的研究であると同時に社会的要請があるという意見が出され，「すでに存在しているものにたいする学問（一次的）」と「人間が創り出したものにたいする学問（二次的）」の軸と，社会的要請ある／なしの軸は分けて考える必要があることが示された．そのうえで，石井から「もちろん二次的だから社会的要請の度合が低いということではない」という補足説明がなされた．

層を考える」，2015年7月11日，東京工業大学．

10）Cultureは「耕す」を意味するラテン語（corele）に由来する．土地を耕す意味で当初用いられていたが，「心を耕すこと」の意で用いられるようになる．そこから「教養」「文化」を意味するようになった（『語源由来辞典』http://gogen-allguide.com/）．

〈論点 2：科学者は情報伝達装置に徹することによって責任が果たせるのか，それとも情報解釈装置になるべきか．ラクイラ地震の事例の場合と，それ以外の事例の場合とを考えて，具体的に考察してください〉

　これについてはグループ 2 から，「そもそも伝達とはなにか」「誰かから誰かに情報が伝えられるとき，100% 伝達することはそもそも不可能であるのだから，なにかしら解釈が入るのでは」という意見が出された．そして，地震発生確率や原子力発電所の立地箇所に活断層があるか否かの議論のような不確実性を含む情報に関する情報伝達では，（1）　1 人 1 人が情報解釈できるように考えるやり方と，（2）　なにかシステムを作って白か黒かを判断し，その上で公表するやり方とがあるということが主張された．後者のシステムを設計する場合，万が一予測がはずれたとしても，民意の委託に基づき，ルールから逸脱しない範囲でおこなった予測については責任は問わないという設計にしないと，不確実なものの予測はできないという意見が示された．

　グループ 1 からは，科学者とメディアの責任についての意見が出された．科学者は伝達装置に徹するべきではないか，そしてメディアが出した情報にたいして意見を出し，不確実性をはらむ情報については，公的な機関が責任をとるシステムが重要ではないか，という意見が出された．また，世に出てしまった情報を出しっぱなしにせず，修正するシステムが必要ではないかという意見が出された．

　これらを受けて，石井から科学者も一種の「メディア」（媒介者）であるという見方が示され，事実と市民とのあいだを媒介する介在者としての科学者の役割についての問いが出された．科学者のあいだである事実の解釈が割れているときにその解釈を 1 つ（unique）にすること自体，それは「統制」なのではないか，という意見である．たとえば新聞記事において 1 つの事実にたいして 1 つの解釈のみにそろえようとして統一見解といえば，それは言論統制に当たる．それにたいし，科学研究では科学者コミュニティの中で統一見解をまとめることは言論統制に当たらないのか，という疑問が提示された．

　　ある fact があった場合，それをまず科学者が伝えるわけですよね．とすれば，科学者もまたメディアということになる．メディアというとわれわ

れはすぐマスメディアを思い浮かべるんだけど，介在者・媒介者という意味では，科学者もある事実とそれを知らされる市民のあいだに立っているメディアですよね．つまり，事実は科学者とマスメディアという二重の媒介を経て伝わってくる．だからいつもマスメディアが情報を解釈しているわけではなく，一次的媒介者である科学者のレベルでもすでに解釈がいろいろ分かれている．それを科学者の中でまず統一してから伝えるべきだというのが吉川弘之先生の考え方[11]だけど，この発想を延長すれば，市民を無用の混乱に陥れないためにマスメディアもすべて同じことを報道すべきだという結論になりかねない．しかしそう言うと，たいていみんな言論統制だと言って反対するわけ．それならば，科学者の世界でも，解釈がそれだけ多様なのにすべてを伝えないのはある種の統制ではないか，という議論が出ても不思議ではない．（石井）

　これを受けて，藤垣は，実は学術会議の中でもさまざまな意見があることを述べた．たとえば，第8回の脚注14でも触れたように，日本学術会議の第17-18期会長であった吉川弘之は，「福島原発災害後の科学と社会を考える分科会」（2012年5月3日）で，「学会内では意見の対立があってもいい．しかし，科学者集団が社会に発信するときは，答えは合意されたもの，統一されたものでなくてはならない」と主張している．それにたいし，「たくさんの意見を出す」のは学術会議しかない，と第21期会長であった広渡清吾は主張する．たとえば，「複数の選択肢の提示」を学術会議の役割との関連できちんと意義づけること，「倫理的な問題の議論には必ず選択肢が存在しなければならない．『これしかない』という議論は，議会制民主主義の信頼を失わせ，社会には受け入れられない[12]」といった意見である．第8回の「議論を振り返って」でも扱ったが，不確実性をふくみ，学者のあいだでも意見が分かれる問題についての公表をめぐっては，学者のあいだでも意見が分かれていると考えてよいだろう．

11）　次の段落参照.
12）　広渡清吾『学者にできることは何か──日本学術会議のとりくみを通して』，岩波書店，2012年，73頁および123頁.

〈論点3：人文社会科学者の責任とはなんでしょうか．みずからの専門に即して答えてください〉

　グループ1からは，法律・経済・政治といった役に立つ学問にたいし，思想的基盤を作る土壌としての人文社会科学の責任が提示された．また，どのような学問も現場にどっぷり浸かるとまわりが見えなくなる傾向があり，メタの視点から俯瞰的に見る視線を提供するのが人文社会科学の役割である，という意見が出された．そして，「役に立とう」と思って人文科学をやる必要はないが，そういったメタの視点から俯瞰的に見る視点を提供している，ということを人文社会科学はもっとアピールしていく必要があるのではないか，という意見が出された．

　　文学・思想といったものはアプローチすべき現実を見定めているのだろうか，ということを考えると，最近は企業もわれわれは社会にたいしてこういう責任を負っています［CSR[13]］ということを広報していくという流れがあります．人文科学者はその思想的基盤を提供するということを見定めているとは思うんですけど，それをパブリックアナウンスしていない，われわれはどんな責任を果たしているのかというのを現実との距離を推しはかってこんな位置にいるんですというのを広報していないということが，遊んでるんじゃないかと言われる所以なんじゃないかという話が出たんですね[14]．

　　でも，ですね．土壌を育てるのは美味しい作物を作りたいからではないんですね．土壌を作っていたら結果的に美味しい作物ができたわけで，役に立とうと思って人文科学をやることで，逆に人文科学の髄の部分が失わ

---

13)　CSR とは corporative social responsibility のこと．企業の社会的責任を指す．企業が利益を追求するだけではなく，環境への配慮などをふくめ，企業の活動が社会に与える影響に責任をもつこと．

14)　「国民は，研究者が自由に研究して，その成果を国民に還元してくれることを期待して，負託している．多くの場合，研究費を税金から出している」（町野朔「研究倫理と法シンポジウム」，2014年9月28日，東京大学）．この考え方からすると，遊んでいるのではなくどのような責任を果たしているかを国民にたいして説明していく義務は，人文社会科学においてもあると考えてよいだろう．

れてしまうようなこともあると思うんです．そうすると，余暇的な活動という言葉があったんですけど，余暇的な活動としてやっているからこそ現実に役立つところもあるわけで，逆にしてしまうと，必要に応えてやらなきゃと思うためにかえってできなくなることもある．そうすると人文科学というものはものすごく天邪鬼な学問であると思えてきて，そりゃパブリックアナウンスもしにくいなぁと．（Cさん）

　また，現実の層の上に，社会科学（現実を法律・政治・経済の視点からとらえる一次的な視点）があるとすると，そのうえに人文科学があり，それは一次的視点にたいし，さらにメタのレベルで二次的視点を提供するのではないか，それに該当する「思想」は，現実に接する方法として機能しうるのではないか，という意見が出された．
　グループ2からは，人文社会科学の役割として，新しい技術をどういうふうに社会に使っていくかという検討をすることが示された．

　　工学をやっている私から人文に求める責任というのがあります．技術者は個人的な欲求でやってると思っていて，作りたいものを作るし，できるものを作っているので，できたものをどういうふうに社会に使っていくかというところの検討をファシリテートするような役割を，人文科学に担ってほしいなと思います．（Bさん）

　さらに，人文科学は，「世の中に生じている歪みを反映する」という機能をもつのではないか，という意見も出された．

　　要は作品を個人的な考えをもって作られたものと解釈して，それをみんなに伝えていくという役割を人文科学の責任とするか，あるいはなにか世相的なものを反映する鏡として作品をとらえて，それを解釈することで世の中に潜在的に生じてきている歪みにアプローチをしていくことを責任としているのか，両面的だなと．（Aさん）

これらを受けて石井から，理系と文系という分け方をする場合，人文科学と社会科学は「文系」として一緒にカテゴリー化されるが，そもそも人文科学（humanities）と社会科学（social science）は science という言葉を使うか使わないかで概念のレベルが若干異なるのではないかという見方が示された[15]．その上で，責任（responsibility）＝応答能力（response する ability）だとすると，人文科学の責任とは，他者に感動を与えることを通して「自分がこの世に生まれ落ちているのはなぜかという問いに応える」「自分が今ここに存在することの意味を問われていることにたいして response する」ということにあるのではないか，という意見が出された．

　　われわれは研究対象そのものにある種の感動を覚えたから研究するわけだけど，自分の研究成果を文章にしたものも，それを読む人たちに感動を与えるものでありたいと思っているわけね．それが自分なりの責任の果たし方だという言い方しかたぶんできない．「責任」という日本語は，「責める」とか「任ずる」とかいう言葉がはいっていて堅苦しい感じがするのだけれど，これを英語にしてみるとレスポンシビリティ，つまり「応答する能力」ということだよね．なにに応答するのかというと，これは非常に抽象的な言い方になりますけど，要するに自分がこの世界に生まれ落ちて存在している意味はなにか，という途方もなく大きい問いにたいして答えるということなんだろうと．これは大それたことのように聞こえるかもしれないけど，じつは非常にささやかなことなんですよね．要するに今自分がこの世に在ることの意味を問われたときに，それにレスポンスする，応えるということが，人文科学者の責任の果たし方だというふうに個人的には思います．（石井）

〈論点 4：学問における「対象との距離感」を保つため，つまり「けっして同化しな

---

15)　Humanities という言葉は本来ギリシア・ラテンの古典文学を指し，その後，natural science（自然科学）にたいしていわゆる「人文科学」を意味するようになった．Human science という表現も存在するが，これはむしろ人間のさまざまな経験や行動などを科学的に研究する学問を指す概念で，心理学や認知行動学，さらには一部の生物学なども含んだ「人間科学」というニュアンスで用いられる．

い」ということを実践するための不断の努力について，考えるところを述べてください）

　グループ2からは，研究室で研究している人とメディアで発信している人との差が言及され，みずからの研究成果を使って社会に助言するときの，「助言対象」との距離のとり方の話が展開された．たとえば法学部のAさんから，対象に寄り添いすぎると中立性がなくなることが主張された．弁護士とはそういう仕事で，中立性を保つためにも対象に寄り添いすぎてはいけないのだという主旨である．それにたいし，グループ1からは，対象に同化しなければわからないものがある，という形で，「研究対象」への同化の話が扱われた．倫理学とともに宗教学も学んでいるCさんからは，体験的なものを語る学問としての宗教学は，そもそも対象との距離のとり方がむずかしいことが示された．研究対象への同化については，石井から以下の意見が得られた．

　　　人文科学はある種の同化を求めるんです．共感とか．そういうものなしに研究できないでしょ．だけど完全に同化してしまったら，研究なんてできないわけですよね．ある種の距離感を保ちながら，しかし一方で同化・共感するという，その間合いのようなものを人文系の学問は求められると思います．（石井）

　ここで，対象との距離のとり方には，「助言対象者との距離」と「研究対象との距離」の2種類があり，グループ2は前者を，グループ1は後者を議論していたことに注目しよう．そして論点1で出てきた「すでに自然の中にあるものを対象としている一次的学問」と「人間が創り出したものを対象とする二次的学問」とでは，距離のとり方に違いが出てくることに注意したい．一次的学問においては，対象との距離はつねに「中立」であることが求められ，同化や共感を求めたりしない．それにたいし，二次的学問では，人間の創り出した作品（文学であれ音楽であれ）という対象にたいする同化や共感が研究の遂行上必要となる．また一次的学問においては，助言対象との距離のとり方はさまざまである [16]．

　さて，対象との距離感の話は，ジョルジュ・バタイユ [17] によって「個人の

体験のほうへできるだけ発展しないようにしている研究（体験に基づくことを禁止することによって成り立つ研究）」と「体験のほうへ決然と進もうとしている研究」に分けられている．データに基づく研究は「彼ら学者の体験が作用しなくなればなるほど（彼らの体験が目立たなくなればなるほど）彼らの仕事の真正性が増す」とされる[18]．同じことをポーターは，「没個人化がすすむほど機械的客観性は増す」としている[19]．上記で議論された研究対象との同化・共感というのは学者の「体験」なしに成立しえず，かつ没個人化ではなく「個人の体験」を基礎にしなくてはならない．したがって，人間の創り出した作品（文学であれ音楽であれ）という対象にたいする同化や共感が研究の遂行上必要となる二次的研究は，研究対象との距離のとり方において一次的研究と本質的に異なることになろう．この対象との距離のとり方は，本書で何度か議論の対象となった主観と客観（個別と普遍）の軸と重なり合っている．

　以上の議論を，今回の問いである「責任」論と結びつけてみよう．「すでに自然の中にあるものを対象としている一次的学問」（自然科学の多くの分野）においては，おそらく対象との距離において中立性をとることが責任を果たすことになる．つまり個人の恣意性を排除することによって普遍に至ることに責任を果たすことになる．そして「人間が創り出したものを対象とする二次的学問」である社会科学は，助言によって責任を果たす回路をもつ．それにたいし，もう一方の「人間が創り出したものを対象とする二次的学問」である人文科学のほうは，対象との同化・共感を通じて，石井が論点3で述べたように「自分はこの世界に生まれ落ちて存在している意味はなにか，という問いにたいして答えるという」ことになる．そのような「個別」の営みを徹底的に追求するこ

---

16)　科学技術社会論はある意味，二次的学問（人間の創り出した自然科学と，社会との関係を扱う）であるが，この学問において自然科学者および政策決定者というのは観察対象（つまり研究対象）であると同時に助言対象でもある．つまり科学技術社会論では，グループ1と2が別々に議論したところである「助言対象者との距離」と「研究対象との距離」が同じものを指してしまうことがある，という点で他の分野と比べてやや特異な学問分野であることが示唆される．

17)　ジョルジュ・バタイユ（1897–1962）は，フランスの作家・思想家．国立古文書学校卒業の後，パリ国立図書館に勤務．多彩な文筆活動を展開した．

18)　G. バタイユ『エロティシズム』，酒井健訳，ちくま学芸文庫，2004年，55–57頁．

19)　ポーター『数値と客観性』，前掲書．

とによって普遍に通じる，その中で責任を果たすことになるのだろう．このように，研究対象（および助言対象）との距離のとり方は，主観と客観（あるいは個別と普遍）の議論のみならず，各学問の責任の果たし方の回路の違いにもつながってくるようだ．このことは，学生たちによる以下の言葉にも現れている．

　　　私がわからなかったのは4問目の出題意図です．伝達装置であるべきか解釈装置であるべきか，学問が社会に果たすべき責任とはなにかという今までの問いとどう関わってくるのかというのが，ちょっと今の話で落としどころが見つからないと思っていました．でも，そこで客観的に自分の分野を見つめること，対象との微妙なギャップを保つことによって，自分の学問がどういうふうに役に立つか，そういったことを述べられるようになる……んですかね．（Eさん）

　　　結局かりそめの同化と，同化していないときとのコントラストによって自分が客観的にものを見ているということが担保される，それがつまり学問が責任を負うに足るようになることではないかと．（Gさん）

　以上のように，学問が「役に立つ」という必要性の回路，そして学問が責任を果たすときの回路は，学問のあり方によって異なってくるという点の内実をつめられたことが，この回の議論の収穫である．
　　　　　　　　　　　　　　　　　　　　　　　　　　　　　　　　（藤）

議論を振り返って

　この授業がおこなわれたのは2015年7月1日であるが，それから約3週間さかのぼった6月8日には「議論の記録」でも言及されている文部科学大臣の通知，「国立大学法人等の組織及び業務全般の見直しについて」が発出された．そこには基本方針の1項目として，「特に教員養成系学部・大学院，人文社会科学系学部・大学院については，18歳人口の減少や人材需要，教育研究水準の確保，国立大学としての役割等を踏まえた組織見直し計画を策定し，組織の

廃止や社会的要請の高い分野への転換に積極的に取り組むよう努めることとする」という1節が書き込まれていたため，大学界やマスコミからは「人文社会科学軽視」としていっせいに反発の声があがった[20].

　学生たちがこうした動きを逐一フォローしていたとは思われないが，一時は新聞各紙にも関連記事が次々と掲載されたので，やはり一定の関心は抱いていたようだ．「学問は社会にたいして責任を負わねばならないか」というメインテーマはこの通知が出る前から予告されていたものだが，今回の授業は期せずしてこうした世の中の動きとシンクロナイズしたことになる．

　論点1「『学問が役に立つ』とはどのようなことと考えられますか．みずからの専門に即して具体的に考えてみてください」という問いにたいしては，学生たちからいくつかの回答が示された．それらを少し補足しながら整理すれば，学問の「役立ち方」にも種類や段階があって，工学や医学のように人びとの生活に直接貢献するもの，数学や物理学のようにその成果が間接的に役立つもの，法学や経済学のように社会の円滑な維持管理に顕在的に寄与するもの，文学や哲学のように人間の精神活動を潜在的に支えるもの，といった分類が考えられる．

　おおざっぱに言って前2者は理系，後2者は文系ということになるが，Gさんが人文社会科学分野について提起した「土壌と作物」の比喩は，おそらく理系の諸分野についてもあてはまるものだろう．豊かな土壌がなければ作物は育たないが，作物が植えられないままで土壌だけあってもなんにもならない．つまり両者は相補的なものであって，どちらがより重要かといった議論は意味が

---

20)　この問題については，京都大学総長の山極寿一や滋賀大学学長の佐和隆光などの大学関係者がいち早く人文社会系の学問の重要性を主張し，マスコミもこぞって文部科学省を批判する記事を掲載した．主たる論点は日本学術会議が2015年7月23日付で発表した「これからの大学のあり方——特に教員養成・人文社会科学系のあり方——に関する議論に寄せて」（http://www.scj.go.jp/ja/info/kohyo/pdf/kohyo-23-kanji-1.pdf）と題する幹事会声明に集約されている．なお，こうした動きにたいして，下村博文文部科学大臣（当時）は同年8月10日付の『日本経済新聞』に掲載されたインタヴュー記事で「国立大学に人社系が不要と言っているわけではない」と述べ，鈴木寛大臣補佐官は8月17日付の『DIAMOND　ONLINE』で同趣旨の弁明と反論を述べているが，これらがいかに説得力を欠いた言い訳にすぎないかについては，『IDE　現代の高等教育』，2015年11月号（IDE大学協会）に「文部科学大臣の通知と人文社会的教養」と題する拙文をしたためたので，関心のあるむきは参照していただきたい．

ないということだ．それぞれの学問分野は，みずからに適合した役割を演じ，みずからにふさわしい責任を果たせばそれでいい[21]．

　しかしもちろん，それぞれの学問分野がどのような「役立ち方」をしているのか，あるいはすべきなのかといったことについて自省することは必要である．文部科学大臣通知で用いられている「社会的要請」という言葉は，もっぱら短期的・実利的な効用を意味しているふしがあり，その雑駁で安易な使い方が多くの反発を買ったわけだが，だからといって人文社会科学分野がなにも説明責任を果たさぬまま胡坐をかいていればすむというものではない．直接的・即時的な有用性をもたない分野であっても，あるいはそうであればなおのこと，それが人間の思考や感性にとって不可欠な営みであることを絶えず発信していく責任は免れないはずである．

　論点2「科学者は情報伝達装置に徹することによって責任が果たせるのか，それとも情報解釈装置になるべきか．ラクイラ地震の事例の場合と，それ以外の事例の場合とを考えて，具体的に考察してください」は一転して具体的な問いになっているが，これは問題提起文で紹介されているイタリアの事例を踏まえ，日本が比較的最近経験することになった大震災とそれに続く原発事故を念頭に置いたものだろう．不確実で雑多な情報が氾濫する状況の中で，科学者は情報伝達装置に徹し，ただ単にデータのみを公開すべきか，それとも情報解釈装置となってそのデータの意味を解釈して公開すべきか――藤垣は学者の世界もこれら2つの考え方に分かれているということを紹介しているが，確かにこれは容易に結論を見いだすことのできない問題である．

　科学者の責務は事実の検証を通してより正確な現状分析と将来予測をおこなうことに限定されていると考えるならば，その段階で見解が複数に分かれた場合，どの選択肢をとるべきかという判断はすでに本来の役割を越えたレベルにあるのだから，その先は政治に委ねるしかないということになるだろう．一方，科学者はその知見を活かして社会に積極的にコミットすべきであるという立場

21）　この観点からすれば，第6回で扱った「飢えた子どもを前に文学は役に立つか」というサルトルの問いは，「目の前に飢えた子どもがいる」という現実に対応すべき直接的責任を負っていない「文学」にたいして責任を問うという矛盾を犯していることになる．これはいわば「無実の罪で裁かれそうな人間を前に数学は役に立つか」と問うているようなもので，そもそも問いの立て方自体が不適切であったといえるだろう．

に立つならば，あえて見解を統一した上で政府に助言したり市民に警告を発したりすることもその責務の範囲内であるということになる．ただしこの場合は科学者自身が一歩踏み込んで選択肢の一本化という政治的なプロセスに関与することになるので，もしかするとより適切であるかもしれない選択肢が排除されてしまうリスクが必然的にともなう．

　論点2がおもに理系の学問を念頭に置いたものであったのにたいして，論点3「人文社会科学者の責任とはなんでしょうか．みずからの専門に即して答えてください」は文系の学問に差し向けられたものである．役に立とうと思って人文社会科学をやる必要はない，しかしメタの視点から俯瞰的に見る視線を提供することにその意義があるということはもっとアピールしてもいいのではないか，という学生の意見は，ひとりの人文科学者として納得できるものであった．これは先に触れた日本学術会議の幹事会声明に，これまでの人文・社会科学者たちが十分にその役割を説明してこなかったことについては反省すべきであるという趣旨が書き込まれていることとも呼応するものである[22]．

　論点4「学問における『対象との距離感』を保つため，つまり『けっして同化しない』ということを実践するための不断の努力について，考えるところを述べてください」という問いは，「議論の記録」で明快に整理されているように，「助言対象との距離」と「研究対象との距離」の2種類を含んでいる．今回のテーマは「学問の社会的責任」なので，出題者の意図は主に前者にあったと思われるが，学生たちの議論では図らずも後者の解釈が浮上してきたことになり，これはこれで興味深い成り行きであった．

　「助言対象との距離」が問題になるのは主として自然科学と社会科学で，「役に立たない」人文科学者にたいして政府や企業が助言を求めることはほとんどない（だから人文科学不要論が出てきたりもするのだろう）．一方「研究対象と

---

[22]　「一方，人文・社会科学に従事する大学教員は，変化が著しい現代社会の中で人文・社会科学系の学部がどのような人材を養成しようとしているのか，学術全体に対して人文・社会科学分野の学問がどのような役割を果たしうるのかについて，これまで社会に対して十分に説明してこなかったという面があることも否定できない．人文・社会科学に従事する大学教員には，社会の変化と要請を踏まえつつ，自らの内部における対話，自然科学者との対話，社会の各方面との対話を通じて，これらの点についての考究を深め，それを教育と研究の質的な向上に反映するための一層の努力が求められる」（前出声明）．

の距離」はあらゆる分野で問題になりうるが，自然科学では原則としてそこに主観を介在させないことが前提となっているのにたいし，社会科学や人文科学ではむしろ主観の介在が前提となっている．ただし社会科学ではその上で恣意性を排除する手続きが方法論として要請されるのにたいし，人文科学ではあえて恣意性を排除することなく，これを説得的な共感や同化のプロセスへと昇華させることが要請される．——もちろん個々の学問分野まで降りていけばもっと厳密な分析が必要になるだろうが，雑駁なことを承知の上で整理するならば，学問と「距離」の関係についてはだいたい以上のような見取り図が描けるのではなかろうか．

　いずれにせよ，「学問の社会的責任」とは「研究のオートノミー」と「社会へのコミットメント」（問題提起文の最後で「主客の分離と対象への非関与」の姿勢と「対象への積極的関与」の姿勢として定義されているもの）のバランスの問題であり，そのあり方については分野ごとに異なる事情を踏まえて不断に検討を重ねていくしかないように思われる．　　　　　　　　　　　　（石）

第 10 回

絶対に人を殺してはいけないか

オディロン・ルドン『カインとアベル』
岐阜県美術館蔵

問題提起

　どこまで本気であるかは別として，ほんの一瞬でも誰かを殺したいと思った
ことのある人は少なくあるまい．だが，いくら殺したいほど憎い相手でも，実
際に殺してしまった人はめったにいないはずだ．たいていの場合，私たちは行
動に移す前に思いとどまる．なぜだろうか．

　そんなことをすれば警察に捕まって，自分の人生が台無しになるからか．あ
るいは自分はそれでよくても，家族に肩身の狭い思いをさせることになるから
か．いや，それ以前に，良心の呵責に耐えられないと思うからだろうか．いか
なる理由があっても，人を殺すことは倫理的に許されないからだろうか．……
あれこれ考えてみると，だんだん確信が揺らいでくる．たとえば，もし肉親を
残虐な仕方で殺害されたとしたら，犯人を殺してやりたいと思うのは人間とし
て当然の感情だろう．それでも本当に，人を殺すことは絶対に許されないのだ
ろうか．

　もちろん法律上，大半の国で殺人は犯罪であり[1]，日本でも刑法第百九十九
条に「人を殺した者は，死刑又は無期若しくは五年以上の懲役に処する」と規
定されている．だから報復殺人は情状酌量の対象にはなっても，罰を逃れるこ
とはできない．けれども一方で，刑法第三十六条一項には「急迫不正の侵害に
対して，自己又は他人の権利を防衛するため，やむを得ずにした行為は，罰し
ない」とあり，自分（あるいは他人）の身を守らなければその生命が脅かされ
る状況で相手を殺してしまったとしても，犯罪とはみなされないことになって
いる（いわゆる「正当防衛」）．その意味では，法律の範囲内でも「絶対に人を
殺してはいけない」わけではないといえそうだ[2]．

---

1)　法治国家で殺人が犯罪として規定されていない国があるとは考えられないが，無政府状態
　にある国では実質上，殺人が罰せられないまま放置されていることはじゅうぶんありうる．
2)　刑法第三十九条一項には「心神喪失者の行為は，罰しない」，第四十一条には「十四歳に
　満たない者の行為は，罰しない」とあって，これらに該当する者は殺人を犯しても第百九十
　九条の適用を受けないことになっている．ただしこれは彼らに法的責任を負う通常の能力が
　ないとみなされるからであり，殺人という行為そのものが正当化されるわけではない点で，

しかしテクニカルな法律論はひとまず措いておき，もう少し一般的な観点に立って，この問いから派生するいくつかの問題をとりあげてみよう．というのも，これは法学，哲学，倫理学，医学等々，複数分野にまたがる文字通り「学際的」な問いだからである．

王妃マリー・アントワネットのギロチン処刑（1793 年 10 月 16 日）

　1 つめは，先の刑法第百九十九条にもっとも重い刑罰として挙げられている「死刑」の問題である．これはまさに国家による殺人行為を正当化する規定だが，国家自体がその犯罪者によって「急迫不正の侵害」を受けているわけではないのだから，上に挙げた「正当防衛」の概念で説明することはできない．とすると，「人を殺した者を処罰するために殺す」ことを許容するこの条文自体が，本質的な矛盾をはらんでいることにはならないのだろうか．

　ここから，死刑制度を容認すべきか否かという問いが浮上してくる．ヨーロッパ諸国では，20 世紀末までにほとんどの国で死刑が廃止されている（ポルトガルは例外的に早くて 1867 年，イタリアでは 1948 年[3]，ドイツでは 1949 年，フランスでは 1981 年[4]，スペインでは 1995 年，イギリスでは 1998 年）．他方，日本や中国では死刑が存置されており，韓国では 1997 年以来執行が凍結されてはいるものの，やはり制度自体は存続している．アメリカ合衆国では死刑を廃している州が（2015 年の時点で）19 で，残りの 31 州では刑の執行は減少傾向にあるが，制度は維持されている．

　こうした現状を見てもわかる通り，死刑制度に関しては国や地域によってさまざまな歴史的経緯や政治的背景がある．しかも賛否両論それぞれにもっともな根拠があるため，なかなか普遍的な解答を見いだすことはむずかしい．しか

正当防衛のケースとは異なっている．
3）　このときは軍法会議の判決による最高刑は死刑のままであったが，2007 年には憲法改正により，これも含めて死刑自体が全廃された．
4）　大革命で国王ルイ 16 世をギロチンで処刑したフランスでは，1939 年まで同様の公開処刑が街の広場でおこなわれていた．

しいずれにしても，この場合は「殺す」という行為の主体が個々の人間ではなく，「国家」にすり替わっていることに注意すべきだろう．つまり死刑の存否をめぐる問題は，「絶対に人を殺してはいけないか」という形ではなく，「社会の秩序を維持するために国家の名において人を殺すことは許されるか」という形で提起されなければならない．

国家に話が及んだところで，2つめに「戦争」の問題を挙げておこう．平時であれば1人の人間を殺しても罪に問われるのに，戦時には100人を殺しても罪に問われない（あるいはむしろ武勲を称えられさえする）のはなぜか，とはしばしば言われることだが，こうした特殊状況での殺人は果たして正当化されうるのだろうか．

もちろん，敵を攻撃しなければ自分の命が危ないという事態であれば正当防衛が成り立つだろうが，ここではそんな法律論が問題なのでない．戦場ではいっさいの法秩序が無効化されているので，殺人行為を免罪するためには別の論理が必要である．自分が憎んでいるわけでもない，それどころかもしかすると友人になれたかもしれない相手を，敵軍の兵士だからというだけの理由で殺すことは，いったいどうして許されるのか．

おそらく戦場の極限状況下ではそんな問いが生まれる余地もないにちがいないが，ここでも「殺す」という行為の主体が個々の人間ではなく，実際はその人間が所属する共同体（多くの場合は国家）であるということが重要だろう．敵に向かって銃を撃つ兵士は，共同体の名において殺人を実行しているにすぎない．死刑執行人が国家の名においてギロチンの刃を落とし，絞首台の踏み板を開き，電気椅子のスイッチを押すように．

だから死刑執行人が殺人罪に問われないのと同様，敵兵を殺害した兵士が罪に問われることもないはずだ．にもかかわらず，そこに少しでも倫理の問題が浮上してくるとすれば，それは兵士たちが個人として行動したという意識をもつ場合である．しかし戦争という集団的狂気の中では「自分の意思」なるものさえ自分の意思で統御することはできないのだから，殺人の責任を個人に負わせるのはあまりに苛酷と考えるのが妥当だろう．

さて，3つめは死刑や戦争と異なり，もう少し私たちの日常生活に密着した問題，そしていつわが身に降りかかるかもしれない問題，すなわち「安楽死」

200

である．患者が肉体的・精神的苦痛にあえいでおり，しかも回復の見込みのない状態に至っている場合，そして本人が一刻も早い苦痛からの解放を望んでいる場合，医師が意図的に患者を死に至らしめることは許されるのか[5]．

スイスでは 1942 年にいち早く安楽死が認められており，ベネルクス 3 国でも 21 世紀になって相次いで「安楽死法」が可決されている．また，アメリカでもいくつかの州では安楽死が法的に容認されている．したがって，これらの国や地域で医師が患者に（もちろん適正な条件のもとで）安楽死を施したとしても殺人罪に問われることはないが，日本を含む他の国々や地域では，いくつかの厳密な要件を満たすのでない限り，現行法では刑法上の罪に問われる可能性がある．

1995 年の東海大学安楽死事件[6] の判例では，違法性を阻却する要件として「患者が耐えがたい激しい肉体的苦痛に苦しんでいること」「患者は死が避けられず，その死期が迫っていること」「患者の肉体的苦痛を除去・緩和するために方法を尽くしほかに代替手段がないこと」「生命の短縮を承諾する患者の明示の意思表示があること」の 4 項目が挙げられていた[7]．このうちもっとも判断のむずかしいのは，4 番目の要件だろう．苦しみから逃れたい一心で患者が「早く死なせてほしい」と口走ったとしても，冷静になったらこれを撤回するかもしれないので，どの時点で本人の明確な意思表示とみなすかは決定しがたいからだ．また，患者が昏睡状態であったり錯乱状態であったりして意思表示自体ができない状態にある場合にも，同様の問題が生じる．

こうしてみると，「絶対に人を殺してはいけないか」という問いにたいして躊躇なくイエスと答えることは，ほとんど不可能であるように思える．したがって問われるべきはむしろ，いったいどういう場合であれば「人を殺してもよい」といえるのか，あるいは少なくとも「人を殺してもやむをえない」といえ

---

5) 正確にいえばこれは「積極的安楽死」で，治療をおこなわない（あるいは中止する）ことで患者を死に至らしめる「消極的安楽死」とは区別されるが，ここでは前者を単に「安楽死」と呼んでおくことにする．

6) 昏睡状態であった末期癌の患者にたいし，大学助手の内科医が塩化カリウムを投与して死に至らしめた事件．日本ではこれまでのところ，医師が安楽死で殺人罪に問われた唯一の例である．

7) 横浜地方裁判所平成 7 年 3 月 28 日判決，「判決理由の骨子」．

るのか，ということになるのかもしれない．

　最後に，批評家の小浜逸郎がまさに『なぜ人を殺してはいけないのか』という
タイトルの著書の中で述べている一節を引用しておこう．

　　　「人を殺してはならない」という倫理は，倫理それ自体として絶対の価
　　値を持つと考えるのではなく，また，個人の内部にそう命じる絶対の根拠
　　があると考えるのでもなく，ただ，共同社会の成員が相互に共存を図るた
　　めにこそ必要なのだという，平凡な結論に到達する．私はそれで十分だと
　　考える [8]．

　一見哲学的に見える問いにたいして，共同体の成員にとっての共通利害とい
う別の視点から明快な回答を与えてみせるこの著者の文章を読んで，あなたな
らどう応答するだろうか．　　　　　　　　　　　　　　　　　　　　　（石）

---

[8]　小浜逸郎『なぜ人を殺してはいけないのか──新しい倫理学のために』，洋泉社，2000 年，
　　185 頁．

論 点

1　あなたは死刑制度に賛成ですか反対ですか．その理由は？

2　戦争状態で人を殺すことは正当化されると思いますか．その理由は？

3　あなたは安楽死に賛成ですか反対ですか．その理由は？

4　「人を殺してはならない」という倫理の根拠は，共同社会の成員が相互に共存を図るためにそれが必要だからにすぎないとする考え方に，あなたは賛成ですか反対ですか．その理由は？

議論の記録

　「絶対に人を殺してはいけないか」という重いテーマについて，人を殺すことが正当化される可能性のある死刑，戦争，安楽死という3つの状況を論点として設定し，それぞれについて議論した後に，人間としての倫理と共同体維持の論理という4つめの論点を扱ってみようというのが今回の意図である．方法としてはグループ討論＋全体討論という形を採用した．

　グループ1はAさん，Dさん，Gさん，グループ2はCさん，Eさん，Hさんという構成である．

〈論点1：あなたは死刑制度に賛成ですか反対ですか．その理由は？〉

　グループ1は，結論としては3人とも賛成という意見であった．

　うち1人は，死刑が必ずしももっとも重い罰であるかどうかはわからないと留保しつつも，有効な選択肢としてはありうるという立場．もう1人は，遺族

第10回　絶対に人を殺してはいけないか　　203

の感情を重視する観点から，その人たちが加害者の死刑を望むのであればあっていいという考えである．3人めのAさんは，専門的な立場から応報としての刑罰と更生のための刑罰という2種類の考え方を解説した上で，死刑はその性格からして後者ではありえないので，教育刑という観点からすれば否定されることになるが，教育によっては更生させられない人間も確かに存在するので，やはりこれを残しておく意味はあるという．ただし死刑判決を求めたり下したりする人間（検察官や裁判官）の精神的負担の問題や，冤罪の可能性といった観点から，死刑制度に反対する立場もありうることが補足された．また，抑止力としての死刑については，必ずしもその有効性が自明ではないということも指摘された．

　ひととおり意見が出そろったところで，自分たちはもともと死刑制度が存在する国に生まれたがゆえに，死刑が野蛮な刑であるといった抵抗感が少ないのかもしれないという感想が述べられた．この点についてはのちの全体討論でも，切腹や仇討ちといったことに見られる日本の特殊な死生観があるがゆえに，死刑にたいする違和感が少ないのではないかという形で話題になったが，これにたいしては，現在は死刑が存在しない国々でも昔は必ず存在したのであり，多くの国で死刑が廃止されたのは20世紀以降のことである[9]から，なぜ，どういう経緯で廃止されたのかということも見ていく必要があるという指摘が石井からあった．

　また，一生社会に復帰できない終身刑のほうが本人にとってはつらいかもしれないので，再発を防ぐという意味では死刑にする必要は必ずしもないのではないか，という問いが提出されたが，これにたいしては，収監にともなう管理コストの膨大さについて指摘する意見があった．さらに，遺族感情の観点から「目には目を」的な報復の論理について少し議論がかわされたが，ここでは「人権」の問題に関して次のような言及があった．

　　　殺しちゃいけないっていうのは，みんなが人権をもってるからですよね．
　　　とすると，人を殺すというのは人権を蹂躙することになるので，人権を人

---

9)　問題提起文参照．

の尊厳に求めるのであれば［……］殺人者は国家に守ってもらう資格を失うんじゃないか．であるとすれば，報いとして，なにも悪いことをしていない人間の尊厳を蹂躙したやつの命を奪ってくれという遺族の声をシャットアウトする必要はなくて，それが結果として報いになるのならいいのではないか．（Aさん）

　しかしこの議論は「人間の尊厳とはなにか」というむずかしい問いにつながるので，グループ討論ではこれ以上踏み込めなかったということである．
　グループ2は，結論としては3人とも反対という意見で，グループ1とは対照的な結果となった．まず1人は，殺人を犯した人物を死刑に処するとした場合，殺人という行為の全責任をその人物の存在に集約させ，その存在を消すことによって償わせることになるわけだが，そこには越えてはならないような論理の飛躍を感じるという．もう1人は，中学校時代の先輩が飲酒運転による事故で死亡したという実経験を語り，だから加害者に存在そのものをもって償わせたいという感覚は理解できるとしながらも，死刑制度の社会的なメリットを考えてみると，つまるところ被害者の気持ちをいくらかでも救うということくらいにしか還元できないので，それでは根拠として弱すぎるのではないかという意見を述べた．また3人めは，自分だったら死刑にするより終身刑で苦しんでほしいという気持ちが強いので，死刑はあまり効果がないのではないかという．
　ここで，死刑を廃止した場合には，本来この世にいなくなってしかるべき犯罪者が社会の中で私たちと共存することになるが，これを果たして感情として受け入れることができるのかという視点が提示された．犯罪者との共存によって生じる嫌悪感を解消するためには，犯罪者の存在そのものを消去するしかないのだから，これが死刑制度の社会的メリットになる，という主張は確かにありうるので，これに答えないと死刑反対論は成立しないという意見である．

　　死刑が廃止されたとき，今まで死刑になるべきだった人が生きることになるわけじゃないですか．それで共に生きることにたいする嫌悪感が生じる，これが死刑制度に賛成することへの大きな理由の1つだと思うんです

よ．反対派はこれに反駁する必要があるのではないかと．（Ｃさん）

　またグループ２でも死刑の抑止力が話題になったが，むしろ死刑になりたかったという理由で犯罪を起こす人物もいるので，この考え方にはあまり根拠を見いだせないようであった．次いで一番の抑止力は死刑ではなく拷問ではないかという指摘があり，しかしそれが実行されないのはやはりそこに人道的感情が入ってくるからであろうという話になった．

〈論点２：戦争状態で人を殺すことは正当化されると思いますか．その理由は？〉
　グループ２では，まずこれがどういう意味の問いであるのかということ自体について議論があった．戦争状態であれば人を殺すことが前提となるので，殺人が正当化されるのはいわばあたりまえである．問題は，国家（あるいはそれに準じる共同体）が認めている殺人を，個人レベルの倫理あるいは感情として容認できるのかということになるのだろう．その場合，戦線にある各個人は国家や共同体の名において殺人を犯すという意味で，死刑執行人と同じ立場に立つことになるわけだが，戦争に関しては自分も共同体の一員として意思形成に加担しているのだから，すべての責任を共同体に押し付けて自己正当化することはできないのではないか．ただし意思形成に加担すること自体を拒否する権利は留保されてしかるべきで，万が一自分が所属する国家や共同体が戦争に踏み切ることを選んだとしたら，自分は断固としてそこには参加しないという自由が保障されなければならない．そうすると，その個人は共同体から排除されることになるのだろうか，等々……．

　　　Ｅさん「最終的に個人に還元されたところで人を殺すということを選びたくないような人であれば，戦争をやりますと共同体に言われた時点で，そうじゃないことを選ぶんですよね」
　　　Ｃさん「でもそうすると，その人は共同体から外れられるんですかね」
　　　Ｅさん「それは自由というのをどうとらえるかによると思うんですけど」
　　　Ｉさん「その瞬間だけ外れるとか，あるいは排除されることになるとか．お前は戦争に行く名誉を選ばずに，自分の命を選んだ臆病者だ，みたいに

排除されてしまうのであれば,実は国民1人1人が自分で選んで戦争に参加するというよりは,同調圧力とかそういったものによって戦争に参加するという方向にもっていかれるわけですよね」

Eさん「一番ありそうなこととしては,民主主義社会で多数決で自由に選択したけれども,戦争容認派が多数だとすれば,そうじゃない意見を述べた人でも,多数には従わざるをえないからという形で共同体の決定に合わせていかざるをえない,でも心の中では違うと」

ハンナ・アーレント
©AFP/Picture-Alliance/Picture Alliance/Fred Stein

　要するに,自分がたとえ反対していても,所属する共同体が総意として戦争を選択してしまった場合にはこれに従わなければいけなくなる,その場合に共同体の一員として自分が殺人を犯すことは正当化されるのだと考えて行動できるのか,ということが問題なのだということが,対話を重ねていくうちに共通認識として形成されてきたようだ.

　ここで,ナチスによるユダヤ人の大量虐殺(ホロコースト)の例に見られるように,自分は上からの命令に従っただけだという形での正当化が蔓延していく状況が話題になり,TAのIさんがこれをハンナ・アーレントの言う「悪の陳腐さ」という概念で説明してみせた[10].

　　末端の人間はどこかに誰か責任をとっている悪い人がいて,その人が戦

---

10) ハンナ・アーレント(1906–75)はドイツのユダヤ人女性政治哲学者.彼女は1963年に『ニューヨーカー』誌に掲載した裁判レポート「イエルサルムのアイヒマン――悪の陳腐さについての報告」(邦訳:大久保和郎訳,みすず書房,1969年,新版1994年)において,被告のアイヒマンがけっして人びとが想像するような極悪人ではなく,むしろ官僚的な紋切り型の言葉を繰り返すことしかできない,思考能力を欠いた人物であると述べたが,これが大量虐殺を陳腐な行為として正当化するアイヒマン擁護論と誤解され,ユダヤ人社会から激しい非難を浴びた.

争責任を負っていると考えていたわけだけど，上にいたアイヒマン[11]の
ような人も，自分は上に言われたことをやっていただけですと主張する．
結局どこにも悪はなくて，官僚機構の中で淡々と犯されていく悪が存在し
ただけだと．そうすると，自分は戦争に同意しませんと言いながら戦争に
向かう人も，積極的に戦争したいと思って行く人も，誰かが責任をとって
くれる，国が自分を正当化してくれると信じるから，人を殺すことができ
る．こういう状況が戦争の中で作られていくという，その構造自体を容認
し肯定することができるのか，ということになるのではないかと思う．（I
さん）

　殺人はいけないことであるというのは自明のことなので，それを正当化する
には「自分ではない誰か」が責任を負ってくれているという理由が必要になる．
戦争裁判などはこれを事後的に確定する装置ということになるのだろう．
　こうして「自分には責任がない」という状況で殺人を正当化することが制度
化される状況はおそろしいが，戦争状態の中にあって殺人はいけないことだと
主張するのはほとんど不可能なので，選択は非常にむずかしくなるという意見
が出た．また，先のホロコーストの例は，ユダヤ人という犠牲者をフィクショ
ンとして作り出した点が強い非難の対象になっているわけだが，そうしたフィ
クションを捏造しないと大量殺戮が正当化されえなかったというメカニズムに
ついての言及があった．
　結局，「戦争とは人を殺すことの正当化のプロセスそのもの」（I さん）とい
うことになるのかもしれない．しかし個人レベルでは戦場から帰還した兵士た
ちが PTSD[12]に陥ったり自殺に追い込まれたりすることがあるのだから，け
っして内面的な正当化がおこなわれているわけではなく，やはり人道に反する
状況があることは否定できないという話の流れになった．
　グループ 1 では基本的に正当防衛に近いとらえ方で，自己保存という観点か
ら，法秩序が存在しない状況では殺人を犯してでも自分を守ることは許される，

---

11)　アドルフ・アイヒマン（1906–62）はドイツ親衛隊の隊員．ユダヤ人の強制収容所移送に
　　あたって中心的役割を果たした罪で 1961 年に死刑判決を受け，翌年処刑された．
12)　Posttraumatic stress disorder（心的外傷後ストレス障害）の略．

という意見が出た．また，死刑が個人の介在をできるだけ和らげようとしている[13]のにたいして，戦争の場合はそうした秩序も制度もないので，どうしても個人が介在せざるをえないという指摘があった．「死刑制度が，人が人を殺させるのにたいして，戦争は殺すように仕向ける」（Gさん），つまりある程度は個人の意思によって殺人を犯すよう仕向けるので，そこには能動的な関与という点でのグラデーションがあるという意見である．

　また，相手を殺さなければ自分が殺されるかもしれないという状況で先に相手を攻撃するのは，いわゆる「正当防衛」と同じことになるのかという問いがあり，これにたいしては，急迫不正の侵害にたいして認められるのが正当防衛なので，実際に銃を向けられた場合はこれが成立するとしても，ただ戦争だからというだけでは急迫性が弱いので，自分の意思で予備的・予防的に相手を攻撃するのは正当防衛とはいえないという説明があった．また，そもそも正当防衛というのはあくまで法が想定している平時の状態での概念なので，戦争はそうした前提をすでに逸脱しているということも指摘された．

　　　私が思うに，正当防衛って考えることも，少しむずかしい．なぜかというと，戦争は要は，殴り合いで決着をつけようっていう話じゃないですか．法が想定しているのは，殴り合いをしないでなんとか解決しようということなので，戦争はその想定を逸脱している．そう考えると，処罰するしないの問題ではないんですよね，戦争の殺し合いって．戦争で悪いことをしたから処罰されるとなると，じゃあなんで戦争しているんだって話になるので．（Aさん）

　ここでグループ1では，人を殺してはいけない理由には2つの立場があるという話になった．ひとつは社会の合意として，人を殺してはいけないことになっているから殺さないという立場．もうひとつは，そもそも生まれながらに人

13）　たとえば日本の死刑執行に際しては，絞首刑のボタンが複数（ふつうは5個）くらいあり，それらを複数の刑務官が同時に押すことで，誰のボタンによって床が開いたのかわからないようになっている．また，彼らが実際に死刑囚が落ちる瞬間を見ることもできないようになっている．

を殺してはいけないという立場で，後者の観点からすれば，たとえ戦争であっても殺人は正当化されえないことになる．しかしその場合，殺人の是非を判断する主体はどこにあるのか．神といった超越的な根拠を持ち出すのでない限り，ルール自体が存在しないことになるので，「正当」「不当」といったことを決めることはできない．

　　　Ａさん「戦争が停止するのは社会のルールなんですよね，社会以外のルールを求めるなら，戦争で殺すことは正当化できなくなるんですよね，たぶん」
　　　Ｇさん「つまり法秩序が人を殺してはいけないという普遍的法則をみなで欲しているという状態にあるとすれば，戦争によってこの状態が反転してしまうとその論理が通用しなくなる」
　　　Ａさん「Ｄさんもそういう話なのかなと思ったんですけど」
　　　Ｄさん「そうですね，私は完全に社会的なルールとしての正当化という意味で考えていたので……」

　戦争状態では法秩序が転倒しているので，「正当防衛」といった社会的な論理で殺人を正当化する論理自体が危うくなるということだが，この考え方にたいしては，正当防衛を単なる社会的なルールというより，むしろ普遍的な原則としてとらえる立場もあるのではないかという意見が出た．つまり社会が決めていようがいまいが人間には自分を守る権利がある，だからそうした意味で殺人を正当化することはありうるのではないかという考え方である．
　両グループから意見の集約が紹介されたところで，石井はちょうどこの時期に問題になっていた安全保障関連法案の問題に触れ，個人レベルでの正当防衛と国家レベルでの自衛の問題をパラレルに考えた場合，「個別的自衛権」は説明できても，「集団的自衛権」を同じ論理で説明することはむずかしいのではないかと述べた．しかしこの問題は本来のテーマからはそれてしまうので，それ以上掘り下げることはしなかった．

〈論点３：あなたは安楽死に賛成ですか反対ですか．その理由は？〉

グループ 1 では，まず消極的賛成論として，患者本人の意思が尊重されるべきなので原則として安楽死という選択肢は認められていい，しかしその場合，自殺との境界線がどうなるのかという問題があるという意見が出された．また，治療を続けないという選択肢は認められても，医師が積極的に患者の死をもたらすとなると，本来は病気を治すことを使命とする人間がこれに反する行為をすることになるので，安楽死は認められないかもしれないという反対論も出た．しかしその場合，では「安楽死業者」のようなものに依頼すればいいのかという話があり，さらに，そもそも安楽死は本当に医師の理念に反するのかという問いが提出された．

　　患者さんを治すという目的の中には，健康であること，つまり良いことを目ざすというところがありますよね．健康であるということを突き詰めていくと，最後には「幸福になる」というところに行き着く．苦痛を取り除くということ，突き詰めていくとそこに目的があると思うんですけど．そういうふうに考えていくと，本当に安楽死が医師の理念に反するのかと……．（G さん）

　また，国家は国民を守る義務があるので，自殺は例外としても，それ以外の方法で死ぬ自由を肯定するわけにはいかないという立論も提起された．これにたいしては，国民が自分たちを守るために国家を作ったのだとすれば，自分の意思でそこから逸脱することを欲する自由も認められるべきである，という反論があった．

　この後，話は安楽死と自殺の境界線をめぐる話に集中していった．同意殺人や自殺幇助は犯罪だが，安楽死はそれに該当するのかしないのか．ここで問題提起文で紹介されている東海大学安楽死事件の判決文にある 4 条件のうち，2 番めの「患者は死が避けられず，その死期が迫っていること」が意外に重要なのではないか，医学的に「死が見えていること」が自殺との境界線ではないか，という意見が出された．では 1 週間後と 50 年後では話が違ってくるのか，という反論が出たが，要は医学的な判断の確実性が問題であるというあたりで議論は一段落した．

第 10 回　絶対に人を殺してはいけないか　　211

グループ2では，まず患者が選択する自由・権利という観点から賛成という意見があった．また，安楽死が容認されている国があるということはある程度の合理性が認められるということだから，要件がむずかしくても制度的メリットがあるのではないかという意見も出た．

次に，ここでもやはり自殺との境界線が話題になり，生きることは基本的にいいことである，善である，という前提に立つと，苦しむことは基本的によくないことである，悪である，ということになるので，安楽死も自殺も両者の不等式の問題としてとらえられるのではないかという意見が述べられた．

　　苦痛を伴った状態で存在するか，その存在自体をなくして苦痛をなくすか，という天秤ですよね．［……］つまり存在と苦痛の不等式の問題かなと一瞬思ったのですが，そうすると，身体的苦痛に耐えかねて死にましょうとなれば安楽死ですが，精神的苦痛で耐えられないとなって死んだら自殺ですよね．だからすごく論理的に似ているなと思って．そうするとなにが違うのかというと，身体というのは，医学的に見て回復が不可能と判断される場合がありますよね．もう回復不可能である，不可逆な状態である，だから死ぬ，というのは安楽死．だけど精神というものは回復可能だと考えられている．だから自殺は許されない．でも身体的苦痛は元に戻れない，だったらこれ以上苦しむよりは存在を捨てるほうがよい，不等式として「苦痛＞存在」になってしまっている．そうなった場合に，不可逆でありかつ人格を損傷するような苦痛に関しては，積極的な死という行為があってもいいんじゃないかな．（Cさん）

こうしてグループ2では基本的に賛成論で一致したわけだが，あえて反対論は，というTAの問いかけに，まず自殺は法的に裁かれないのにたいして，安楽死は人の手を借りるという点に問題があることが指摘された．医師が患者の死を早める行為が「殺人」として裁かれない基準を定めることは確かにむずかしい．

また，安楽死は「人間の尊厳」に反するから認められないという立場も紹介された．そうすると，あえて延命治療を施さない「尊厳死」と，投薬などで積

極的に死に至らしめる安楽死との違いということも考えなければならない.

　ここから話は，そもそも死ぬことは本当に悪いことなのか，生きること＝善であるといえるのか，という本質論に及んでいったが，結局のところそれを決める自由も個人にゆだねられているというところで，グループ討論は終了した.

　全体討論では以上の経緯の紹介の後，石井が安楽死の違法性を阻却するとされた4つの要因についてまとめ，第4の「患者の明示の意思表示」については，医師が昏睡状態に陥った患者に積極的に塩化カリウムを投与して死に至らしめたという具体的な事例を引いた上で，家族はこの措置に同意していたとしても本人の明確な意思は確認できていなかったため，結果としては担当医師に有罪判決 14) が下されたことを確認した. そして「意志もなく苦しみ続け存在し続けること」と「生きること」は違うことだと思うので，個人的には安楽死に賛成である旨を述べた.

〈論点4：「人を殺してはならない」という倫理の根拠は，共同社会の成員が相互に共存を図るためにそれが必要だからにすぎないとする考え方に，あなたは賛成ですか反対ですか. その理由は?〉

　グループ2ではこの考え方について，論理的には美しいものだし，理解できるのだけれども，レトリックとしては命題の価値を下げてしまうところがあり，ペシミズム的な感じがするという受けとめ方が強かったようだ. だから理屈としては賛成なのだが，こういう答え方はしたくないという雰囲気があった.

　また，ここで言われている「共同社会」の定義についても疑義が呈された. そもそも共同体とは恣意的なものであるという大前提があって，そこに包含される者にとっては相互共存ということが肯定的な意味をもつかもしれないが，そこから排除されている者にとっては，むしろ共同体の同一性を守るために抹殺してもかまわない対象にされてしまう. 実際に，ある共同体が別の共同体の人間を殺しておきながら，また共同体の秩序を守るために内部の人間を死刑に処したりしておきながら，その一方で「人を殺してはならない」という倫理を構成員に共有させることができるのか 15). 子どもにたいしてはいったいこの

---

14)　刑は懲役2年，執行猶予2年であった.
15)　この点については，あとの全体討論で石井が「人を殺してはならないという倫理の根拠

矛盾をどう説明するのか.

ここで TA の I さんから,酒鬼薔薇聖斗(元少年 A)の手記出版が話題として提供され,そこではなぜ人を殺してはいけないのかという問いにたいして,「どうしていけないのかは,わかりません.でも絶対に,絶対にしないでください.もしやったら,あなたが想像しているよりもずっと,あなた自身が苦しむことになるから 16)」(強調原文)という答えが書かれているという紹介があった.これは共同体とは別のレベルの回答であるが,やはり根本的にエゴイズム的な考え方であり,およそ普遍化できる理由づけではない.となると,どこに答えを求めるべきなのか.

そもそも殺人自体が絶対的にいけないことなのだ,という理由で説明できないのだろうかという意見が出されたが,そうなると当然ながら死刑も安楽死も否定されなければならなくなる.このあたりでグループ内での議論はひとまず終わった.

グループ 1 でも,問いの表現への違和感がまず表明された.共同社会の成員の共存という理屈はわかるけれども,それでもやはり人を殺してはいけないという感覚が自分の中にあり,それと矛盾している印象があるということである.しかしこの意見を表明した学生によれば,これを突き詰めて考えていくとじつは共同社会の成員の共存という理由のほうが先にあって,それが歴史的に習慣化・身体化されていくうちに,人を殺してはいけないという倫理の根拠が複数化したのではないかという.

> 相互の生存を図るためという理由から始まって,それが習慣化していくにしたがって内面化して,個人の内部に絶対の根拠をもつようになったり,倫理それ自体として絶対の根拠をもつと考える人が出てきたりと.そういうふうに複数化していったんじゃないか,それが今の状況なんじゃないかと考えたんです.社会的なものが初めにあるけど,それが内面の倫理になって,あたかもその倫理が最初から存在していたかのように思いはじめる.(G さん)

が,逆に人を殺してもいいという倫理の根拠にもなってしまう」という形で再確認した.

16) 元少年 A『絶歌』,太田出版,2015 年,282 頁.

これにたいして，もっと生物的ななにかによって「人を殺してはいけない」あるいは「人は殺せない」という躊躇があるのではないかという意見も出た．殺人は禁止されているから怖いというのではなく，もっと根源的な恐怖が根底にあるのではないか，その感情がのちにルールとして制度化され，倫理としても内面化されていったのではないかという意見である．動物社会であれば殺し合いはそのまま放置されるが，人間社会だからこそそれをルール化していった．したがってこの倫理は人間に特有のものであるということになる．

　これら2つの意見は一見コントラストをなしているようにも見えるが，社会的なものにせよ生物的なものにせよ，原点に「人を殺してはいけない」という感覚がまずあって，それがのちに倫理として身体化されていったとする点では同じ方向性をもっているともいえる．

　いっぽうＡさんからは，これを社会科学的な観点から見れば，「なんとなく」という漠然とした言い方はできないので，後付けでこのように国家や社会を正当化するという説明がなされたのではないか，その意味ではひとつの擬制的なものではないか，という見解が述べられた．これは現在の共同体からさかのぼって「人を殺してはいけない」という倫理の根拠を定めるという意味で，前2者とは時間的に逆方向といえるかもしれない．

　以上のグループ討論の報告を受けて，石井はまず，この問いのもとにある小浜逸郎の主張には「『人を殺してはならない』という倫理は，倫理それ自体として絶対の価値を持つと考えるのではなく，また，個人の内部にそう命じる絶対の根拠があると考えるのでもなく」という前提があったことに注意を喚起した．つまり著者もなにか絶対的な根拠があるという前提であれこれ考察を掘り下げていくのだけれども，最終的にはこうして絶対主義から相対主義に移行したほうがずっと明快に説明がつくということで，この命題が提示されている．

　　人間は法律ができる前から生きているわけで，人は人を殺してきた．だけどどこかでそれではまずいと思ったので，人を殺してはいけないということを制度化し，倫理としても発明してきたんだと思うんですね．だから法はアプリオリに存在したのではなく，あくまで人が存続していくために

創り出した，ある種のフィクションなのだと考えたほうがいいかもしれない．その意味では僕は割とわかるんですよね，この発想は．法があるから人を殺さないのか，それとも人を殺してはいけないから法があるのか，これはむずかしいんだけど，そういう議論からこの相対主義が出てくるんだろうなと思うんです．（石井）

これを受けて，藤垣からは次のようなコメントがあった．

　　小浜さんは共同体を維持するために殺してはならないと言うんだけど，共同体というのはもともと暴力を内包しているという説があります．アインシュタインが人はなぜ戦争をするのかという問いをフロイトに投げたときに，フロイトが返した答えの中にあるんですが，共同体の成立とはそもそも暴力的であると．［……］だから，共同体はもともと暴力を内包していて，暴力と権利は対立する概念ではなく両立する概念なのだという説明の仕方もあるんですよ．人間の攻撃的傾向を完全に消滅させることは目指すべきではない，という形でフロイトはアインシュタインに答えていくわけです．この考え方と小浜さんの答えを対置させたときに，なぜこんなに似たようなところにいながら違う答え方になるんだろうな，という疑問をもちました．共同体維持のために殺してはならないというのは，やっぱり相対的になりながらも今こうであるという現実を維持するための機構の「記述的説明」なんですよね．［……］それにたいしてなぜ戦争をするのかというのは根源的な根拠を問う問いのほうなのです．で，私たちはこれまで問いを 10 回分提起してイエス／ノーで答えてきたんだけど，この中にいくつ「記述的説明」と「根源的根拠を問う問い」が含まれていたのか，あるいは現象記述論と規範論とがあったのかということを，ちょっと考えていました．（藤垣）

　さらに TA の 2 人にもコメントを求めてみたところ，I さんからは「殺してはいけない理由だけは無根拠であり続けて，殺していい理由だけが山のように増えていく，そういうあり方がすごく不思議だと思った」という感想とともに，

共同体維持のために殺してはいけないというのは，いわば無根拠に根拠を与えるような試みだが，むしろ無根拠なものに無根拠なものとしてぶつかることも必要なのではないかという意見が述べられた．またＪさんからは，社会性や集団行動という観点からものを見たときに，同種間で殺しあうという点で人間と動物の境界はどうなるのだろうかという問題提起があった．そういえば動物は自殺をしない，自殺するのは人間だけだという話題が出たところで，この回の議論も終わりを迎えた．

（石）

議論を振り返って

　この回は，「絶対に人を殺してはいけないか」という重いテーマをめぐって，死刑・戦争・安楽死という３つの具体的状況を設定しながら，その根拠を探る議論となった．10回目となり，参加者はそれぞれの立場から途切れることなく自論を展開していった．議論を振り返って書いておかねばならないのは，「人を殺してはいけない」という絶対の根拠をめぐる哲学的議論と「共同体の成員にとっての共通利害」という社会学的議論との相克である．

　問題提起文にあるように，一見哲学的に見える問い「絶対に人を殺してはいけないか」にたいし小浜逸郎は，「人を殺してはならない」という絶対の価値をもつ倫理としてではなく，そして個人の内部にある絶対の根拠としてではなく，「共同社会の成員が相互に共存を図るためにこそ必要」と説く [17]．このように，哲学的問いからはじまって社会学的な解説で終わるという議論構成は，実は科学技術社会論ではよく散見される．たとえば，技術の本質主義（技術は社会とは独立に発展する）という技術哲学の１つのスタンスにたいし，技術の社会構成主義は，技術は社会の構成員の日々の選択の結果として今の形になったのであり，技術が社会と独立ということはなく，技術と社会は相互作用する

17）　じっさいは，まずこの問いが一種の「言論ゲーム現象」のような形で出され，切実さと真剣さに欠いたものであったことを示し，次に「一見いい答えに見えながら不十分な答え」（良心から説明しようとするもの）を批判し，その上で，「人はなぜ人を殺してはならないと決めるようになったのか」を問い，「初めに純粋倫理とか，良心それ自体といったものがあったのではない」とし，共同体から追放される不安から良心が構築されたという解を導いている．

と解説する例がある[18].

さて, この「人を殺してはならない倫理は, 共同社会の成員が相互に共存を図るためにこそ必要」という考え方は, しかし, 共同体ごとに共通利害が異なるとき, 破綻を示す. たとえば, 第2回でふれた民族紛争などは, 共同体ごとに共通利害が異なる場合に発生する. また, 今回の授業の議論でもあったように, 「ある共同体が別の共同体の人間を殺しておきながら, また共同体の秩序を守るために内部の人間を死刑に処したりしておきながら, その一方で『人を殺してはならない』という倫理を構成員に共有させることができるのか」という問いも喚起される. 「人を殺してはならないという倫理の根拠が, 逆に人を殺してもいいという倫理の根拠になってしまう」というのが, 小浜の主張する共同体主義の問題点である.

ここで, 共同体主義を批判するときの議論のプロセスが, 「共同体ごとに共存の根拠が違う」「根拠が相互に矛盾する」というプロセスをとることに注意しよう. 小浜の考え方が, 根拠を問うても絶対的なものが出てこない, だから共同体維持という観点から説明しよう, というプロセスをとっているのにたいし, その批判は, 共同体維持という機構の「根拠」にむかうのである. 共同体主義へのもっとも根源的な反論は, 「共同体はそもそも暴力を内包している」という説である. アインシュタインが「人はなぜ戦争をするのか」という問いをフロイトに投げたときに, フロイトが返した答えである[19]. その主張の要旨は次のようなものである.

人間のあいだで利害が対立したときに決着をつけるのは原則として暴力である. 人間たちが小さな群れで暮らしていた原初の時代には, あらゆる問題を解決したのは腕力であった. 武器の登場とともに, むきだしの腕力よりも才覚が重視されるようになった. 人間はやがて, 敵を殺してしまうのではなく, おびえさせておいてから生命を助けて利用すればよいのではないかと考え始めた. 暴力を行使する目的が, 相手を殺すことではなく, 服従させることになった.

---

18) W. E. Bijker *et al.*, *The Social Construction of Technology*, MIT Press, 1987. 日本語で読める解説記事として, 中島秀人「テクノロジーの社会的構成」, 金森修, 中島秀人編『科学論の現在』, 勁草書房, 2002年, 63-87頁.

19) フロイト『人はなぜ戦争をするのか——エロスとタナトス』, 中山元訳, 光文社古典新訳文庫, 2008年.

このように原始状態では，力の強いものがむきだしの力を使うか，才覚に支えられた暴力を使うことで，他者を支配する．このような原始状態はしだいに変化し，暴力から権利への道がはじまる．多数の人が団結することによって，団結した人々の力が一人の暴力に抗して，権利を確立することである．権利は，共同体の権力として生まれる．しかしこの権力もやはり暴力である．共同体の権利に逆らおうとする人には，暴力を行使する．むきだしの暴力と違いがあるとすれば，これがただ一人が自分の目的のために行使する暴力ではなく，共同体が全体として行使する暴力だということである．共同体は永続的な形で維持されねばならない．共同体として組織され，掟を定め，懸念される叛乱を未然に防止し，掟が守られるように監視する機構を設立する．機構は，共同体の暴力が法に則って行使されるように配慮する．

　このように，共同体の成立とはそもそも暴力的であるとする．フロイトの解説で見られるのは，共同体維持という機構の説明ではなく，そもそもの「共同体の成立」という原初，根源の問いであり，それがもともと暴力的なものであったという指摘である．

　以上のように，根源的根拠をめぐる問いは，今，こうであるという現実を維持するための「記述的説明」機構によって一時的に明快に解説されるが，同時にその記述的説明によって解説できない矛盾が生じて根源的根拠の問いが再び現れる，ということは少なからずある．それは，根源的根拠を求める思考と，記述的説明を求める思考との相克あるいは共同作業といってもいい．第2回で「文化の三角測量」について考えたが，ここで起こっているのは，「分野（あるいは思考）の三角測量」といってもいい．「絶対に人を殺してはいけないか」という日常用語での問い（つまり母国語での問い）にたいし，根源的根拠を求める語彙や思考（つまり母国語にたいする外国語）による答えと，現象記述を主とする語彙や思考（もう1つの外国語）による答えが示されることになる．2つではなく3つの頂点をもつからこそ，相互作用で理解が進むという考え方である．

　授業の議論の中でも，「共同社会の成員の共存という理由のほうが先にあって，それが歴史的に習慣化・身体化されていくうちに，人を殺してはいけないという倫理の根拠が複数化したのでは」であるとか，「もっと生物的ななにか

によって『人を殺してはいけない』あるいは『人は殺せない』という躊躇」,「根源的な恐怖が根底にあるのではないか，その感情がのちにルールとして制度化され，倫理としても内面化されていったのでは」であるとか，現象説明と根拠説明を合体させたさまざまな説が飛び交った．学生たちは「分野の三角測量」的思考を自在に操れるようになってきていると考えてよいだろう．

　さて，ここで根源的根拠を求める思考を規範的（normative），記述的説明を求める思考を現象記述的（descriptive）と置き換えてみよう．小浜の説明は normative な問いを descriptive に説明していると考えられるし，同時にフロイトの解説は，人が戦争をするという descriptive な状況にたいし，みずからの共同体論によって normative に答えたと考えられる [20]．この置き換えを参考に，本書で扱った 10 個の問いをいまいちど振り返ってみることにしよう．

　第 1 回（コピペは不正か），第 2 回（グローバル人材は本当に必要か），第 4 回（芸術作品に客観的価値はあるか），第 5 回（代理出産は許されるか），第 6 回（飢えた子どもを前に文学は役に立つか），第 8 回（国民はすべてを知る権利があるか），第 9 回（学問は社会にたいして責任を負わねばならないか），そして今回の第 10 回と，ほぼ 8 回分が規範的問いであることがわかる．第 3 回（福島原発事故は日本固有の問題か）は，descriptive と言ってよいだろうし，第 7 回（真理は 1 つか）は，normative にも答えられるし，descriptive にも答えられるのである [21]．　　　　　　　　　　　　　　　　　　　　　　　　　　　　　　　　　　（藤）

---

[20]　もちろんフロイトの答えは，みずから作りつつあった精神分析の世界における欲動や動因概念を用いた「規範的」説明であり，それが唯一の規範的説明であると主張する意図は筆者には毛頭ない．

[21]　実際，『広辞苑』（第五版）を引くと，normative な答え方が多かった．それにたいし，問題提起文は意図的に descriptive な思考にいざなうような書き方をしている．

番外編

議論によって合意に達することは可能か

パオロ・ヴェロネーゼ『博士たちと議論するキリスト』
プラド美術館蔵

議論の記録

　受講者たち自身にテーマの候補を考えてきてもらい，全員で議論しながら最終回でとりあげる話題を絞り込む，というのが「番外篇」の趣旨である．したがって，今回は問題提起文は存在しない．また授業の進行も通常とは異なり，主張，質問，反論，譲歩，提案，合意等々，集団の意思決定をおこなう上で必要とされる多様なプロセスが盛り込まれた展開となった．

　「最終回で議論すべきテーマを考えるための課題提出シート（番外篇最後にのせた「参考資料」参照）」を第3回の授業で配布し，第6回で回収した．複数回答可で，あらかじめ「イエスかノーかで答えられるような問い」を募っておいたところ，全部で11の提案が寄せられた．まずはそれらを順不同で列挙しておこう．

1　民主主義における世代間の不平等は是正されるべきか
2　学問の専門化・細分化はこのまま進んでいくべきか
3　薬による人格矯正は是か（殺人者を薬で善人にすることやそのようなことを自発的に用いることは許されるか）
4　文化・芸術活動は人間の生命活動に必要であるか
5　他人の心を理解することはできるか
6　文理の区別は必要か
7　科学は神を殺したか
8　人間はいじめをなくすことができるか
9　道徳は教科として成立しうるか
10　すべての科学は役に立つか，また科学は役に立とうとしなければいけないのか
11　日本でイノベーションは起こせるのか

　この通り，抽象的なものから具体的なものまで，また文化に関わるものから科学に関わるものまで，かなり多様な問いが集まった．

〈第1回投票と議論〉

　授業では議論に入る前に，まずこれらのうちから1人3票（ただし自分が提出した案については1票まで）という制限付きで，第1次投票をおこなった．投票総数は3票×7人＝21票となる．その結果は以下の通り．

テーマ番号	票数
9	5
10	4
7	3
2，3，6	2
4，5，8	1
1，11	0

　この分布を踏まえて，得票の多かったものから順番にとりあげて議論を開始した（この段階では，誰が出題者であるかはまだ明かしていない）．

　最多となる5票を集めた9番については，まず教職科目を履修した経験のあるEさんから，道徳の授業が一般の教科と違って達成度を評価するものではなく，話し合いとか意見交換に目標があることが紹介され，この問いに関してはそうした日本の道徳教育の現状を知る必要があるので，予備知識なしで議論するのはむずかしいかもしれないという意見が表明された．そこで各人が実際にどのような道徳教育を受けてきたのかという話になり，小中学校では『心のノート[1]』という教材が使用されていたこと，NHK教育テレビ（NHK Eテレ）で道徳教育番組として放映されていた『がんこちゃん[2]』とか『さわやか3組[3]』などが幼少時の共通体験であることなど

『心のノート』

---

[1] 2002年から全国の小中学生に無償配布された道徳の副教材．2013年に全面改定され，現在は『私たちの道徳』（小学校3・4年までは『わたしたちの道徳』）となっている．

『ざわざわ森のがんこちゃん』
http://www.nhk.or.jp/doutoku/ganko より「第 12 回　がんこちゃんはアイドル」scene02「なんのやくかは，ないしょ」

が語られた．

　また，道徳教育といっても阪神地域では震災問題が多くとりあげられ，被爆地の広島では平和教育が盛んであるというように地域差があることが指摘され，その意味でもこの問題はとりあげる意味があるのではないかという意見が述べられた．

　次に支持を集めたのは 10 番（4 票）である．これにたいしてはまず，「科学」という言葉を自然科学に限定するのであれば問いとして成り立ちうるかもしれないという意見がある一方，内容的には第 9 回の「学問は社会にたいして責任を負わねばならないか」という問いと重複するのではないかという指摘があった．

　3 番目に票が多かった 7 番（3 票）はやや抽象度の高い問いだが，これを単に科学と宗教の対立としてとらえるのではなく，思想的なレベルで人間の考え方の拠り所としての神を想定するならば，あまり限定的にならずにすむのではないかという意見が述べられた．

　2 票の支持があったテーマは 3 つある．

---

2)　正式タイトルは『ざわざわ森のがんこちゃん』．小学校 1 年生向け番組として 1996 年に放送が開始され，2009 年以降は小学校 1・2 年生向け，2013 年からは幼稚園・保育所・小学校 1 年生向けとして放映されている．

3)　1987 年から 2009 年まで放映されていた実写版の小学生向け道徳教育ドラマ．

学問の専門化・細分化をとりあげた 2 番については，E さんから，すでに学際的な研究に開かれているこのような環境ではそれ自体がひとつの解決として提示されている印象があるので，問いとしてはあらかじめ答えが想定できてしまうのではないかという指摘があった．

　3 番は他に比べると異色の問いになっている．人格はどの程度薬で改善することが許されるのかという問題については文系・理系で見方が変わってくるであろうから，その意味ではおもしろいかもしれないという反応が見られる一方，やや具体的すぎるので，人間精神にたいして人工的な改良を施すことはどこまで許容されるかという問いに一般化し，薬はあくまでもその一例として扱ったほうがいいのではないかという提案もあった．これに関連して，手術によって犯罪者の凶暴性を除去するロボトミーの話題も出た．

　6 番については，2 番と関連させてはどうかという意見が出た．確かに「文理の区別は必要か」という問いは，そもそも学問の細分化の出発点に位置するものであるから，両者は同一の方向性をもっている．また，文理の境界領域を専攻する D さんは，制度的には理系の学科に所属しているという理由でこの授業でも機会あるごとに「理系の意見」を求められることへの違和感を率直に表明した．

　　　私は文系か理系かよくわからないけど，一応理系という感じで扱われて，だから理系の意見を求められているのかなとは思うんですけど，ならそもそも「理系の意見」ってなんだろう，と考えてしまって．文理の区別をすることで「文系とはかくあるべき」「理系とはこうだ」というものができてしまっているのではないかなと，この授業に参加することで思いました．だからこの問題について最終回で話し合うというのは，この授業について話し合うという面でもいいかなと思いました．（D さん）

　確かに「異分野交流」「多分野協力」といった言い方の中には，すでに「分野」を切り分けてアプリオリに設定する思考法が内在している．そのこと自体を対象化してみたいという感覚はじゅうぶんに納得のいくものである．

　支持が 1 票だけのテーマは 3 つだが，文化・芸術活動の必要性を問う 4 番は，

第 4 回の「芸術作品に客観的価値はあるか」，あるいは第 6 回の「飢えた子どもを前に文学は役に立つか」などと重なってくる印象がある．5 番については，さしあたり発言はなかった．

「いじめ」をとりあげた 8 番については，話題が話題だけに自分の体験にひきつけて考えてしまう可能性が高く，ちょっと重すぎるのではないかという感想があった．また，これは道徳教育の問題とも関連するので，9 番と併せることもできるのではないかという提言があった．

最後に 1 票も入らなかった 1 番と 11 番についても意見を聞いてみた．1 番については，全員が同世代なので反対当事者が想定しにくいという意見があったが，選挙権年齢の 18 歳への引き下げとか，未来世代にたいする責任の果たし方といった観点もありうるという教員側の指摘もあった．また 11 番については，理系に限らず文系についてもイノベーションはありうるので，そもそもイノベーションとはなんなのかという問いは面白いかもしれないという話が出た．

〈第 2 回投票と議論〉

ここまでの議論を踏まえ，少しテーマを整理することにした．

まず 2 番と 6 番をまとめて「学問に文理の区別は必要か」とし，これを新たな 2 番とする（6 番は消す）．次に 8 番と 9 番をまとめて「道徳教育は役に立つか」とし，これを新たな 9 番とする（8 番は消す）．4 番と 10 番については他の回のテーマと部分的に重複することが指摘されていたが，これらに関してはそうした指摘があったことを踏まえて投票することにして，この段階で消すことはしない．

こうして 11 のテーマを 9 つに絞った上で，今度も 1 人 3 票，ただし自分が出したテーマへの投票もとくに制限はしないということで 2 回めの投票をおこなった．その結果は以下の通り．

テーマ番号	票数
9	6
2	5
3	4
7	3
5，11	1
1，4，10	0

　合計が20票となっていて1票足りないが，これは9番に2票入れた者が1名いて，これを議長裁定で1票と数えることにしたためである．

　まず1票も支持がなかった1番，4番，10番の3つはこの時点で外すことにした．その上で，今回は提案者が誰であったかを明かした上で，それぞれの提案理由を語ってもらうことにした．

　2番は6番と合体させたが，前者の提案者であるCさんは，この授業でやってきたことを再確認する意味でこのテーマを考えたという．後者の提案者であるDさんは，自分が実際に文理のはざまにあって悩んでいた経験から，その枠組み自体の正当性について話し合いたかったという．いずれもこの授業をメタレベルで対象化する視点であった．

　2番とともに3番の提案者でもあるCさんは，人間の中身を人為的に変えることは許されるのかという関心からこのテーマを出したという．これは9番の道徳教育とも少し関わっていて，教育によって人格矯正をすることは可能だとしても，それを人工的・科学的手段によっておこなうことは許されるのかという問いになっているという石井からの指摘があった．

　6番とともに5番の提案者でもあるDさんは，人の心理を読んでみたいという関心が出発点だったと語り，いくら科学が発達しても心の問題だけは人間にしか理解できないのではないかと考えてこのテーマを提出したという．

　7番の提案者であるGさんは，かつて世界の説明原理であった神が，近代においては科学に取って代わられたのではないか，という問題意識を提示した．

　9番は8番を吸収した問いになっているが，提案者はいずれもAさんであった．いじめや差別の問題を通して，経済的利益でも身体的利益でもない人格的

番外篇　議論によって合意に達することは可能か　　227

な利益がどうやって守られるか，それとも守れないものとしてやっていかない
といけないのか，という問題を考えたかったという．

　11 番は B さんの提案で，先にも語られている通り，文系の人にもイノベー
ションについて実践的に考えてほしいと思ったのがその意図であるということ
だった．

　こうしてひととおり提案者の意図を聞いたところで，たがいに提案者にたい
する質問があれば出してほしいということで，自由討論に移った．

　まず，質問というよりは提案として，8 番と 9 番を合体させたところに，5
番（他人の心を理解することはできるか）もより深いレベルで結びつけること
ができるのではないか，というアイディアが出た．

> 道徳は教科として役に立つのかという問いと，他人の心は理解できるか
> という問いを，深いレベルで結びつけられないかと．要するに他人の心を
> 根本的に理解するというのは，道徳にも関わってくるのかなと思ったので，
> 5 番のほうが学問的な感じがするとはいえ，そこも含めて，混ぜ込むこと
> ができたらよりよいんじゃないかと思います．（G さん）

　続いて 11 番（日本でイノベーションは起こせるのか）にたいして，果たして
日本では現にイノベーションは起きていないのか，またこの問いは，イノベー
ションを生みにくくしている社会的風土や創造的発想を抑圧する教育のあり方
といった問題を包括しているのか，という質問が出た．提案者からは，とにか
くこの言葉の定義を考えてほしかったのであり，それさえできれば自分として
は満足であるという答えが返ってきた．

　7 番（科学は神を殺したか）については，どこを糸口として議論を始めれば
いいのかという質問があり，どうしても思想的な部分から始めざるをえないと
いう回答が得られたが，そうなると，質問自体は面白いけれども，前提となる
知識に差がありすぎて議論がむずかしいのではないか，という意見が出た．

　ここで学生から，テーマが絞られたとして，問題提起文は誰が書くのかとい
う質問が出たので，それは（どちらが書くにせよ）教師の側が引き受けると答
えた．藤垣がこれに関連して，2 番と 6 番を合体させた問い（学問に文理の区

228

別は必要か）はこの授業自体を振り返る意味で面白そうだという感想を述べた
ところで，いよいよ 3 回目の投票に移ることになった．

〈第 3 回投票と議論〉

投票前にもう一度問題の整理をおこなった．まず 2 番と 6 番を合体させた問
いはそのまま 2 番として残す．3 番は，「薬による」という限定を外して「科
学的な操作による人格矯正は許されるか」という形にして残す．

ここまではスムーズに合意が得られたが，5 番の扱いについては多少の議論
があった．これも 9 番に統合できるのではないかという提案がさきほどあった
が，「理解する」という言葉の意味するところを深く考えていくのであれば，
これを道徳教育の問題に包摂してしまうことには少し無理があるのではないか，
という意見が述べられ，提案者自身からも，これを教育の文脈でとらえてしま
うと本来の出題意図からずれてしまうという発言があったので，無理に統合す
ることはせず，5 番はそのまま置いておくことにした．

残りの問いもそれぞれ独立していることが確認されたので，結局以下の 6 つ
の問いが投票対象として残ることとなった．

2　学問に文理の区別は必要か
3　科学的な操作による人格矯正は許されるか
5　他人の心を理解することはできるか
7　科学は神を殺したか
9　道徳教育は役に立つか
11　日本でイノベーションは起こせるのか

これらを対象に最終投票に入ろうとしたところで，提案者の意図だけでなく，
それに投票した人の意見も聞いてみたいという要望が出たので，少し自由に語
ってもらうことにした．

9 番に入れた E さんからは，人間には他を排除する気持ちが生まれながらに
そなわっているのかどうかという，集団的な行動心理の問題と考えて支持した
との説明があり，これにたいして提案者の A さんからは，もう少し教育面に

番外篇　議論によって合意に達することは可能か　　229

重点を置いて議論してみたいという意図が語られた．9番に2票投じて強く支持したHさんからも，同じく教育の問題として道徳という教科は「役に立つ」のかどうかを考えてみたいという発言があった．

　同じく9番に投票したGさんは，倫理には行為者の善悪を問うものと行為それ自体の是非を問うものの2種類があって，教科としての道徳は後者でなければならないという視点から，人文的な問題にも結びつけられるのではないかと考えたという．またDさんは，9番にも入れたけれども，やはりこれは教育に議論が傾いてしまいそうなので，自分としてはもう少し多分野にまたがる問題として2番をとりあげるほうが最終回の授業にはふさわしいのではないかと思う，という意見を述べた．

　このあたりで投票に移ることにしたが，今度は1人1票，ただし多数決で決めることはしないという約束でおこなうことにした．結果は以下の通り．

テーマ番号	票数
2，9	2
5，7，11	1
3	0

　この通り票が割れて，この段階でもまだどれかのテーマに収斂する気配の見えない結果となったため，さらに話し合いを続けることにした．

　まず11番の提案者であるBさんから，自分以外に支持者がいないので外してもいいという申し出があった．次いで2番について，社会的には文系見直しの要請が文部科学省から出ている一方，この授業では逆に文系の学生のほうが多いので，果たして1回の授業で相互理解に至れるかどうか疑問であるという危惧の念がEさんから表明された．この点については，「文系」「理系」といっても分野はそれぞれ細分化していて，文系同士・理系同士でもたがいに理解できているわけではないのだから，「文理」というカテゴリーにこだわらずに議論してみることはできるかもしれないという提案が石井からあった．

　次に5番の支持者から，次のような理由説明があった．

　　　さっきDさんの話を聞いて，他人の心という問題もありますけど，そ

こで教育の方向に包摂するのではなく，他者理解という方向に読み込む可能性が残っているんだな，というところに私は投票しました．結局は文理や専門化・細分化の問題が，「異なるもの」とどう関わるかという問題に根本のところでは通じるのではないかと思います．ちょっと大きすぎるかもしれないんですけど．それで投票しました．（Ｅさん）

　確かに5番に関しては，もともとの出題意図からは多少ずれるかもしれないが，「他者理解」というキーワードを設定してみると，2番とつなげることができるように思われる．こうして少し一定の方向性が見えかけたところで，2番の支持者の1人であるＣさんから，これは「区別が必要かどうか」というよりも，「区別を固定化することをどう考えるか」という問題だと考えると，議論ができそうだと思ったという理由説明があった．

　次に自分の提案である7番に投票したＧさんが，これをみずから取り下げる代わりに，5番に入れたいという意思を表明した．その理由は，「差異にたいする想像力」という観点から，文系的な話も理系的な話もできそうだからというものである．

　ここまでの議論で，1票も入らなかった3番を消すことがまず合意され，残った3つ（2，5，9）がそれぞれ2票ずつとなったが，11番を取り下げたＢさんが9番に入れ直すことにしたので，これだけが3票となった．

　ここで2と5はやはり連動しているので，両者をあわせれば「異分野を理解することは可能か」という問いが考えられるのではないか，そこにいくつかの論点を工夫して設定すれば，これまで出てきたテーマ（たとえば「文理の区別は必要か」など）も下位分類として組み込むことができるのではないか，という藤垣の提言があった．こうして議論は最終的に，「異分野を理解することは可能か」と「道徳教育は役に立つか」という2つのテーマに絞り込まれていったが，後者の場合についても具体的な論点としてどんなものが考えられるのかを知りたいという問いが提起されたので，この点について少し話し合うことにした．

　最初に並べたテーマの8番にあった「いじめ」の問題は当然包摂されるが，ほかにも「人間は他者を排除せずにはいられないのか」という論点が下位分類

の候補として挙げられた．また，もとの 3 番に関連づければ，「教育によって人格を矯正することはできるか」という論点もありうるだろう．そうしてみると，これまでの議論を踏まえていくつかの問いを下位分類として組み込むことはできそうだ．しかしここで話し合いはやや膠着状態になり，まさに「議論によって合意に達することは可能か」という問いが現実のものとして浮上しかけた．

　ここで G さんから，これら 2 つの問いに共通しているのはつまるところ「差異」の問題ではないか，そうだとすると，学問的見地から差異を乗り越えるのが異分野理解，社会的なレベルでの差異の乗り越えが道徳教育というふうに考えて，「差異を乗り越えることは可能か」という問いが成立するのではないか，という提言があった．これは確かに，「差異」という上位概念を設定することで 2 つの問いを弁証法的に統合する秀逸なアイディアである．そうすれば，異分野理解と道徳の問題をそれぞれ個別的な論点として組み込むことができるだろうし，「他人の心を理解できるか」という問いまでも議論の対象にできそうだ．

　というわけで，最後はこの提案を採用するということでみるみるうちに全員の意見が収斂し，合意が形成された．「差異」がキーワードとして共有されることで受講者たちの「差異」が解消されたというのは，なんとも冗談のような成り行きだが，はじめに提出された 11 種類の問いが議論の過程を通してふるいにかけられたり合体させられたり変形されたりした結果，最終的には誰も予想しなかった新しい問いへと練り上げられていくプロセスはなかなかスリリングであり，教師にとっても貴重な体験であったことを特記しておきたい．ともあれ議論によって「差異が乗り越えられた」わけだから，今回はまるでこの問いの回答を先取りして実践するような授業であったことになる．

　最後に，問題提起文は 2 人の教師が分担執筆することが確認されて，テーマの絞り込み作業は無事に終了した．　　　　　　　　　　　　　　　　（石）

議論を振り返って

　番外篇では，第 6 回の授業で回収した課題提出結果をもとに，最終回で議論

すべきテーマを1つに絞るという議論をおこなった.

1回めの投票後に各問いについて自由に議論してもらったが,ここで出てきたのは各問いの掘り下げ,つまり〈問いを分析する〉ことである.問いの中身を分析することはこれまで各回の議論でもおこなってきた.たとえば,定義を問う,言葉の1つ1つを吟味するなどである.今回はそれらの経験をもとに,各問いを議論するテーマとして選んだ場合,議論のしやすさや深みがどれだけあるかといった観点からの問いの分析であった.具体的には「(この問いは……という必要があるので)予備知識なしで議論するのはむずかしいかもしれない」「(この問いは……に気をつければ)あまり限定にならないですむのではないか」「(この問いは……なので)問いとしてはあらかじめ答えが想定できてしまうのではないか」「(この問いは……なので)ちょっと重すぎるのではないか」などというものである.

2回めの投票前におこなったのはテーマの整理であり,〈問いを分類する〉という作業である.そして第2回の投票後に提案者をあかしたうえで,提案理由を語ってもらった.これは〈立場を支える根拠を明らかにする〉という作業である.ここで立場とは,テーマを提案する立場と考えていいだろう.たとえば「この授業でやってきたことを再確認するために考えた」「自分の……という経験から問いの正当性を考えたかった」「……という関心から考えた」「……という問題を考えたかった」などである.同時に,提案者にたいする質問とそれへの応答も得た.これらも〈立場を支える根拠を明らかにする〉ことに役立っている.

3回めの投票前に再び〈問いを分類する〉という作業をおこない,そのうえでテーマを6つに絞っている.投票の前に,提案者の意図だけでなく,それに投票した人の意見も聞いてみたいという要望が出たため,それを自由に語ってもらうことにしたが,これらは〈立場を入れ替えてみる〉作業となろう.提案者と投票者という立場の入れ替えであるが,提案者とは異なる視点からの問いの吟味である.具体的には,「(この問いを選ぶことによって)……かどうか考えてみたい」「(この問いは)……という問題にも結びつけられるのではないか」「……を取り上げるほうが最終回の授業にはふさわしいのではないか」などというものである.

また，3回めの投票後の話し合いでは，複数のテーマの結びつきを考え，〈問いを上位概念でまとめる〉という作業をおこなっている．たとえば，2番の問い「学問に文理の区別は必要か」と5番の問い「他人の心を理解することはできるか」のあいだの共通項を考え，「異分野を理解することは可能か」という問いを考えるということである．さらに，「異分野を理解することは可能か」と「道徳教育は役に立つか」のあいだの共通項を考え，「差異を乗り越えることは可能か」という問いを考えたことである．

　議論によって合意に達することは非常にむずかしいことであり，それは教師の側も日々の学内外の委員会や教授会の運営においても実感することである．この日の学生たちの議論で11種類の問いが，最終的に誰も予想しなかった新しい問いへと練り上げられていったプロセスは，そばで見ていた教師たちにとってもドラマティックな展開であった．なお，上記の中に出てくる〈問いを分析する〉〈問いを分類する〉〈立場を支える根拠を明らかにする〉〈立場を入れ替えてみる〉については，本書の「おわりに」で再びふれる．

　アクティブ・ラーニングの1つの手法として番外篇のような課題のしぼりこみをやる場合，投票の仕方自体を議論させるやり方もある．たとえば，この授業では第1投票および第2投票は1人3票としたが，この票数をみなで議論する，あるいは最終投票をどう定義するかをみなで議論する，などがありうる．なお，藤垣は現在，日本学術振興会の先端科学シンポジウム事業委員会委員であるが，事業委員会委員になる以前に日仏先端科学シンポジウムのPGM（プランニング・グループ・メンバー）および日仏専門委員をやっていたときの経験から，議論による合意を得るために投票の仕方から議論するプロセスに遭遇したことを記しておこう．具体的には，次年度のシンポジウムのテーマ（生命科学・医学，化学，物理学，地球科学，数学，マテリアル科学，人文社会科学の各分野それぞれで，最先端，かつ他のシンポジウムでまだテーマとして選ばれていないもの）を選ぶプロセスにおいて，日仏のPGMは，数あるテーマ候補のうち1人いくつまで投票することにするのか（1人のもっている票数），最終的合意はなにで判断するか，をきちんと議論し，それを決めてから投票に入った（2009年3月於パリ，第4回日仏先端科学シンポジウム中間会合）．さらに，テーマを選ぶときにも〈問いを分析する〉〈問いを分類する〉〈立場を支える根拠を

明らかにする〉〈立場を入れ替えてみる〉〈問いを上位概念でまとめる[4]〉とい
う作業がなされていたことを付記しておこう[5].　　　　　　　　　（藤）

---

4)　とくに「問いを上位概念でまとめる」作業は，第 1 回日仏先端科学シンポジウム中間会合
で頻繁に見られた（2006 年 3 月於日仏会館）.
5)　議論のプロセスすべてが書かれているわけではないが，先端科学シンポジウム PGM とし
ての経験の一部については，http://www.jsps.go.jp/j-bilat/fos/messages/02.html（2015 年 8 月 31
日現在）参照.

番外篇　議論によって合意に達することは可能か　　235

参考資料[6]

〈第 3 回配布資料〉

課題：答えが容易に決められない問いを考えよ．

提出締切：第 6 回授業時

　「番外篇」の授業で，各人からあがってきた「議論すべきテーマ」を列挙し，その中から 1 つ最終回の授業で議論するテーマを選ぶこととする．

　例として，以下，バカロレア[7] の問題例を 5 つ挙げる．

　1　主体についての問い

　　「自分が何者かを知ることはできるか」

　2　進歩についての問い

　　「技術の発展は人類を変えるか」

　3　科学についての問い

　　「いかなる科学にも答えられない問いは存在するか」

　4　政治についての問い

　　「争いのない社会を構想することはできるか」

　5　道徳についての問い

　　「自由であることと法に従うことのあいだに矛盾は存在するか」

---

6)　ただし，学生に配布した文書では，2 は文化についての問い，3 は理性と現実についての問いとして配布した．

7)　バカロレア（Baccalauréat）：フランスの大学入学資格試験．普通バカロレアの試験は文学系・経済社会系・科学系の 3 コースに分かれているが，いずれも（つまり人文科学・社会科学・自然科学を問わず）哲学の試験は必修として課される．受験者は 3 つの選択肢からいずれか 1 題を選び，4 時間かけて小論文を執筆する．またそのための準備として，高校（リセ）の学生は最終学年の 1 年間を費やすことになる．

最終回

差異を乗り越えることは可能か

● 問題提起：学問篇 ●

　学問篇の「差異」はやはり分野間の差異であろう．そもそも専門分野とはなにか．そして専門分化はいつ進んだのだろうか．そして今後はどうなっていくのだろうか．

　学問の専門分化（specialization）は，19 世紀にはじまったとされており，この専門分化に対応して，学会が次々と設立された．たとえば，ロンドン化学会は 1841 年に，パリ化学会は 1857 年に，ドイツ化学会は 1867 年に設立されている．続いて，ロシア化学会，イタリア化学会，アメリカ化学会，東京化学会が，それぞれ 1868 年，1871 年，1876 年，1878 年に設立されている[1]．学問の専門分化と科学者の職業専門化（professionalization）が並行して進み，学問の制度化が進んでいったのである[2]．

　それではそもそも専門分野とはなんだろうか．専門分野を表現する言葉はdiscipline であるが，これは，「教育訓練上，方法論上，内容上，教えることができる知識のかたまり」であるとされている[3]．つまり，discipline は知識を指すのであって，人間の集団を指しているわけではない．また，科学人類学的調査から，たとえば「○○という discipline に入る研究者は誰ですか」というインタヴューをおこなう調査をすると，どの人を入れるか入れないかは，研究者によって異なり，科学者間でコンセンサスがないことが示されている[4]．

　専門分野間の差異はなにによって表されるのか．分野が違うと知識が妥当かどうかを判断する基準が異なる[5]．そのため，分野の差異は，「異分野摩擦」を引き起こすのである．それぞれの分野で知識が妥当かどうかを判断する基準

---

1)　古川安『科学の社会史——ルネサンスから 20 世紀まで』，南窓社，1989 年.

2)　T. Gieryn, "Boundary of Science", S. Jasanoff *et al.* (eds.), *Handbook of Science and Technology, op. cit.*

3)　OECD, Interdisciplinarity, 1972.

4)　N. Gilbert and M. Mulkey, *Opening Pandra's Box: A Sociological Analysis of Scientific Discourse*, Cambridge University Press, 1984.

5)　P. L. Galison and D. J. Stump (eds.), *The Disunity of Science, op. cit.*

が異なるために，みずからの属する集団以外の妥当性基準を評価できなくなるのである．ふだん，同じ専門分野の中だけで会話しているときには意識されない妥当性境界（知識が妥当かどうかを判断する基準）が，他分野の人と出会ったときに意識化されるのである[6]．

　さて，学問分野があまりに細分化することの弊害は，長らく指摘されてきた．細分化による利点は，問題を細かく分節化することによって解きやすくし，知識の蓄積を可能にすることである．一方で，細分化による欠点は，全体を見ることがむずかしくなり，研究を現場に応用するときの文脈や，同じ対象を異なる方法で研究している異分野との協力がむずかしくなることなどがある．細分化を乗り越えるための方策としては，学際研究（multi-/inter-/trans-disciplinary）について考察すること[7]，知の統合を考えること[8]など，さまざまである．異分野交流というのも学問分野間の差異を乗り越えるための1つの手段であるが，これによってなにが得られる（た）かは，この授業（本書）をメタレベルで再考することに相当するだろう．

　さらに，文理の区別についても考えてみよう．日本では，「理系」「文系」という2分法がよく用いられるが，海外では natural science, social science, humanities（自然科学，社会科学，人文科学）の3分法のほうがよく使われている．日本で使われる「文系」は，社会科学と人文科学をあわせた用法であろう．ただ，認知科学や科学技術社会論など，理系にも文系にもまたがる領域も増えてきているので，この区別ではそもそも扱えない領域もある．

　さて，文理の区別は，境界が本質的に存在するとする「境界画定問題」（demarcation-problem）として扱うのではなく，「境界画定作業」（boundary-work）として扱ったほうが効果的と考えられる．これらは科学論で用いられる概念であ

---

6)　藤垣裕子『専門知と公共性』，前掲書．
7)　たとえば，マルチディシプリナリは，共通の関心にたいする異なる分野からの方法を並列させ，知識と方法の幅を広げること，インターディシプリナリは離れ離れのデータ，方法，ツール，概念，理論，展望などを統合し，1つの分野で扱うにはあまりに広く複雑な問いに答えようとすること，トランスディシプリナリは，狭い分野ごとの世界観を超える包括的な統合として定義されている．科学・技術・倫理百科辞典翻訳編集委員会編『科学・技術・倫理百科事典』，丸善出版，2012年，364頁．
8)　たとえば山脇直司編『科学・技術と社会倫理——その統合的思考を探る』，東京大学出版会，2015年．

る．境界画定問題では，科学と非科学を分ける〈本質〉を探ろうとするのにたいし，境界画定作業では，境界は「はじめからそこにある」のではなく，「人びとが引こうとする」ものであるととらえる[9]．同じように，文理を境界画定作業としてとらえるとは，「人びとが文系と理系の境界を引こうとする」作業を観察することに相当する．

　人びとは，理系と文系という区別をどういうところで使おうとしているだろうか．受験や就職のさいの区分けとして利用されることはよく観察される．そして多くの場合，「あの人は文系だから」「理系だから」という形でカテゴリー化し，レッテルを貼ることによって，その先の行動の類型化に用いていることが多い．つまり思考短縮のための手段と考えることができる．ほんとうは，理系（あるいは文系）の中にもさまざまな分野があり，その中での差異がたくさんあるにもかかわらず，それらを無視してカテゴリー化することによって，ある種の「思考短縮」をおこなっているのである．

　差異を乗り越えるといっても，差異がなければいいというわけではない．むしろ，理系（あるいは文系）内の分野の差異を強調せずに，文理の差を強調することによって，なにを主張しようとしているのか，その境界作業に潜む政治性を見極めることのほうが重要となろう．　　　　　　　　　　　　　　　（藤）

●問題提起：社会篇●

　あたりまえの話だが，私はあなたではないし，あなたは私ではない．人間はみなそれぞれに異なっている．性別，年齢，国籍，民族，出自，職業，地位，収入，知能，体力，学歴，容姿，性格，……自然的な差異もあれば制度化された差異もあるが，私たちは目に見えるものから目に見えないものまで含めてさまざまな要素によって区別され，みずからのアイデンティティを規定されている．要するに，社会とは「他者との差異」の集積体である．

　しかし同じ共同体を構成する以上，人間はこれらの多様な差異を乗り越えな

---

9)　T. Gieryn, "Boundary of Science", S. Jasanoff *et al.* (eds.), *Handbook of Science and Technology, op. cit.*

ければ生きていくことはできない．共同体の規模や形態は，家庭，学校，職場等々さまざまであるが，私たちは他者との対立や葛藤，摩擦や軋轢に日々さらされながら，意識的にせよ無意識的にせよ，差異の乗り越えという営みを繰り返している．

　言うまでもなく，「差異を乗り越える」ことは「差異を消滅させる」ことと同義ではない．それどころか，むしろ逆である．差異を差異として確認し，これを前提とした上で，相互に自分とは異なる存在を承認しあうこと，それが共同体を維持するための基本条件である．他者を理解するということは，他者と安易に妥協したり同一化したりすることではなく，さまざまな差異の認識から生じる違和感や反発心，嫉妬心や劣等感などのすべてを抱え込みながら，それでもなお他者と共存していくすべを知ることなのだ．

　ところが一定の（ほとんどの場合無根拠な思い込みに基づく）誤った価値観が介入してくると，単なる区別にすぎないはずの差異は，しばしば「差別」へと横滑りする．男性は女性よりも能力が高いという価値観から女性差別が生まれ，白人は黒人よりも美しいという価値観から黒人差別が生まれた．ユダヤ民族を劣等人種とみなす価値観が極端な形で先鋭化された結果，人類の歴史に汚点を残す大虐殺が実行されてしまったことは，言うまでもない．日本社会に特有の被差別部落問題や昨今しばしば話題になるヘイトスピーチ問題も，つまるところ同種のメカニズムに基づいている．

　また，これほど明白な社会事象にはいたらなくても，区別から差別への横滑り現象は私たちの日常生活において常態化している．いわゆる「いじめ」問題などはその典型だろう．クラスの中で，なんらかのきっかけでグループから排除された生徒が理不尽な物理的・心理的暴力の標的とされる．ただしこの場合，排除の根拠となる「差異」は必ずしもはっきり特定できるとは限らない．文部科学省の「国立教育政策研究所」が2009年4月に出した「いじめ追跡調査2004-2006」によれば，いじめ問題に向き合うさいには「何か特別な問題や背景があるから，いじめが起きる」というような考え方ではなく，そうした「問題の有無とはさほど関係なく，いじめは起きうる」「ちょっとしたきっかけで，いじめは起きてしまう，広がってしまう」といった見方が求められるという[10]．

つまり「差異があるから差別が起きる」のではなく，「差別をするために差異を作り出す」という倒錯した状況が，いじめ問題には見られるようなのだ．したがって差異が見えにくく一見同質性が高いように思える集団でも，必ず差別は発生する．いや，むしろそうした集団ほどかえって，無理やり差異を捏造して特定の対象を排除する機制が作動しやすいと言えるかもしれない．

　顕在的な差異があれば，これを根拠にして他者を差別する．明示的な差異がなければ，これを作り出してでも他者を差別する．このように少しでも他者より優位でありたい，弱者の立場に甘んじるよりは強者の立場に立ちたい，集団から排除されるよりは排除する側に身を置きたい，というのが人間一般の本能であるならば，世界から差別をなくすことは永遠に不可能なのではないか，という悲観論に流されたくもなる．「すべて国民は，法の下に平等であって，人種，信条，性別，社会的身分又は門地により，政治的，経済的又は社会的関係において，差別されない[11]」という日本国憲法の文言が実質的なものとして効力をもつためには，いったいなにが必要なのだろうか．

　教育，というのはひとつの回答かもしれない．放っておけば自然に差別を志向してしまう人間の本性を認めた上で，それがモラルとして許されないことであることを早いうちからわからせる．人間はみな生まれながらに平等なのだ，だから他人の幸福や権利は自分のそれと同じく尊重しなければならない，誰かを集団から排除したり差別したりするのはいけないことである，という考え方を繰り返し教え込む．それがいわゆる「道徳教育」の役割である，という発想だ．

　だが，もちろんそれで簡単に差別がなくなるほど，世の中は単純ではない．自分は安全圏に身を置きながら特定の犠牲者を標的と定め，これを軽蔑したり排除したりすることで得られる快感への欲求は，教育によって馴致することのむずかしい普遍的な衝動であり，ほとんど本能の領域に属するからだ．差別することへの欲望は，それほどにも人間の本性に深く根を下ろしている．

　だから道徳教育なるものにもし果たしうる機能があるとするならば，それはきれいごとの理念を画一的に教え込むことよりも，むしろ世界に遍在する幾多

---

10)　http://www.nier.go.jp/shido/centerhp/ijime2004_06/ijime2004_06.files/6_tyosa.pdf, p.7.
11)　日本国憲法第三章「国民の権利及び義務」第十四条第一項.

の差異に向けて生徒たちの目を開かせることにあるのではなかろうか．この世が自分の想像をはるかに越えた多様性に満ち溢れているという事実に触れてはじめて，人間は「差異」を「差別」に横滑りさせることの愚かさを知り，他者を前にして謙虚であることの重要性を実感する．そしてさらには異質なものとの差異を起動力として社会を活性化させ，創造的な協働関係へと発展させることができるようにもなる．それこそが，言葉本体の意味において「差異を乗り越える」ことにほかならない．

（石）

論 点

1 異分野の壁を乗り越えることは可能だと思いますか.

2 学問に文系と理系の区別は必要と考えますか.

3 教育によって差異を乗り越えることは可能だと思いますか.

4 他者を理解することは可能と考えますか.

.... **議論の記録** ....

　この日の議論は,「番外篇」の授業で学生が議論によって絞り込んだテーマ「差異を乗り越えることは可能か」, および学生の議論の中でとくに取り上げられていた論点4つをもとにおこなわれた. なお,「問題提起文：学問篇」および「社会篇」は, 番外篇の授業後に教師2名が学生の論点4つをもとに書き起こしたものである.

〈論点1：異分野の壁を乗り越えることは可能だと思いますか〉

　この論点は,「番外篇」の最後に残った「異分野を理解することは可能か」と「道徳教育は役に立つか」のうちの前者を, 上記テーマ「差異を乗り越えることは可能か」にしたがって修正をおこなったものである. 本授業をメタレベルで振り返り, 各学生が他学部他分野の学生とどのくらい異分野交流ができたかを考察する問いである. まずAさんから, 異分野の壁を乗り越えるにはいくつかの段階があり, 具体的には（1）異分野の言葉を理解するレベル,（2）分野によって大事にしている価値が異なることを理解するレベル,（3）理解した上で合意に至るレベル, の少なくとも3段階があるということが主張された. 第2のレベルはたとえば法学では秩序を重んじるのにたいし, 文学では体験を

重んじるといった価値の違いである．しかし，人文学的価値と社会・政治学的価値の違いなどは，この授業ではかなり理解が進んだが，教室の外に出ていったときにはむずかしいかもしれない，という意見が出された．また，第3のレベルの「理解をした上での合意」はかなりむずかしいが，すりあわせがうまくいった回もあったという意見が出された．とくに第5回（代理出産は許されるか）で，役割演技をすることによって「自己の変容」が強いられたときには，すりあわせがうまくいったように感じられたとのことである．

次にDさんは，「私自身は異分野の違いは感じなかった」と述べ，逆に「理系と文系の区別がある」ことを強要されているような気がした，と述べた．これについては論点2でふたたびふれる．また，同時に自分の専門分野とはなんなのか，分野のアイデンティティを考えるきっかけとなったこと，そして自分の専門分野を他人に説明しやすくなったことを述べた．

> Dさん「自分の分野にたいしての考えを深めることを余儀なくされた感じがします」
> 藤垣「つまり他分野と交流することによって自分の分野とはなにかと考えざるを得なくなった？」
> Dさん「他分野の人と話すことで，自分の分野のアイデンティティってなんだろうと考えるきっかけになりました」
> 藤垣「説明しやすくなったとか？」
> Dさん「自分のやってることってふんわりしてたんですけど，この授業を受けるまでは．でもこの授業の中では説明しなきゃいけないじゃないですか，自分の分野のことを．それを調べようとするきっかけにはなりました」
> 藤垣「外国人に紫式部について聞かれて，一生懸命『源氏物語』を読む日本人にちょっと似てるかもしれない」
> Dさん「そうかもしれないです」

文学部のCさんは，この授業を通して「分野の差異に気づかされた」と述べた．また，「この問いは法学部の人から見るとこう見えるのだろうな」とい

最終回　差異を乗り越えることは可能か　245

った他分野の人の思考を予測できるようになったこと，それによって逆に自分の分野の「凝り固まった思考パターン」を理解できるようになったことが主張された．続いて差異を乗り越えることと差異に気づくことの差の議論となり，そもそも「乗り越えるとはどういうことか」という議論になった．学問分野間の差異を「乗り越える」とは，「他の分野の差異に刺激されて，自分の凝り固まった思考が変容すること」，そして「そのような変容が相手にも起こることが学問分野間の乗り越えである」というのが学生たちの結論であった．

　　藤垣「乗り越えるというのは合意を形成するということですか」
　　Ｃさん「それはちょっと違って，乗り越えるっていうと壁があって乗り越えて，同じところにたどり着くというイメージがありますけど，そういうのとはちょっと違うなぁ．石井先生が書かれた社会篇の，「『差異を乗り越える』ことは『差異を消滅させる』ことと同義ではない」というのがそうですけど，合意の形成というよりかはなにか，やっぱり他の分野との差異に刺激されて自分が少し変容していくっていうか，そういうふうにイメージしたほうがいいかなと」
　　藤垣「差異に刺激されて？」
　　Ｃさん「自分の凝り固まった思考パターンではたどり着けなかったものに，刺激を受けることによって，たどり着けるようななにか変容があるんじゃないか」
　　藤垣「それがあなたの『乗り越える』の定義？」
　　Ｃさん「そうですね，今のは自分だけですけど，それが相手にも起こるような気がして，学問間で考えた場合の乗り越えってそういうことなんじゃないかなと」

　さらにＧさんからは，この授業を通して人文科学に凝り固まっていた自分の思考が社会科学ほかに開かれたことが述べられたあと，壁を乗り越えるための3つの条件が示された．（1）複合的な問いをうまく立てること（異分野の人が協力できるような問い），（2）共有可能な言葉で話すこと，（3）その問題への自分の分野における解を考えること，の3つである．それによって「自分の思

考のくせ」が見え，自分の思考のくせのみで突っ走ることにブレーキがかかる，ということが主張された．一方でこの教室の外でつねにそれが可能かというとなかなかむずかしく，本年度の授業で人数が少なかったことによってこのような壁の乗り越えが可能になったのでは，という意見が出された．

Eさんは，他分野の人がなにを目的とし，なにを正義とし，なにを大事にしているか，自分と違うそれらのことを「把握した」と述べた．把握はしたが，思考様式をそれにあわせることはできない．また，差異によって変容する，つまり他分野に「接近する」ことのほか，差異に自覚的になる，つまり自分との境界が見えるという意味での「離別する」ことが同時に起こるのでは，という意見が出された．

　　自分が差異に刺激されて変容するという方向は，相手に向かって接近する方向なのかなと思うんですけど，差異に自覚的になって自分の考え方を自覚するという働きは，わりと線引きが見えてくるという意味で，離別の方向に近い気がするんですね．ちょっとまあ概念的なとらえ方になってしまってあれなんですけど，変容することと自覚することは接近と離別という2つの相反するベクトルを含む活動なのではないかという気がしてきて，なかなか考えていることは構造的に複雑なのではないかなと思いました．
　　（Eさん）

また，この授業が「やっぱり話すことという媒体を利用して進行している授業だ」と指摘した上で，このように「言葉」が媒体になる学問にたいし，数式が媒体になる分野もあるため，なんの媒体によって統合するかが問われるということが主張された．

最後に石井は，これまで何十年も「一方的に授ける」授業をしてきたのにたいし，この授業では毎回教室で学生の議論を聞いて思いつくことが多くあり，みずからの思考が刺激されたと述べた．そして，「やっぱり話すことや，ダイアローグによって深まる思考というのは確かにある」と述べたあと，そのような対話によって深まる思考は以下の4つのプロセスをたどるのではという考えが出された．(1) 差異の認識，(2) 相互承認，(3) 自己の変容，(4) 合意，と

いうものである．（2）は，相手にも，自分が大事にしているのと同じだけの別の大事な価値があることを相互に承認することをさす．（3）は，自分の考えを修正したほうがいいかもしれないと気づき，実際に修正することをさす．（4）は，ある問題を前にしてなにか結論を出さねばならないことをさす．自分の信じている価値観そのものを相対化し，結論を出すということである．この発言を受け，藤垣は，学内外の委員会にもさまざまなものがあるが，背景となる専門分野や所属の異なる委員が納得のいく合意に至る際は，確かにこの4つのプロセスが存在していることを経験をもとにして述べた．

　以上が論点1の議論の経過である．異分野交流，分野の差異を乗り越えることの内実が，じつにさまざまな形で言語化されていることがわかる．

〈論点2：学問に文系と理系の区別は必要と考えますか〉
　まずAさんからは，「差異がまったくなくなることがいいことなのではなく，差異は残っている必要がある．しかしそれは文理である必要はなく，自然科学，社会科学，人文科学の3つでよいのでは」という意見が出された．Cさんからは，「分けること」は，自分の立ち位置を定めるために必要であるが，それを固定する必要はないのでは，という意見が出された．その上で，「理系および文系の中に多様性を作ることによって，この分け方を固定しようとする傾向を避けられるのでは」という意見が出された．Eさんは，「あいだにあるものを認める必要はあるが，包摂される必要はないのではないか」と主張した．

　これらにたいしDさんは，そもそも文理の区別の必要はないのでは，という意見を述べた．Cさんのように「理系および文系の中に多様性を作ることによって，この分け方を固定しようとする傾向を避けられるのでは」というのなら，そもそも文理に分ける必要もないのでは，という意見である．文理に分けるのは，事務的な作業を効率的にする以外に利点はなく，そのような分け方だけで生きづらさを感じる分野（文理融合分野）もある．「レッテルを貼られる」ことによる欠点があり，問題提起文にあるような文理に分けることによる「思考短縮」も問題である．境界を定めることの利点と欠点を認識すれば，専門分野だけがあればいいのであって，文理という分け方は必要ないのではないかという意見である．これにたいして，Aさんから反論があり，やはり「分けるこ

と」，境界は必要であり，分けることによって（あるいは対置させることによって）価値が出てくるということはあるのでは，という意見が出された．多様な分類の仕方の中から選択し，より分野が発展させられるよう配分比率を考えればよい，という意見である．

　Gさんは，みずからの専門性の視座を得ることによって視点を定めることができるので，学問分野の区別はあったほうがいい，しかしその区別として文理が適切かどうかはまた別の話である，という意見を出した．そして各学問の閉鎖性を助長するという点では文理の区別には弊害があるのでは，と述べた．

　　　この授業がまさに体現していると思うんですけど，自分の専門性というある程度の視座を得た上でアプローチすることによって，視点が獲得されていくという側面もあると思います．ですので，この授業そのものが答えになっているような気もするんですけど，学問には区別があったほうがよくて，でもその区別として文理が正しいかどうかっていうのは問い直さなきゃいけない．文理が悪いかどうかというよりかは，この長いあいだの区別が，さっき固定的な本質と言ったんですけど，各学問の閉鎖性みたいなものを助長して交流というものを遮断してしまう，区別によって流動性が損なわれていることでこういう問題が出てきていると考えることができると思っていて……．（Gさん）

　この意見の中では，本授業が，「自分の専門性という視座を得た上で問いにたいする視点を定める」ことの実践であったこと，および本授業が「学問に区別があったほうがそのような視点を定めるのによい」という認識に役立ったという点が指摘された．授業をメタレベルで評価する考え方が示されている．

　Gさんはその上で，文理の区別を「教養」と呼ぶかどうかの質問を出した．これを受けて石井から，「制度の問題」と「思考の問題」を分ける必要性が指摘され，制度の問題として考える限り学問分野の区別をなくすことはできないし，いったん境界を引くことは悪いことではないということ，ただ思考のレベルでは，そのような制度上の境界を本質化・固定化することが問題である，なぜなら虚構のものでしかない境界が本質化してしまうと，それが自由な思考を

最終回　差異を乗り越えることは可能か　　249

縛ってしまうからであるという主張が展開された．そして，大学入試が学生の
マインドを文理に分けていることの弊害を挙げ，そのような「虚構の境界が本
質化して思考を縛ること」から人間を解放するのが教養である，という意見が
述べられた．

　　石井「これは自戒を込めて言うと，入試がかなり学生のマインドを文理に
　　分けている．これは事実だと思うんです．[……]こんな分け方で学問が
　　全部包摂されるわけがないので，これは虚構ですよね．フィクション．と
　　ころがフィクションが本質化してしまうと，思考を縛ってしまう．まるで
　　それが人間の本質であるかのように思わされてしまう．自分は文系的人間
　　だ，理系的人間だと．それに気付かせてこうした枠組みから解放するのが
　　リベラルアーツであるというのが私が前から言っていることで，教養学部
　　はそこに存在意義がある．同じ学部に文系と理系が共存していることには
　　そういう意味があるので，本当は教養学部だけではなくて東大全体がそう
　　でなければいけないと思う．文理の枠をいったんはめて，その中できちん
　　と専門の勉強はするのだけれども，その上であらためてそれを他の分野と
　　すりあわせて変容させていく．個人レベルでもそうだけど，組織のレベル
　　でもそうでないといけないと思ってるんです．でも，これは言うは易し行
　　うは難しでね」
　　藤垣「すごいですね．虚構が本質化して思考を縛ってしまうところから解
　　放するのが教養，あるいは教養学部の役割である」

〈論点3：教育によって差異を乗り越えることは可能だと思いますか〉

　この論点は，「番外篇」の最後に残った「異分野を理解することは可能か」
と「道徳教育は役に立つか」のうちの後者を，上記テーマ「差異を乗り越える
ことは可能か」にしたがって修正をおこなったものである．まずEさんから，
道徳の授業は，「多様な差異に気付かせる」意義があるという意見が出された．
ただし，道徳の授業では教室の外に自分たちと異なる集団があるとし，教室の
中の人たちを単一の集団として固定してしまう傾向があるが，教室の中の隠さ
れた差異にも理解が必要である，という意見が出された．このあたりは，グロ

ーバル人材を扱った第2回で扱った，「日本社会の中の均一性を保つために異質なものを排除しようとする」といった傾向と表裏一体である．Ｇさんからは，教育は「差異を乗り越えることを準備させる」「差異を乗り越えるよう方向づける」必要があるのではないか，そして教育の中に隠されている「差異を固定化しようとする」方向を再考する必要がある，という意見が出た．Ｃさんは，教室の中の差異を言語化してみること，言葉で気付かせることの重要性を主張した．自分が無意識に差異化しているものがあって，それに気付かないと「差別」につながってしまう．だから差異の言語化が必要である，という意見である．

　　私も教室の中の差異って大事だなと思っていて，教室の中の差異であれ，他の世界との差異であれ，とにかく差異に気付かせるのが一番大事というか．差異というのを実際に言葉として気付かせないと，［……］社会の構造の中で，自分の無意識の中の差異が差別になるんじゃないかな．社会構造の中で，無意識の中に醸成されていったものが差異ではなくて差別を生み出すような気がして，その前に教室で，教室の中の人であれ外の人であれ，そういう人たちとの差異，というものに言葉で気付かせてあげるというのが大事なんじゃないかなと思いました．（Ｃさん）

ここでＡさんは，道徳教育の中で社会に存在する差異に気付かせることには反対である，なぜならそのような教育は自分がマジョリティの側にいることの安心感を生産し，逆に差別意識を増幅する装置になってしまうリスクがあるからだ，という意見を表明した．Ｃさんはそれにたいし，「差異を言語化することによって気付かせる」ことと，「差異を見せないほうが増幅させなくてすむ」こととがまったく反対の方向をむいた考えである，と指摘した．Ａさんの考えは，「知って差別するくらいなら，知らないでいたほうがいい」という意見である．

　　Ａさん「道徳教育でいろんな差異を取り上げることがいいかっていうと，けっこうリスクのほうが大きい気がします．いじめの話とかもそうですけ

最終回　差異を乗り越えることは可能か　　251

ど，弱いものがいることを取り上げるのってけっこう危険だなと思っています．なにもない状態から差があるんだよってことを教えてあげることはできるんですよね．差があるという理解はできるんですけど，それから合意までもって行くことって教育だけでできるかっていうと，ちょっと疑問です．強者の立場に立つことの気持ちよさって問題提起文に書いてありましたけど，本能的にすごいと思うんですよね，安心を得るっていうのが．教育ってそのマジョリティにいる安心感を生産する装置にしかならないんじゃないかという気がして，だからリスクにしかならないんじゃないかなと．道徳教育で，こんな人がいるから優しくしようねというよりかは，具体的な話より抽象的な話でいいって気もするんですよね」

Ｃさん「じゃあそうすると完全に私とは逆で，言葉によって差異ってものがあるんだと教えるよりも，そのまま野放しというか，そういうところにはとりあえず蓋をしておいてということですよね」

Ａさん「学校でやる必要はないんじゃないかと」

Ｃさん「そうすると自然的な性向として，なにもしなければマジョリティの気持ちよさにむかう気がする．だからなにも教育しなかったらいじめをするんじゃないかなと思うんですよ，教室の中で．無意識の中で醸成されていく差別のほうが対処がむずかしいんじゃないかな」

Ａさん「教室の中のいじめっていうのは，たぶん教育しててもしてなくても起こると思うんですね．教育でいじめだとかなんだとか取り上げるから，また新しいいじめが始まる．そう考えると，新しい芽を作っちゃってるんじゃないかなと．減らせるかもしれないけど，それをモデルにして新しいいじめが始まるんじゃないかなと思うんですよね」

Ｃさん「知って差別するなら知らないで差別するほうがいいということですか」

　このように，差異と差別の問題を，教室で教えるべきか，年齢が上がって相対的に考えられるようになってから教えるべきか，といった議論が活発に続いた．

　Ｇさんは，もともとその人の中にある差異の感覚（差別）をゆりおこすこと

は教育として有効ではないか，しかし問題の解決，あるいは予防になるかどうかはまた別の話であると述べ，低年齢で意識をゆりおこすことの意義について問題提起した．

　Dさんは，教育以外の手段でどうやって差異を乗り越えることができるのか．教育は差異を乗り越えさせる義務があるのでは，という意見を述べた．それにたいしAさんは，そもそも「経験」していないとわからないこともあり，教育でそのような経験を教えることはできないので，教育で差異を乗り越えさせることはできないのでは，と述べた．

　　Aさん「自分も同じような差別や区別を受けないと，無自覚に差別を始めるだけなんじゃないかなと思うんですよ」
　　Cさん「かなり人間を諦めてるような（笑）」

　以上の議論は，教育の意義をめぐって，「教育を通して差異に気付くことによって差別をしなくなる」ことを期待するのか，それとも「教育はマジョリティにいる安心感を生産する装置にすぎない」と考えるべきなのか，大きく異なる2つの態度を表している．この議論を受けて，経験のない人に「他者への想像力」を教育する手段として，第5回でみなで経験した「役割演技」（ロールプレイ）の例が出された．役割演技が他者への想像力涵養の一手段となりうるという話である．

　ここで石井から，「みなさんはいったいいつどういうきっかけで差別してはいけないということを学んだか」自分の経験として思い出してほしい，という質問が出された．学生はここで記憶をおこし，やはり親の教育が大きいという答えが得られた．

　そのうえで，Eさんは，親にしろ教師にしろ「伝え方」が大事である，という考えを述べた．たとえば，小学6年生のときに1年生の面倒をみなさい，教師が障害児について，「あの子は障害があるの」とは言わず，「○○ちゃんはね，△△ということがわからない病気なの」と非常にニュートラルな話し方をし，そのことによって6年生は「その子にわかる話し方」をするよう努力するようになったという．それは「自分の話し方」の振り返りになったというのである．

　　　　　　　　　　　　　　最終回　差異を乗り越えることは可能か　　253

これを受けて,「なんか変だよね」が差異の発見であるが,それがどういう差異なのかを発見させ,言語化させるのが教育であり,発見・言語化できないと不安につながり,それが差別になるのでは,という議論が続いた.

〈論点4:他者を理解することは可能と考えますか〉

まずEさんから,「理解する」ことと「把握する」ことの違いが述べられた.理解する（understand）は客観的理解をふくむが,把握する（grasp）は「この人はこういう人だ」と自分が解釈することである.それにたいし,Cさんから,理解しようとする試みは,他者の気持ちを言語化しようとすることである,この理解しようとする営みが大事であることが述べられた.倫理のうち,倫は「人間関係」を指し,理は「道理」を指す.Cさんは宗教学にも造詣が深いのだが,今回は倫理学のほうからの理解の解釈であった.Aさんは,人間は放っておくと似たもの同士でつるんでしまうので,「この人違うんだな」と思うところこそが理解である,と述べた.ここで授業に遅れて登場した工学部のBさんは,世代間の理解についての考えを述べた.内田樹[12]の言を引きながら,先生＝先に生きている人であり,子ども＝遅れてきた人,であり,「先に生きている人」は「遅れてきた人」にたいして横からアドバイスする必要があるのでは,という私見が展開された.授業に「遅れてくる」ことと,後続の世代が「遅れてくる」こととをかけた表現である.

ここで石井から国籍の差異,世代の差異,男女の差異など,より具体的な話をすることの必要性とともに,差別とは,差別される側の差異の確認であると同時に,差別する側の同質性の確認であるという視点が出された.

　　差異がどうして差別に横滑りしてしまうかというと,［……］差別っていうのは同質性の確認ですよね.2人しかいないと差別は生じない.ところが3人いると,2人が同質性を確認することによって残りの1人を差別するという構造が生まれてくる.それが集団になるともっと顕著になってくる.だから差別というのは,差別される人間との差異を確認すると同時

---

12)　内田樹（1950–）は日本の哲学研究者,武道家.

に，差別する側の同質性の確認ということがものすごく大きな意味を持っていて，それによってある種の幻想を作っているわけね．同質性って幻想だよね．みな同じはずがないのに，自分たちは同じだけどあいつは違うという虚構を作り出すことによって，差別が成立する．［……］差異と差別のメカニズムはそういうものなんだろうなと思います．（石井）

アルチュール・ランボー

さらに，集団として差別する側と差別される側というのを遡っていくと個人と個人の差異になる．しかし，ほんとうは個人の中の差異，内なる差異があるのではないかという見解が述べられた．

　「自分」というのは均質な個体のようなものであるという認識はたぶん間違っていて，自分というものの中にもいろいろな差異が存在している．自分の内なる他者というのがあると思うんですよ，必ず．だから差異を乗り越えるというのは，自分の内なる他者との差異を乗り越えることでもあると思うわけです．そこでフランス文学研究者としては，ランボーの「私とは一個の他者である」という言葉を引き合いに出したくなる[13]．［……］デカルトが言ったように，いろいろな命題をずっと疑っていくと，最終的にこうして疑っている自分の存在自体は疑いえない．というわけで「我思う，故に我あり」という認識に行き着いて，それが究極的な自我，西洋的な自我として信じられてきたわけですよね．個人の自我というのはそういうふうに，もうこれ以上疑いえない，分割しえないものであると．

---

[13]　ランボーは1871年の5月半ばに書かれた2通の手紙（1通は教師のジョルジュ・イザンバール宛，もう1通はイザンバールの友人で詩人のポール・ドメニー宛）の中に，「〈私〉は一個の他者なのです」（JE est un autre）という有名な言葉を記している．その意味するところについては，石井洋二郎『フランス的思考』（前掲書）の第3章を参照のこと．

ルネ・デカルト

ところが19世紀から20世紀にかけて，[……]人は自分の中にもなにか違うものがあるということに気がつき始めたんですよね．「私」というのは必ずしもひとつの均質な個体ではない．そういう認識も大事なんじゃないかな．（石井）

「自分という個人」は均質なものということが仮定されているのにたいし，個人の内なる差異を考える必要がある．デカルトは「我思う，故に我あり」と言ったのにたいし，ランボーは「〈私〉は一個の他者なのです」と述べたように，自分の中にいる他人に気付く必要がある，という主張である．これを受けて藤垣のほうから，作家である平野啓一郎による「分人論」が紹介された[14)]．個人はindividual（これ以上分けられない）と言われているが，じつはひとりの個人の中にdividualな（分けられる）ものがある．それが分人であり，ひとりの人の中に，相対する相手によってAさん用の分人，Bさん用の分人，……などがいる，という考え方である．これをいじめ問題に応用すると，「学校での分人」「家庭での分人」「放課後の分人」「グループAにおける分人」「グループBにおける分人」……と複数の分人を生きているからこそ精神のバランスがとれるのであるが，その「分人」間の移動がうまくいかなくなって，「学校用の分人」だけしかなくなったときにいじめに負けてしまうという考え方である．この考え方は，小児科医の熊谷晋一郎による「自立とは依存先の分散である[15)]」という言葉と呼応していると考えられる．

ここで，分人論と差別との関係を少し追加しておこう．「自分の中の多元性を抑圧していると異質なものを認める公共性が育たない[16)]」という言葉は，

---

14) 平野啓一郎『私とは何か──「個人」から「分人」へ』，講談社現代新書，2012年．
15) 熊谷晋一郎『ひとりで苦しまないための「痛みの哲学」』，青土社，2013年．
16) 倫理学者の大庭健による発言．日本学術会議シンポジウム「原発災害による苦難と科学・学術の責任」，2012年12月8日．

じつはみずからの中の多様性（別の言葉で言い換えれば分人の存在）を認めないことによって，社会においても均質性を求め，異質なものを排除してしまう，という傾向を示している．日本人は1つだけの「本当の自分」にこだわるあまり，異質なものを排除してしまう傾向をもつのかもしれない．このことは，日本人論だけではなく，異分野交流にも応用できる．つまり，「学者が自分の中の多元性を抑圧し，みずからの職務に忠実であろうとし，みずからの専門分野の課した制限に忠実であろうとすると，異質な分野の主張を認める公共性が育たない」という主張に置き換え可能なのである．この点は本書「おわりに」で再びふれる．

　最後に，Bさんから，今日の課題の「合意形成」として，「いじめをなくすにはどうしたらいいか」を考えたらどうかという案が出された．それにたいし，Aさんから，同質性の確認によって不安を払拭する，そのプロセスによって差別によるいじめが作られてしまうのだとすると，「同質性を確認しなくても不安ではない人」を作るのがいじめをなくす道であるという意見が出された．そしてCさんからは，なにをもって同質性を確認するかというと，差異によってである．したがって，ほかの誰とも違う自分を作ることをみなでめざせば同質性の確認が必要なくなり，差異を強調する必要性が減るのではという意見が出された．このことは，たとえばフランスでは「あなたは他の誰とも違う」というと褒め言葉であるのにたいし，日本ではそれが褒め言葉でない（むしろ非難する言葉である）という状況を自省してみることにつながると考えられる．

　　Eさん「思いつきですけど，自分のアイデンティティを確立するためになにを教えることができるかって言うと，そもそもアイデンティティというのがむずかしいというか，なにをもって同質性を確保するか，たとえば日本人というアイデンティティというのであれば外国人との差異になりますよね．なにをもってアイデンティティを確保するのか」
　　Cさん「日本人というアイデンティティを確保しようとするというのは，同質性の確認じゃないですか．みなとの同質性の．他のだれでもない自分を1億の日本人がみなもてばいじめが始まらないんじゃないかと」

このように，差異と同質性といじめをめぐる議論は，はからずも第2回のグローバル人材のところで議論した日本人による同質性希求，異質の排除，アイデンティティの話につながったのである．　　　　　　　　　　　　　　　　（藤）

議論を振り返って

　学生たちが自由にアイディアを出しあい，議論しながら問いをひとつにまとめあげ，それについてあらためて議論する――まさにアクティブ・ラーニングの典型ともいうべき最終回のテーマは，「差異を乗り越えることは可能か」となった．ひと口に「差異」といってもさまざまなレベルが想定可能だが，「番外篇」の記録を見ていただけばわかるように，このテーマに収束するまでにはいろいろなプロセスがあったので，その経緯を踏まえて前半はおもに学問分野間の差異，後半は社会的な意味での差異がとりあげられている．

　論点1「異分野の壁を乗り越えることは可能だと思いますか」では，各自が授業での経験を振り返っていろいろな意見を述べてくれたが，最終的に「他分野との差異に刺激されて，自分の凝り固まった思考が変容すること」「そのような変容が相手にも起こること」が学問分野間の乗り越えであるという結論に収斂したことは，教師としても嬉しいことである．しかしそれで「めでたし，めでたし」というわけではなく，教室を一歩出たらなかなかこうはいかないだろうという率直な感想が述べられていたことにも注意したい．

　「異分野間の壁を乗り越える」ことはたぶん基本的に可能だが，それにはそれなりの場や状況が，そしてなによりもそれを可能にする「人間」が必要である．今回のように「異分野交流」をはじめから謳っている教室という空間は特殊な場であり，教師やTAが議論をアニメイトするというのも特殊な状況であるから，別の環境で同様の議論が活発に展開する保証はまったくない．しかし藤垣が大学の「後期教養教育WG」（「おわりに」の項参照）で経験したように，時には激しい議論を繰り広げながらも，粘り強い対話によって各自の思考が深まり，最終的に一定の合意に達するということは確かにありうるのであって，要はその場に集まった人間の意欲と姿勢の問題なのだ．今回の授業が一定の成果を挙げることができたとすれば，これも参加してくれた学生たち（TAも含

めて）の積極的な意欲と真摯な姿勢によるところが大きいというのが，私の偽らざる思いである．

　論点 2「学問に文系と理系の区別は必要と考えますか」については，まず現行の日本の教育制度がこの区別を助長している側面があることを踏まえておく必要がある．中学校までは文理の差が意識されることはほとんどないが，高等学校に入ると大学受験との関連で，どうしても「文系」と「理系」という 2 分類が表面化してこざるをえない．といっても，大学でどのような勉強ができるのかをじっくり調べた上で自分の適性を判断するのであればいいのだが，実際は数学が得意なら理系，苦手なら文系といったおおざっぱな決め方をしているケースも少なくないようだ．

　だからこの 2 分法は一種の虚構にすぎず，さしたる根拠があるとも思えないのだが，現実にはこれが実体化して生徒たちのマインドを拘束し，「自分は文系」「あいつは理系」といった無意識の刷り込みが固定化してのちのちまで続いていくことになる．今回の授業でも，自分では文理の区別に拘泥しているわけではないし，その両方にまたがった領域に関心があるのに，所属学科の性格から「理系」として振る舞うことを強いられる場面が何度もあって，最後まで違和感がぬぐえなかったという D さんのような例があったことは記憶にとどめておきたい．

　私自身の主張は，「議論の記録」で言及されている「虚構の境界が本質化して思考を縛ってしまうことから解放するのが教養である」という 1 文に集約されているが，これをあらためて敷衍すれば，大学では制度としての「文系」「理系」は便宜的な区別として割り切った上で，学生たちにはそれがけっして人間の本質を表す実体的な標章ではないことに気づかせ，既成の分類法に拘束された彼らの思考や感性を，異分野との擦り合わせによって多様な可能性に向けて解放することが必要である，それこそが言葉本来の意味における「リベラルアーツ」（人間を自由にする学問）なのだ，ということになるだろう．

　なお，昨今はさまざまな局面で「文理横断」とか「文理融合」といったキャッチフレーズが飛び交っており，私自身も大学の行政文書ではしばしばこれらの用語を無自覚に使ってしまうが，自戒の念を込めていえば，文理を横断したり融合したりすることはそれほど容易ではないというのが実感である．おおざ

最終回　差異を乗り越えることは可能か　　259

っぱにいえば文系と理系ではそもそも対象のレベルが異なっているし，方法論も必然的に異なっている．したがって両者をそう簡単に「横断」することはできないし，ましてや「融合」することは不可能に近い．それよりも現実的でかつ重要なのは，これらを相補的なものとして関連づけ，メタレベルの視点から「統合」することではないかと思うのだが，これは今後の課題として記すにとどめておく．

論点3「教育によって差異を乗り越えることは可能だと思いますか」は，もともと道徳教育のテーマから派生したものであるせいか，学生たちからは学校体験に根差した意見がいろいろ表明されておもしろかった．教師はどうしても「教育する」側からこの問いをとらえてしまうが，学生たちは当然ながら「教育される（教育されてきた）」立場から自分の経験を振り返るので，その意味でも視点の違いがうかがえたような気がする．

中でも興味深かったのは，「教室の中の差異」という視点をめぐる議論である．社会には自分たちと異なる環境に置かれた人びとがいる，だからそうした人びとを差別してはいけない，という教育は，逆にいえば教室という空間の同質性を前提としているため，その内側に存在するかもしれない（というより，おそらくは確実に存在する）差異を見えなくしてしまう．だから教室の中の差異を言語化してみること，言葉で気付かせることが必要なのだという意見がある一方で，差異を言語化して明るみに出すことにはかえって無用の差別意識を助長するリスクがともなうという意見もある．どちらにも確かに一理あって，いずれが妥当とも決めがたいが，教室で扱うにせよ家庭で扱うにせよ，問題は「伝え方」であるという意見は，おそらく両者に共通してあてはまるものだろう．

論点4「他者を理解することは可能と考えますか」では，「理解しようとする試みは，他者の気持ちを言語化しようとすることである」という学生の言葉が印象に残る．これは第5回でロールプレイをした経験に基づいた発言かもしれない．

その後は私がいささか饒舌にしゃべりすぎた感があるが，ここで提起したかったのは要するに「アイデンティティ」の問題である．私たちはどこで生まれて，どんな家庭に育って，どの学校にかよって，どの大学に行って，どの学科

に所属して，どの会社に就職するか，といったさまざまな経歴によって社会的な位置づけが定まってくるわけだが[17]，それはいわば他者との差異を画定する線引きの繰り返しであり，そうした複数の境界づけによってアイデンティティが形作られてくる．しかし人間はそうして形成されてきた現在の自分に必ずしも充足しているとは限らず，しばしば今ある自分とは異なる自分になりたい，今いる場所とは異なる場所に移動したいという欲望を抱く．境界線があまりにも明確に引かれ，他者との差異が固定化してしまった状態では，変容への欲望や移動への欲求が抑圧されてしまい，周囲を壁に囲まれて息苦しい思いをすることになるからだ．

　そのような閉塞状況に陥らないためには，いつでも境界を乗り越えて自分を組み換えられる可能性が保証されていなければならない．すなわち，今ある自己に固着してしまうのではなく，自在に「他者」になることのできる柔軟さを獲得しなければならない．そしてここで言う「他者」とは，「私」の外部にある無数の他人たち（だけ）のことではなく，「私」の内部に伏在している「内なる他者」のことでもある．つまり私たちは，自分のアイデンティティをあたかも均質で分割不可能な固体のようにイメージしてしまいがちであるが，実際は「私」の中にもさまざまな異質性が，すなわち複数の「他者」が存在しているのであって，私たちはそれらのあいだを自由に往還することによってつねに「変容」や「移動」を繰り返すことができるはずなのだ．――私は教室でいささか唐突にランボーの名前を引き合いに出したが，その理由を補足説明すればだいたい以上のようなことになる．藤垣が紹介している平野啓一郎の「分人論」も，熊谷晋一郎の「自立」概念も，こうした文脈に位置付けて理解することができるだろう．

　ここで「他者を理解することは可能だと思いますか」という論点に話を戻せば，確かに可能である，ただしそれには「自分の中の多元性」を抑圧せず，いつでも今ある自分の外側に出て「別の自分」を発見する自由さをもつことが必要であると答えることができるだろう．「私」とは単一の揺るぎない主体である，そしてそうでなければならない，という思い込み（あるいは錯覚）から解

17）論点2で扱われた文理の区別も，そうした数ある境界設定のひとつにすぎない．

き放たれ，じつは「私」とはいくつもの「私」の集合体であり，しかもつねに変容を繰り返す運動体であるということを実感できるようになったとき，人は言葉本来の意味において「他者を理解する」ことができる．そして「大人になる」とは，まさにこうした「やわらかいアイデンティティ」を獲得することにほかならないのである．　　　　　　　　　　　　　　　　　　　　　　　（石）

授業を振り返って——学生のレポート篇

　最終授業の約3週間後にしめきりを課し，以下の項目で最終レポートを書いてもらった．本授業は，各課題の解決策をアウトプットとして求めるものではないため，以下のような問いになっている．なお，このレポートの問いを提示したのは2015年5月下旬，授業の折り返し地点である．

〈異分野交流・多分野協力論　最終レポート〉
1　本授業の中でもっとも印象に残っている議論の内容とその理由を1000字以内で論述せよ．奇数回（藤垣担当）と偶数回（石井担当）から各1つずつ選ぶこと．
2　本授業を受ける前と後とで，自分の中でもっとも変化した点はなんであったか，1000字以内で論述せよ．
3　異分野（他学部）の学生と議論することの中でなにが自分にとって発見となったか，1000字以内で論述せよ．
4　本授業の経験が，今後のあなたの生活のどのようなところに影響していくと考えるか，1000字以内で論述せよ．
5　上記以外に，今回の授業に関して特記しておきたいことについて，「独自の項目（問い）」を立てて自由に論述せよ．

〈異分野交流で得られたこと（その1）：自己相対化〉
　複数の学生が，この授業の異分野交流を通して自己相対化ができたという点を，レポート課題の中の複数の項目の中で挙げている．自己相対化には，（1）自分の専門とする分野の意義の再確認と，（2）みずからの思考のくせの確認とがある．たとえば，自分の専門分野の意義の確認としては，以下のような意見が挙げられた．

　　　毎回自分なりに準備を進め，当日他の学生と擦り合わせるということを行っているうちに重要なことに気が付いた．それは法学のトピックでなくてもそこ［法学］でするような議論の組み立てや概念整理がそのまま使えるということ，そして，そういった思考過程は他の分野では当たり前ではなく，法学をやった人間の強みになりうるということである．［……］法律のスペシャリストになることは，同時に他

263

分野協力の場面でのジェネラリストになるということで，それはこれまで解決できなかった問題を解決し，豊かさの総量を変化させることにつながるはずである．（Aさん）

[福島原発事故は日本固有の問題かの回で]他のメンバーは，[……]自分の専門あるいは得意とする見地から，原発事故に対してどのようにアプローチしていけるかを具体的に述べていた．そんな中，私は，われわれが善く生きるためにはどのように行為すればよいかを探究する倫理学という学問を専門にしていながら，現実社会でどのように行為すべきかについて誰もがもっとも頭を悩ませている問題の一つに対して，自分の考えを明確に言語化して語ることができなかったのである．この恥ずかしい経験をしたことによって，私はなぜ倫理学を専門にしたのかについてもう一度考えざるを得なくなったのである．[……]ゆえに，私はこの議題を通じて，倫理学は現実社会が直面している特殊な問題に対して，何かを語っていかなくてはならない学問なのだと痛感したのである．（Cさん）

[初回の授業で]「自分の専攻している分野について紹介してください」と言われても，ろくなことを話せない自分に気づいてしまった．その後の授業でも，「自分の専門の文脈で考えなさい」というような質問がいくつかあり，「社会においてこの学問はどんな役割を果たせるのだろうか」「私はなぜこの学問を学んでいるのだろうか」など，いろんなことを考えさせられた．[……]変な話だが，異分野の人と交流する授業のために，異分野よりもむしろ自分野のことについてよく知ろうというモチベーションが高まった．[……]この講義が，自分の学んでいる学問の一種のアイデンティティについて考えるきっかけをくれたと思う．異分野の人が何をどう考えているのかを知りたいと思い受講した授業で，自分の分野のことについて深く考えさせられることになるとは予想していなかったが，面白い誤算だった．（Dさん）

みずからの思考の「くせ」の自己相対化としては，以下のような記述があった．

特にこの回［第10回］の議論によって，自分は無根拠な信念や信仰の価値を高くみて，それがまるで当然のことであるかのように思考しがちであるが，実はその考えは多くの現代人の思考と乖離しているのであり，そのことに十分注意を払って思索していく必要があるように思われる．自分の主張を他者に向かってさらし，それに対するフィードバックを受けることによって，自分の思考のクセを知ることが

できたのである.

　［……］何度も議論を積み重ねていくうちに，お互いの専門の考え方の特徴も徐々につかめていき，それとの差異において自分の考え方は相対的にどのような位置にあるのかを把握することができるようになってきた結果，自分の凝り固まった思考パターンのあり方があぶり出されていって，その長所短所を知ると同時に，今までまともに議論できないだろうと思っていた人の考えの中にある，倫理学をやっていくうえでも大事な要素に気付くことができた．［……］自分の周りのコミュニティーの中に閉じこもっていては絶対に思いつかないような新しい知見を得ることができた．（Cさん）

　授業で討論するようになり，自分と知識や概念の枠組みを共有していない異分野の人に向かって合理性をもつように意見を組み立てることの難しさを知った．また，自分からは絶対に生まれてこないような考え方を説得力を持って提示された際に，自分の論理の穴や浅さに気づき，次からは他の意見まで予測して自分の意見を組み立てなければと一層力が入るようになった．（Eさん）

　他者との交流によって自分の考え方の「癖」のようなものを自覚することができたように思う．例えば，私の場合はメタ的な視点や弁証法的な思考といったものが自分の傾向として明らかになった．自分の癖を自覚することで，議論の中でそれをどう活かせば良いのかということが分かり，回を重ねるごとに自分の見方や全体の議論に深みが出てくるようになった．同時に，自分が陥りやすい見方や図式を把握し，時にはそれを解体したり動揺させたりすることで，新たな論点や問題に気付く場合もあった．（Gさん）

〈異分野交流で得られたこと（その2）：思考の変化〉

　回を重ねることによってみずからの思考に変化がみられたことに関する記述として，以下のような意見があった.

　この授業を受け始めたころは，まだ自分の漠然とした考えを，術語を使わずにわかりやすく言語化することにまったく慣れておらず，なおかつ異分野の学生の話も聞くことによって自分の主張を相対化し，そこから取り入れるべきところを取り入れて自分の思考を変化させていく，という自分がこの授業に来てやりたかったところまで至ることがなかなかできず，もどかしく感じるときもあった．しかし，何度もディスカッションを積み重ねることによって，自分の言いたいことがすんなりと

授業を振り返って——学生のレポート篇　　265

言語化できるようになる回数が増え，おのずと他者の主張との交渉もできるようになった．［……］しかしながら，これまでディスカッションをするにしても内輪（文科三類［東京大学の1，2年生の分類枠組］の同じクラスの似たような興味をもった仲間や倫理学ゼミの人たち）の中でしかやってこなかった私にとって，異分野を専門としている相手に対して，自分の思いを言語化できた経験は今までにはなかったし，それをすることの重要さ，楽しさに気付いた，ということは自分にとって大きな変化であった．

　［……］本授業での経験はこれから生きていくなかで必ずや活かされるだろうし，それこそこの授業によって「大人になる」ことができたのではないかと思っている．まず，私はこの授業で，自分を積極的にアウェイな場所に投げ込むことの重要性に気付き，それをする勇気を手に入れることができた．（Cさん）

　本授業は私にとって議論することの意味を考えるきっかけになった．私はこれまで議論とはあるひとつの暫定解を導出する作業だと考えていたが，本授業では最終的にほぼまとまった解が導かれたことはない．また，この解は問題に対しての有効な実践的対策の入り口であると考えていたのだが，本授業ではそういった実際的なアクションには言及しなかった．はじめはこの105分に何の意味があるのか甚だ疑問であったが，授業を重ねるごとに“意味がないという意味”に充実感を覚えるようになった．また答えを求めることに注力しない議論の方法は，長時間かけて発言者の立場を平衡化し，「聞く」立場にも回らざるを得ないという点で，ディベート型ではなく辛抱強く対話するダイアログ型のアプローチに通ずるのではないかと思う．この変化は私にとって，進歩主義的な価値観そのものを揺るがすような大きなことだった．（Bさん）

授業を受けたことによるそれ以外の変化としては，以下のような指摘もあった．

　政治的・社会的なことがらに関して考えるときの意識が変わったと思う．多くの問題では「賛成・反対・どちらでもない」という三種の立場が受けられるが，その色分けについて慎重になったと思う．それには問題に対する立場よりもずっと根源的な個人性（自律性）の問題がある．授業で議論する中でわかったのは，仮に同じ学問や専門性に立脚し同じ立場を取ったとしても必ず同一の立場には個々人によるグラデーション（淡い差異）が存在するということである．よく世論とかいった形で示されるような三種の立場は，個々人による差異を一つの立場に還元することで議論の核心を衝き得るその微妙なグラデーションを消し去ってしまう危うさを持っ

ている．（Gさん）

　一番の発見は，学問ごとの追求する価値の違いである．当初，「学問の違いによって生じる差は専門分野の差による知識の差にすぎず，議論の前提とする知識を共有することさえできれば意味が分からないような結論が出るはずがない」，「意味が分からない結論が出るのであればそれはどちらかの考えが甘いからである」と考えていた．〔……〕しかし考えが甘かったのは自分の方だったのかもしれない．それらの主張は発言する側の専門の言語からすれば論理的に完結した議論だったのだろうし，自分には説得力がある，妥当であると思える主張もほかの立場から見ればくだらない理屈に見えたのかもしれないからである．一度自分の専門から離れて考えてみれば人権や憲法を絶対的な価値として組み立てられた議論に正当性が見いだせないと思えるかもしれない．客観的価値などというものは存在しないということであろう．だとすれば自分の価値観を変容させることは難しいとしても，相手を直ちに甘い議論であると排斥する態度は反省が必要である．（Aさん）

〈多分野協力：合意形成について〉

　本授業では，「答えの簡単に出ない問い」を議論する上で，異分野交流として，「みずからの専門知識を他人にわかるように説明する」必要性があった．そのため最終的合意には至らない場面も多くあったが，合意形成については以下の記述があった．

　確か最終授業だったと思うが，授業中に，「この授業は結局，議論を行いはするものの，最終的な結論まで達したことがない，合意に至ったことがない」というような旨の発言を誰かがしていた．それに対して誰かが，「でも，最終授業で話し合うテーマを決める際には，一応合意という形を見たと思う」と発言していた．（Dさん）

　合意と妥協とを分かつのは，変容の有無であり，それは個人性（個人の自律性）の有無に支えられているといえる．つまり，通常の差異のプロセスでは，議論の中で立場に依らない個人間の差異がきちんと表出することで，自分も他者もその差異を感じ取り変容することが可能となり，合意へと向かうのである．反対に，その個人間の差異が捨象されたときには当然差異は感じられることはなく，変容も合意も促されず，妥協という特定の立場の部分的勝利に終わる．それはまさに，先述した，賛成・反対といったような大きな立場に回収されてしまったり，答えの出ない問いの大きさの中に埋もれてしまったりしている場合に他ならない．例えば「国益」と

いうことばが暗示するような全体性が議論の中で働き，多数決の論理だけが貫かれたとしたら，そこには自律性に支えられた変容がもたらす創造性の結晶としての合意ではなく，大きな立場の勝敗としての妥協があるというべきなのかもしれない．差異の認識から変容へ進むのか，それとも妥協に進むのかというこの差異のプロセスの分岐は議論の生産性という観点からも重要であろう．（Gさん）

　つまり，差異を認識し，変容があってこそ合意に至るのであり，それらのプロセスがなければただの「妥協」である，という主張である．彼らが「番外篇」で，妥協ではなく合意に至ったこと，そしてそこには差異の認識と自己変容があったことは，「番外篇」を読んでいただければ一目瞭然であろう．
　さて，彼らの考察は，教養の定義，授業の構造の分析，そして将来の授業の提案にも及んだ．以下にまとめてみよう．

〈教養の定義〉
　　私は教養というのは自分の中に多種多様なパースペクティブを持つことにほかならないと思っている．一人の人間のなかに古今東西の無数の思考が詰まっていることによって，ある問題に対して多様なアプローチができる，というのが教養の強みではないかと思う．これは最終回で少し話題になった分人にも通ずる考えである．つまり，私の中に無数の分人を持つということが教養になるのだ．そして，この授業の異分野間での議論を通じて，自らのうちにさまざまな分人を植え付けることができたと思う．それはたとえば，私の中に工学や法学的な見方で問題に対して取り組む仕方の一端が刷り込まれたということである．しかしながら，無数の分人が同じレベルで内在してしまえば，私の自己同一性は失われて，思考の向かっていく先が定まらなくなってしまいかねない．そこで，専門の意味が現れてくるのである．教養ある専門人というのは，普段は専門的な視点で物事を考えたり，事業をなしたりしようとするが，もし行き詰ってしまったときに，無意識下に落ちていた分人が現れてきて「こんなアプローチもできるよ．」と，自己自身に語りかけてくれるような構造を，自己の内部に持っているのだと思う．（Cさん）

〈授業の構造〉
　　本授業の各回の各設問は，105分の中で個別から普遍へ駆け抜けられるように非常に美しい構成がとられているわけだが，これは単に普遍的な問題について実証的な検討を行うという学問的な意味があると同時に，学生が議論に入り込んでゆくのに有効な装置にもなっていたと感じる．いきなり普遍的な問題に人々はとっつきに

くい一方で，人が議論していて面白かったと感じるのも，ある程度の普遍性をもった結論に達したときである．それゆえ多様な入口を提供し，それを普遍化するように議論を組み立てることは多くの人と議論を楽しむテクニックになる．これは，目の前のことが大変でかつ，専門も分化してしまっている学部4年生と話していて強く感じる．おそらく，この傾向は自分も周りもこれから社会に出てゆくにつれて加速してゆくと思われる．その点で，本授業で学んだ，分野や関心が違う人とも議論を楽しむ作法というのは，「オトナになるための教養」なのかもしれない．（Aさん）

　私はこの授業はこの教授・TA・学生の関係構造があってこそ成り立ったと思う．学生団体などで学生が主体的に問題解決に取り組んだり行動を起こしたりする場は，成功する例も数多くあれど，全ての人間関係が水平的であるために失敗することもある．卑近な例ではあるが，私は留学を控えた学生たちが集まって日本の政治・経済・文化などについて主体的に学ぶ学生団体に半年間所属していた．しかし学生主体の勉強会は非常に稚拙な内容にとどまってしまった．［……］やはり大きな失敗要因は構成員の完全に水平的な関係性に緊張感が全く無かったということ，すなわち，見られる・評価することを意識するプレッシャーに欠けたこと，そして自分達で問いを立てるプロセスにおいて学生の社会問題に関する知識量が圧倒的に少なかったために問い自体が極めて浅いものであったこと，などが挙げられる．こうした第三者かつ上の立場からの評価を適度に意識すること，また問題の核心を示唆するような問いを立ててもらうことといったことが今回の授業では達成されていた（最終回のテーマは学生が発案して絞り込んだものであるが，絞り込みの過程は教授による導きがあった．この適度な秩序がなければ達成されなかったことであろう）．更にその中でも，教授・TAがそれぞれお二人ずつ居たことで，そのお二人の間での水平性が担保されていたことが良かったと考える．［……］このように構成員の関係性の垂直性と水平性の両方を担保することで，活発な議論の場が適切に担保されていたと思う．（Eさん）

〈提案〉

　まず，参加者の分野がもう少し幅広くなると面白いと思う．［……］次に，他の学部・学科が何をしているところなのか知れる教材があるとよいと思った．議論に入る前に，他の学部・学科がどんなことをしている人たちなのか，文字ベースで情報を得られると議論がはかどるのではないだろうかと思ったからである．東大が出している学部紹介パンフレットだと，概括的すぎてそれぞれ何をしているのか分か

らないからもう少し他分野協力の資料になるようなものが必要だと感じた．例えば，①どんなことを目指している学問なのか，②どんな科目を勉強しているのか，③何になる人が多いのか，④他分野協力において貢献できることはなにか，⑤関連性がある学問はあるか，あたりを各年の参加者を中心にまとめて図鑑みたいにしていったら面白いかもしれないと思った．そして，他分野の専門家になってみる経験をできる時間があると面白いと思った．最終回に，「他の専門だとこういう風に考えるんだと分かるようになった」という意見が出たが，確かに「この設問だったらこの人はこう言いそうだな」というのがだんだんわかってくる．そこで，全体で一回くらい，自分の専門を一度封印して他の専門の立場になってみるというロールプレイをしてみると面白いのではないかと思った．その準備のために図書館で入門書を読むのもいい経験になるだろうし，立場の往復がもたらす発見は大きいのではないだろうか．具体的には，人文系廃止論争や事業仕分けのような学部間で紛争になる場面の各専門の代表者を前の週に割り振って当日討論してみると面白いのかもしれない．（Aさん）

　最後の意見などは，来年度以降の教師の側にも参考となるが，将来の受講学生の自主的活動としても期待できるものである．

おわりに——後期教養教育の背景

　教養の定義にはさまざまなものがあるが，本書では「いついかなるときでも
みずからの知識を総動員して他者に簡潔に説明でき，かつみずからの思考の囚
われを解放し，的確な判断を下せること」と考えている．教養というものを保
持している知識の量と定義してしまうと，なにかを知っているかいないかで教
養の有無が測れるようになってしまう[1]．しかしそうではなく，教養とはつね
に知識を検証して現実の場面に活用し，かつ専門の異なる人との日々の対話の
場面で動員できるものでなくてはならない[2]．平たくいえば，「教養というの
は，広く多くの知識を得ることではありません．社会のなかで，自分で生きる
こと，他人や団体に自分を預けるのではなく，自分で考え，自分で行動し，自
らの社会を造り上げるために自ら参画すること，そのための力の源泉となるの
が，教養である[3]」ということになる．
　このような定義の教養を身につけるためには，具体的に，
(1)　自分のやっている仕事（あるいは学問）および自分のもっている知識が
　　　社会でどういう意味をもつか
(2)　自分のやっている仕事（あるいは学問）をまったく専門の異なる人にど

---

1) 「教養」を，何らかの知識をまったく無から十分な量にむけて蓄積していく，量の拡大と
みなしている限り，競争と支配の思考となってしまう（苅部直『移りゆく教養』，NTT 出版，
2007 年，195 頁）．つまり，誰のほうが誰より教養がある，と知識の量で競うことになる．
これは科学リテラシーの定義を，まったくの無から十分な量にむけて蓄積していくこと，そ
してそれを測ることによってリテラシー量の大小を吟味する姿勢（欠如モデルと呼ぶ．藤垣
裕子，廣野喜幸編『科学コミュニケーション論』，東京大学出版会，2008 年，113 頁参照）
とつながる．
2) 「獲得された個々の知識や情報を吟味し，検証し，ふるいにかけたうえで，残った知識や
情報を有機的に結合し，常に動員可能な装置として構築しなければならない」（石井洋二郎
『告白的読書論』，前掲書，223 頁）．
3)　村上陽一郎『科学・技術と社会——文・理を越える新しい科学・技術論』，ICU 選書，
1999 年，236 頁．

う伝えるか

（3）　具体的な問題に対処するときに他の分野の人とどのように協力できるか
などを考える必要があるだろう⁴⁾．これらは，東京大学の総合的教育改革の中
で「後期教養教育」として後期教養教育WG⁵⁾でも議論してきたものである．
東京大学ではこれまで，専門課程に入るための進学先選択の前におこなわれる
学部1，2年生の教育を，主に教養教育と呼んできた．しかし，教養教育は2
年間で終わるものではなく，専門課程に進んだあとも続くべきものと考えられ
る．むしろある程度の専門教育を受けたあとでこそ，はじめて意味をもつ教養
教育もある⁶⁾．これが後期教養教育とわれわれが呼ぶものである（末尾の「後
期教養教育立ち上げ趣意書」参照）．以下，順を追ってより詳しく考えてみよう．

1　対話によって深まる思考

　前に述べた3つの能力を身につけるためには，本書最終回の議論にもあった
ように，自分とは異なる分野を専門とし，異なる価値観をもつ他者と出会うこ
とによって，差異を認識し，相互に承認し，自己の変容⁷⁾を経験することに
よって合意できることはなにかを考えることが肝要となろう．その意味で本書
は，「読書案内」とは異なり，授業の中の対話によって学生たちの思考がどの
ように深まっていくかというプロセスの記録を大事にしている．授業の中で聞
いたり読んだりするだけではなく，みずから考えて思考を言語化し，異分野の
人にぶつけ，その反応をもとに次なる思考を成長させる過程である．本書の各
回の問いが，イエス／ノーの問いで作られているのは，このようなプロセスに

---

4)　この3点は，平成24年の東京大学副学長・石井洋二郎の提案書によっている．大阪大学
　　の小林傳司（平成27年8月より教育担当理事）によると，この3点は以下のように表現さ
　　れている．（1）自分が学んでいる専門分野の内容を専門外の人に的確に伝えることができる
　　こと，（2）自分が学んでいる専門分野の社会的・公共的意義について考え，理解できること，
　　（3）自分が学んでいる専門分野の特性とその限界を理解し，他の専門分野との関係を理解で
　　きること（小林傳司「21世紀教養教育の行方」，『大学出版』，No.91，2012年）．
5)　正確には，東京大学学部教育改革臨時委員会カリキュラム改革部会後期教養WG（平成
　　25年度）．
6)　石井洋二郎「東京大学における教養教育の再構築」，『IDE　現代の高等教育』，No.565，pp.
　　20-24，2014年11月．
7)　「相手とおたがいに知恵を出しあい，たがいの言葉に驚きながら，それぞれに自分を変え
　　て行く過程」は，教養を知識の有無および知識量の拡大とみなす競争と支配の思考とは対局
　　にある（苅部直『移りゆく教養』，前掲書，200頁）と考えられる．

配慮してのことである．イエス/ノーの問いにすると，いずれかの立場をとらざるをえなくなるので，議論を誘発しやすい．しかし，各回で扱ってきた通り，立場を問う問いの後ろには，必ず定義の問いが隠されている．たとえば第2回で扱ったように「グローバル人材は本当に必要か」という問いに答えるためには，「グローバル」「人材」の定義を吟味しなくてはならないし，第7回「真理は1つか」という問いに答えるためには，まず「真理とはなにか」を考えてみなければならない．また，第4回の「議論を振り返って」にあったように，問いは次の問いを生む．

　したがって，各回の問いはイエス/ノーで答えられる問いで作られてはいるが，

① 言葉の1つ1つを吟味しないと簡単に「イエスかノーか」では答えられないこと
② そして厳密に考えれば大半の答えはそのいずれとも言い難い第3の立場にならざるをえないこと

がわかるだろう．

　この①と②は，実はフランスでおこなわれているバカロレア試験[8]の「哲学」でも要求されていることである．バカロレア哲学の問題集や参考書を見ると，そこには，〈問いを分析する〉〈言葉の1つ1つを吟味する〉〈問いを分類する〉〈論を組み立てる〉といった考え方が書いてある[9]．これらはまず必要な基礎的作業と言えるだろう．そしてバカロレアの哲学で論文を書くのであれば，上記②の「いずれとも言い難い第3の立場（メタの立場）」に立って分析することが到達点となる．しかし，本書で扱った「異分野交流・多分野協力

---

8) フランスの大学入学資格試験．これについてはすでに番外篇の参考資料の脚注7で解説した．さらに，この試験はフランスの成熟した市民（シトワイアン）教育の基礎となり，その中には自分の言葉で要約するトレーニングがふくまれていることが指摘されている（山折哲夫，鷲田清一「教養をめぐる，経済界トップの勘違い」http://www.kokoroforum.jp/report/toyokeizai0911/）．

9) たとえば，F. Deviers-Jonlon and S. Matton, *Objectif BAC:Philosophie, Term L, ES, L*, Hachette Éducation, 2013.

おわりに——後期教養教育の背景　　273

論」では，その先を要求している．

③　現実には，どうしてもイエスかノーかの二者択一を迫られる局面がしば
しばあること
④　そのような局面でも異分野の人と協力してなんらかの結論を集団として
（組織として，国として，あるいは国際機関として）出さざるをえないこと

があるのである．そのためには，①②のプロセスでおこなった〈問いを分析す
る〉〈言葉の1つ1つを吟味する〉〈問いを分類する〉〈論を組み立てる〉とい
う基礎的作業のあと，〈立場を支える根拠を明らかにする〉〈前提を問う[10]〉
〈立場を入れ替えてみる〉〈複数の立場の往復〉といった作業を③④の局面でお
こなう必要がある．たとえば第2回では，グローバル人材に関して〈前提を問
う〉作業をおこない，第5回では，ロールプレイの形で〈立場を入れ替えてみ
る〉〈複数の立場の往復〉の作業をおこなった．そして第7，8回では，4つの
論点を通して〈立場を入れ替えてみる〉〈複数の立場の往復〉という作業をお
こなっている．ここにバカロレア哲学と後期教養教育の違いがある．そして，
学生は（そして社会人は），④のような局面に将来的に出会わざるをえないか
らこそ，後期教養教育が必要となるのである．いついかなるときにも的確な判
断ができるように知性を磨くこと，これが専門教育を受けたあとの教養教育で
あり，そのためには①から④のプロセスが必要となると考えられる．

2　アクティブ・ラーニングと後期教養教育

さて，本書は授業の中で聞いたり読んだりするだけではなく，みずから考え
て思考を言語化し，異分野の人にぶつけ，その反応をもとに次なる思考を成長
させることをめざしているが，それはおのずからアクティブ・ラーニングとな
らざるをえない．それではアクティブ・ラーニングと言われるものの中で，本

10）〈前提を問う〉作業をおこなう上で，科学技術社会論における社会構成主義をベースとし
た考え方，とくに「確立された知識や技術，現在当然視されている事柄がどのようにしてそ
うみなされるようになったのかを問いなおす態度」は役立つ．これについては，藤垣裕子
「技術知と社会知の統合——専門家のための教養教育としての STS」，山脇直司編『科学・技
術と社会倫理』，前掲書，137-153 頁参照．

274

書はどこに位置づけられるのだろうか.

アクティブ・ラーニングにもさまざまな定義がある.「講義をただ座って聴くだけの 100% パッシブな学び以外は,さしあたって最も広義のアクティブ・ラーニングである [11]」「教員による一方向的な講義形式の教育とは異なり,学修者の能動的な学修への参加を取り入れた教授・学習法の総称 [12]」という広義のものから,「学生が分析や統合,評価のような高次思考を伴う課題に取り組む [13]」「能動的学習では,学生は学習に動的に参加し,プロセスや学習結果を振り返ってモニタリングする.また,自分で情報や概念を作り,それはもっている知識や経験を繋いでおこなわれる [14]」という具体的なものもある.さらに,アクティブ・ラーニングの類型化として,2 つの PBL (problem-based learning と project-based learning) に分ける考え方もあり,前者の PBL は解決すべき「課題」に基づいたグループ学習,後者はある目標をもったプロジェクトを完成させるグループ学習である.たとえば,教養学部でおこなっている博報堂との共同の初年次プログラム [15] は,プロジェクト学習であり,後者の PBL と考えることができる.

さて,上記の定義のうち,前者の PBL も,さらに 2 つに分けることが可能である.課題にたいして 1 つのアウトプット(論文や結論をもつレポート)にむけてグループの成員がアクティブな関与をするものと,1 つのアウトプットや結論を必ずしも求めないものである.たとえば最終的に英語での論文を書かせる東京大学教養学部の ALESS,ALESA [16] は前者にあたる.それにたいし,

---

11)　河合塾『「深い学び」につながるアクティブラーニング──全国大学の学科調査報告とカリキュラム設計の課題』,東信堂,2013 年.

12)　文部科学省「用語集,新たな未来を築くための大学教育の質的転換に向けて──生涯学び続け,主体的に考える力を育成する大学」,2012 年,37 頁. http://www.mext.go.jp/component/b_menu/shingi/toushin/__icsFiles/afieldfile/2012/10/04/1325048_3.pdf

13)　C.C. Bonwell and J.A. Eison, "Active Learning: Creating Excitement in the Classroom," ASHE-ERIC Higher Education Report No1. Washington, DC: The George Washington University, School of Education and Human Development, 1991.

14)　E.F. Barkley, *Student Engagement Techniques: A Handbook for College Faculty,* San Francisco, CA: Jossey Bass, 2009.

15)　http://www.bdstudio.komex.c.u-tokyo.ac.jp/

16)　東京大学教養学部で 1,2 年生の必修科目となっている英語で学術論文を書く授業. ALESS は Active Learning of English for Science Students, ALESA は Active Learning of English for Students of the Arts を指す.

おわりに──後期教養教育の背景　　275

本書の授業は後者にあたり，アウトプットや結論を必ずしも求めてはいない．学生のレポートにも言及されているように，「本授業では最終的にほぼまとまった解が導かれたことはない」「ディベート型ではなく辛抱強く対話するダイアログ型のアプローチ」である．それぞれの専門に基づく分析枠組みを用いて同じテーマ・論点について議論するため，まずそれぞれの言葉を全員がわかる言葉に変換する必要があり，相手の言いたいことを理解する労力が必要とされ，1つのテーマにたいして意見を出し合って対話することに意義を見いだしているといえるだろう．

3　異なるコミュニティ間を往復すること

　本書のめざす知性は，自分とは異なる専門分野・異なる価値観をもつ他者との差異を認識し，相互に承認し，自己の変容をへて協力ができることをめざす．ただ多くの知識を所有しているという静的なものではなく，いくつかの枠を越えて「往復」するダイナミックな知性が必要となろう．その際，乗り越えるべき1つめの枠は，専門分野の枠である．専門教育を受け，専門家になるということは，同時に，「各分野の方法論の中にみずからの興味を閉じ込める」側面もあわせもつ．専門を極めるために研鑽をつむことは大事なことであるが，同時に専門分野での狭い問題設定のみにみずからを縛ることになる場合もある[17]．そして，専門家としてみずからの職務に忠実であろうとすることが，みずからの専門分野の課したある種の拘束に忠実であろうとすることと同値になることがある[18]．つまり専門家になることは，自由を失うことでもあるのだ．専門性が上がるほど不自由さが増えるというのは皮肉なことであるが，そこからみずからを解放して自由になるのが後期教養教育の場なのである．自由になるためには，他分野の人の話を聞き，彼ら（そして自分）の立場を支える根拠を明らかにし，前提を問うてみる必要がある．自分の専門分野（あるいは

---

17)　専門分野を意味する英語 discipline には，鍛練のほかに懲戒の意味があり，懲戒委員会は，committee of discipline という．

18)　たとえば，「科学的な精神の訓練とは，平素の思考を改めることだけでなく，興味を改めることでもある」．ブルデューの論文中におけるバシュラールの言の引用．P. Bourdieu, "The Specificity of the Scientific Field and the Social Conditions of the Progress of Reason," *Social Science Information*, Vol. 14, No. 6, 1975, p.19.

みずからの属するコミュニティ）が課した無意識の制限，あるいは自分の分野において「あたりまえ」で他の分野の人にとってはあたりまえでないことに気づき，言語化してみることである．他の分野の人の言葉に目から鱗が落ちる経験をするのはこのような場面であろう．同時に，他の分野の研究と自分の研究のあいだの類似性（アナロジー）から，予想外の研究発展の端緒をつかむこともあるだろう[19]．

　日本は，各分野における研究レベルは一流であるのにたいし，「分野」と「分野」のあいだのコミュニケーションが下手であること，多様な知の結集が下手であることが指摘されている[20]．また，学術研究においても日本では他国と比べて研究チームにおける専門分野の多様性が低い（つまり他分野との共同が少ない）傾向がデータとして示されている[21]．日本は，技術と技術のインタフェース，および技術と人とのインタフェースにおいては傑出した産物を生み出してきたが，コミュニティとコミュニティのインタフェースの交流においては傑出した国であるとは言えないようだ．学術の分野においても壁を作る傾向があることが示唆される．これを克服するために，異なるコミュニティ間の往復演習は重要である．

　さて，往復すべきものは，専門分野間だけではない．よく語学教育や歴史教育が教養であるという意見を聞く．しかし，単に外国語や歴史を学んで知識を蓄積することがそのまま教養につながるわけではない．語学教育は，「日本語で理解し，説明するときの日本語でのものの見方」と「外国語で理解，説明するときの外国語でのものの見方」のあいだを往復することを意味するのである[22]．また歴史教育は，「現代の文脈でのみ理解し，説明するときのものの見

---

19)　物理学を対象とした調査で，「創造的かつ生産的な人」たちは，そうでない人たちと比べて，自分の専門以外の専門家からより多くの情報を得ているという結果が出ている．C. J. Kasperson, "An Analysis of the Relationship between Information Sources and Creativity in Scientists and Engineers," *Human Communication Research*, Vol.4, 1978, pp. 113–119. また，化学分野を対象とした調査でも，同様の結果が得られている．R.E. Maizell, "Information Gathering Patterns and Creativity," *American Documentation II*, Vol.1, 1960, pp. 9–17.
20)　たとえば，日本学術会議シンポジウム「原発災害による苦難と科学・学術の責任」，2012年12月，同シンポジウム「科学者はフクシマから何を学ぶのか」，2013年1月など．
21)　科学技術政策研究所編，第44回科学技術・学術審議会配布資料1-1，2013年．
22)　第2回で扱った「文化の三角測量」では，2カ国語を学んで3言語に通じることによって，言語が世界を分節し独自の体系を作っていること，言語が異なれば同じ対象であっても

おわりに——後期教養教育の背景　　277

方」と「歴史的背景を含んだ文脈で理解し，説明するときのものの見方」との
あいだの往復である．現代に起こるニュースを読み解くための近現代史の教育
も，「現代の文脈でのみ理解し，説明するときのものの見方」と「歴史的背景
を含んだ文脈で理解し，説明するときのものの見方」とのあいだの往復である．
このように見てくると，後期教養教育とは，複数の世界を見ることによって，
複数のコミュニティを往復する力をつけることと考えることができるだろう．
複数のコミュニティを往復する上で，越えるべき「枠」の組み合わせは多様で
ある．言語の枠，領域（専門分野）の枠，国籍の枠，所属の枠などである．ヘ
ンリー・ニューマンによると，教養（liberal arts）の定義は，こころを開くこと
（open the mind）とある [23]．制度的制約，囚われている思考，常識からこころ
を解放することである．みずから使っている言葉，専門分野，組織といった枠
から離れた思考をして，多様な知を結集できる能力であると考えてよいだろう．

　ところで「後期教養教育立ち上げ趣意書」（末尾に収録）には，専門教育を
受けたあとの教養教育として，「自分とは異なる分野を専門とし，異なる価値
観をもつ他者と出会うことによって，自らを相対化する力を養う．そのために
は，古典を読む，別分野の最先端の研究に触れる，詩にふれる，比較をしてみ
る，などさまざまな形がありえるだろう」という文言が出てくる．この中で，
古典を読むことは，上記のコミュニティの往復にどのようにつながるのだろう
か．第6回でも扱った企業のエグゼクティブクラスのかたと古典テクストを読
むセミナー（「科学技術とヒューマニティ」）に参加した経験をもとに，この問
いについて考えてみる．セミナーでは，古典のテクストを前もって読む．そし
てセミナーで，「正しい読み方とはなにか」の講釈を聞くのではなく，テクス
トにむきあうことによってなにを感じたか，なにが自分の心に響いたか，どん
なことをインスパイアされたか，を共有しあう [24]．共有しあうことによって

　　見方や把握の仕方が異なること，そしてわれわれがことばを通して世界を秩序立て，構造化
　　し，認識していることを知ることを示した．したがって「文化の三角測量」は，3つの見方
　　の往復になるのである．
23) （リベラルアーツの目的は）こころを開くこと，直すこと，再定義すること，そして知識
　　のなんたるかを知り，かみくだき，習得し，自分のものとし，使えるようにすること，そし
　　てこころそれ自体の能力，応用力，柔軟性，秩序，批評の精度，洞察力，底力，他者への態
　　度，（そして）説得力ある表現に力を与えるものである（John Henry Newman, The Idea of a
　　University, 1854）.

思考を深める．つまり，テクストとの対話，他者との対話，自分との対話を通して，日ごろ現実の「解法」ばかり考えている頭を「解放」する．この意味で，上記のヘンリー・ニューマンによる教養の定義：こころを開くこと（open the mind）をセミナーでおこなっていることになる．ある古典を読むことによって，「テクストの書かれた時代」と「現代」との往復，および「テクストの書かれた国」と「日本」との往復をすることができる．このように，古典を読むことも，なにが自分の心に響いたかの分析を他者と深めることを通して，異なるコミュニティ間の往復演習となるのである．

4　みずからの中の多元性に気づくこと

　異なるコミュニティ間の往復は，実は個人の中に多元性を作ることを意味し，一次元的人間から「抜け出す」能力をつけることにつながる．ヘルベルト・マルクーゼは著書『一次元的人間[25]』の中で，社会の中での地位・役割が行動のレンジを1つのコードで規定してしまう危険性を述べた．「ポジションがこうなのだから，貴方がやっていいのはここまで」と規定してしまうことで，人はみずからの中の多元性を抑圧し，コミュニティのあいだを往復することができなくなる．しかし，実際には，ひとりの人は，仕事上のポジション，子の親，地域の住民といった複数の次元を同時に生きているのであり，そのあいだを往復することが必要である．往復をすることによって見えてくるコミュニティの欠陥もある．第5回のロールプレイや，第7，8回の論点による立場の往復は，みずからの中の多元性に気付く演習になっている．

　複数の次元を往復する上でもっとも重要なものの1つが，学問の世界と現実の課題とのあいだの往復である．あるいは専門的知性と市民的知性[26]とのあいだの往復といってもいい．第1回でも扱ったコピペの是非は，学者コミュニティの中だけの問題にとどまらず，現実の社会との接点でさまざまな問題を引

---

24)　村上陽一郎『エリートたちの読書会』，毎日新聞社，2014年.

25)　H. マルクーゼ『一次元的人間——先進産業社会におけるイデオロギーの研究』，生松敬三，三沢謙一訳，河出書房新社，1980年．マルクーゼ（1898-1979）はドイツ出身のアメリカの哲学者．1960年代の新左翼運動の精神的支柱となった．

26)　専門的知性と市民的知性については，鷲田清一『パラレルな知性』，晶文社，2013年参照．

き起こす．研究倫理の問題は，学者コミュニティの中だけで考えていては本当の重みは理解できない．また他人ごとと考えているうちは真の意味の倫理教育はできない．〈立場を入れ替えてみる〉〈複数の立場の往復〉をおこない，専門外の人からどう見えるかを想像できてこそ，その重みが理解できるのである．これは文系理系を問わず，学問に従事する者の社会的リテラシー[27]につながる．社会的リテラシーとは，みずからの研究成果が社会の中にどう埋め込まれ，展開されていくのか想像できる能力である．

　また専門的知性と市民的知性の往復は，専門家となって市民に寄り沿って助言をおこなう場面で必要となる．専門知は，現時点でなにが確実に言え，なにが確実に言えないのか，その限界を正確に伝えられるものでなくてはならない．同時に，現場にいる人の不安の中で，問題をさらに聴き直し，別の専門家と共同できるものである必要がある．このとき，高い共感性をもって市民的知性によりそうこと（コミットする対象に近づくこと）と，距離をとって観察すること（対象とのあいだに距離をおくこと）とのあいだには，さまざまな距離感が設定できる．第9回で学問の責任について扱ったとき，対象との距離感を保つため，「けっして同化しない」ための不断の努力に言及したが，この不断の緊張感は，おそらく「専門的知性と市民的知性」を往復することによって得られると考えてよいだろう．どちらかの立場に座して静観していたら，そして本稿の項目1で述べた①②のプロセス（273頁参照）にとどまっていたら，おそらくこのような不断の緊張感は得られないのである．

　さて，さまざまな立場からの思考というのは，異なるコミュニティ間を往復する水平的な思考にとどまらず，1つのコミュニティでの考え方をメタレベルで再考してみる垂直方向の思考も必要である．現実の問題を他人事と考えずに自分ごととして考えるためには，まず高い共感性をもって他者に寄り添わなければいけない．しかし同時に，そこから距離をとってメタレベルで再考しなくてはならない．第5回のロールプレイでおこなったのは，まさにこの往復であ

27）「科学と社会のよりよい関係にむけて——福島原発災害後の信頼喪失を踏まえて」，日本学術会議，福島原発災害後の科学と社会の在り方を問う分科会による提言，平成26年9月11日，および建議「東日本大震災をふまえた今後の科学技術・学術政策の在り方について」，科学技術・学術審議会，平成25年1月17日．

る．1つの役を演じることで，「自分ごと化」し，感情移入が可能になる．しかしそこにとどまるのではなく，別の役割の人たちへの反論，批判を考えたり，自分とは異なる役の立場から自分の役を批判したりすることを通して，1つのコミュニティに寄り添った考え方とメタレベルでの再考を繰り返すことが可能になるのである．この繰り返しによって，みずからを一元的な役割に閉じ込めようとする力からの解放が可能になる．

　個人が自分の中の多元性を抑圧していると，それが集団となったとき，異質なものを許容できる公共性が育たない．そしてコミュニティ間の移動がしにくい社会になる．したがって，上記のような往復演習は，日本におけるある種の硬直した組織や，壁を作りやすいコミュニティを変える可能性をはらんでいると考えられる．「ガラパゴス携帯」という言葉に代表されるように，日本の技術は，そして日本の中のコミュニティは，ある程度独自の進化を遂げたあと，厚い壁を作り，外からの情報や別種のものをとりこめなくなる傾向がある[28]．つまり，異質なものを排除することで中の均一性を保とうとする傾向があるのである．この点は，第2回で言及した日本人の共同体の中に潜む「均質性からの変化への脅威」と無関係ではない．それにたいし，自分の中でいくつかの壁を乗り越えて演習を積むことは，自分の中での異なる意見間の往復を可能とする．同時に，組織運営においても異なる意見をもつコミュニティ間を往復し，異質な意見を排除しない演習になることだろう．

5　学者と市民の社会的責任とリベラルアーツ

　最後に，私の専門である科学技術社会論の中の「科学者の社会的責任論」とリベラルアーツとの関係をまとめておこう．第9回でも扱ったように，科学者の社会的責任には（1）品質管理，（2）製造物責任，（3）応答責任の側面があると考えられる[29]．これは自然科学，人文社会科学どちらにも言えるもので

---

28)　日本社会における各種の「分断」，たとえば原発城下町とそうでない地域の分断，放射線の健康影響をめぐる福島市民と大都市住民との分断ほかについては，以下を参照．K. Juraku, "Social Structure and Nuclear Power Siting Problems Revealed," R. Hindmarsh (ed.), *Nuclear Disaster at Fukushima Daiichi: Social, Political and Environmental Issues*, Routledge: Yew York, 2013. および Y. Fujigaki (ed.), *Lessons from Fukushima, op. cit.*

29)　藤垣裕子「科学者／技術者の社会的責任」，島薗進ほか編『科学者／技術者の社会的責

あろう．これらは学者に求められる責任であると同時に，市民の側[30]にも求められる責任である．とくに応答責任は，疑問を呈する側の市民と，それに応える学者がいてはじめて成立する．つまり，本書で扱ったような答えの出ない問題にたいして，「少しでも不満があれば，批判があれば，自分のまわりのことに関しても声を上げて譲らない公共の議論のあり方，それを支える市民のメンタリティ[31]」が学者の社会的責任と市民の社会的責任を支えるのである．「誰でもがどんな場でも自分の言いたいことを言」い，言動に責任をとること，「社会的地位の上下とは関係なく，同じ目線で議論しあっておたがいに啓発され合う」こと，「メディアや一部の知識人の業界談義におまかせ」しないで自分で考えること，こういった公共の議論を支えるのが学者と市民の責任である．そして，そういった責任を果たす力の源泉となるのが，本書で扱ったリベラルアーツである．

　公共の議論では，たとえば被害者の側への「視点の転換」といったこと（立場を入れ替えてみる）も必要になってくる．本稿の4節で述べたような複数の「枠」を越えて往復し，専門的知性と市民的知性のあいだを往復し，コミュニティ間移動を可能にする能力をつけることが必要となる．そして，そのような能力をつけたのちに，1節で述べた③④のプロセス（274頁参照）に直面することは，このような能力をつけずに同プロセスに直面することとは異なるのである．一次元的人間から抜け出し，社会の欠陥に気付いたのちの異分野協力と判断は，それ以前のものとはおのずと異なってくる．本書最終回の議論にもあったように，そして学生のレポートにもあったように，異なる価値観をもつ他者との差異を認識し，相互に承認し，自己の変容をへたあとの合意は単なる妥

任』，前掲書．

30）　もちろん，学者も自分の専門分野以外のことにおいては「市民」である．この点は，市民会議のひとつであるコンセンサス会議の運営においてもよく言及される．

31）　三島憲一「70年後のドイツ——議論による共同学習か，国家の利害か」『神奈川大学評論：特集・戦後70年と日本社会』，81号，2015年，50-60頁．三島の論考では答えの出ない問題の例として，防衛問題・安保問題，年金問題や税金の使い方についての議論が挙げられている．これ以外にも，科学技術と社会の接点では，地球温暖化に対処するためにどうすべきか，最先端遺伝子操作をどこまで社会は許容すべきか，将来のエネルギーをどうすべきか，などの課題がある．これら科学技術と社会の接点での課題に関わる公共空間での議論については，以下参照．藤垣裕子『専門知と公共性』，前掲書．

協ではない.

　そして，公共の議論は人びとの日々の細かな判断から構成される．日々の判断とは，相対的な価値の中から最善のものを選択すること[32]であり，可能な選択肢の中から最適なものを選ぶことの積み重ねであるが，その「相対的な価値」「可能な選択肢」の幅を広げる上で，思考の柔軟性を高めるリベラルアーツは貢献するのである.

　以上，個人が思考の柔軟性を高めること（石井先生の最終回の言葉を用いれば，「やわらかいアイデンティティをもつこと」）と，差異をもつグループ間の合意のあり方（差異の認識，相互承認，自己変容をへて合意に至ること）と，公共空間の議論のあり方とは，連動している．これらどのレベルにおいても，固定化されつつあるものから自由になる力を得るためにリベラルアーツは寄与するだろう．このように，後期教養教育は，大学生だけでなく，広く社会人に必要な能力を磨く道を拓くことになると考えられる.

藤垣裕子

---

32) 「教養」についての論客の1人である斉藤兆史は，原子力発電所，ダム建設，安楽死，……といった課題を1つ1つつぶさに検討してみれば，それぞれに細かい論点をふくんでおり，賛否どちらかの立場が絶対的な正義ではないことがわかること，そして正義を見極め，さまざまな視点から状況を分析して自分なりの行動原理を導くバランス感覚（センス・オブ・プロポーション）を身につけることが，教養を身につけることの1つの指標になるとしている（斉藤兆史『教養の力──東大駒場で学ぶということ』，集英社新書，2013年）.

後期教養教育立ち上げ趣意書

（平成 26 年 3 月 28 日　東京大学 学部教育改革臨時委員会 カリキュラム改革部会 後期教養 WG）
（平成 28 年 2 月 15 日　東京大学教育運営委員会 学部・大学院教育部会 後期教養科目運営委員会 申し合わせ事項）

　総合的教育改革では，学士課程としての一体性の強化の 1 つとして後期教養教育を考え，1，2 年生だけにとどまらない学部 4 年間を通しての教養教育の実施を構想する．リベラルアーツとは，人間が独立した自由な人格であるために身につけるべき学芸のことを指す．現代の人間は自由であると思われているが，実はさまざまな制約を受けている．日本語しか知らなければ，他言語の思考が日本語の思考とどのように異なるのか考えることができない．ある分野の専門家になっても，他分野のことを全く知らないと，目の前の大事な課題について他分野のひとと効果的な協力をすることができない．気づかないところでさまざまな制約を受けている思考や判断を解放させること，人間を種々の拘束や制約から解き放って自由にするための知識や技芸がリベラルアーツである．

　これまで東京大学では前期課程の 2 年間で教養教育をおこなってきたが，教養教育は 2 年間で終わるものではなく，専門課程にすすんだあとも続くべきものと考えられる．むしろある程度の専門教育を受けたあとでこそ，はじめて意味をもつ教養教育もある．自分の専門が今の社会でどのような位置づけにあり，どういう意味があり，ほかの分野とどう連携できるかを考えることなどである．自分とは異なる分野を専門とし，異なる価値観をもつ他者と出会うことによって，自らを相対化する力を養う．そのためには，古典を読む，別分野の最先端の研究に触れる，詩にふれる，比較をしてみる，などさまざまな形がありえるだろう．日本は他国と比べて研究チームにおける専門分野の多様性が低い（つまり他分野との共同が少ない）傾向がデータとして示されている事実に鑑みて，このような相対化の能力は，これまでの専門教育の欠陥を補うものとしての必要性が認められる．

　このようなリベラルアーツは，ただ多くの知識を所有しているという静的なものではない．また専門分野の枠をただ越えるだけではなく，枠を「往復」す

る必要がある．さまざまな境界（専門分野の境界，言語の境界，国籍の境界，所属の境界）を横断して複数の領域や文化を行き来する，よりダイナミックな思考が必要となる．ここで往復には二種類の意味がある．一つは，異なるコミュニティの往復という意味である．たとえば他学部聴講は，出講学部のバックグラウンドをもつ学生のなかに，他学部のバックグラウンドをもつ少数の学生，つまりアウェイの学生が入ることである．アウェイの学生にとっては，ホームの学部とアウェイの学部を往復することにより，自らの専門性を相対化する機会が与えられることになる．二つ目の意味は，学問の世界と現実の課題との間の往復，あるいは専門的知性と市民的知性との間の往復の意味である．後者は文系理系を問わず，学問に従事する者の社会的リテラシー，すなわち自らの研究成果が社会のなかにどう埋め込まれ，展開されていくのか想像できる能力にあたる．これは研究倫理を支える基盤ともなる．

　自分とは異なる専門や価値観をもつ他者と対話しながら，他分野や異文化に関心をもち，他者に関心をもち，自らのなかの多元性に気づいて自分の価値観を柔軟に組み換えていく．そのような開かれた人格を涵養するリベラルアーツ教育を後期課程のなかで展開する．

参考文献

　以下に掲げるのは，各回の議論の参考になると思われる文献の簡略なリストである．およそ網羅的なものではないので，あくまでも本書を読むにあたっての読書案内，あるいは本書を用いてアクティブ・ラーニングを実践する上での参考資料として活用していただければと思う（各回とも，著編者名アイウエオ順）．

　なお，本文脚注にある URL の情報は，とくに表記のないものはすべて 2015 年 11 月30 日現在のものである．

第1回　コピペは不正か

東京大学大学院総合文化研究科『不正のない学術論文を書くために――研究の場における倫理』，2015 年．

直江清隆，盛永審一郎編『理系のための科学技術者倫理』，丸善出版，2015 年．

日本学術振興会編『科学の健全な発展のために――誠実な科学者の心得』，丸善出版，2015 年．

眞嶋俊造，奥田太郎，河野哲也編『人文・社会科学のための研究倫理ガイドブック』，慶應義塾大学出版会，2015 年．

第2回　グローバル人材は本当に必要か

渥美育子『「世界で戦える」人材の条件』，PHP ビジネス新書，2013 年．

OECD 教育研究革新センター編著『グローバル化と言語能力――自己と他者，そして世界をどうみるか』，本名信行監訳，徳永優子他訳，明石書店，2015 年．

エマニュエル・トッド『グローバリズムが世界を滅ぼす』，文春新書，2014 年．

西山教行，平畑奈美編著『「グローバル人材」再考』，くろしお出版，2014 年．

イグナシオ・ラモネ，ラモン・チャオ，ヤセク・ヴォズニアク『グローバリゼーション・新自由主義批判事典』，杉村昌昭，村澤真保呂，信友建志訳，作品社，2006 年．

第3回　福島原発事故は日本固有の問題か

開沼博『「フクシマ」論――原子力ムラはなぜ生まれたのか』，青土社，2011 年．

ヘレン・カルディコット監修『終わりなき危機』，河村めぐみ訳，ブックマン社，2015

年.

エドワード・W・サィード『オリエンタリズム』, 今沢紀子訳, 板垣雄三, 杉田英明監修, 平凡社ライブラリー上下巻, 1993 年.

城山英明『福島原発事故と複合リスク・ガバナンス』, 東洋経済新報社, 2015 年.

Y. Fujigaki（ed.）, *Lessons from Fukushima: Japanese Case Studies on Science, Technology and Society*, Springer, 2015.

第 4 回　芸術作品に客観的価値はあるか

瀬木慎一『名画の値段——もう一つの日本美術史』, 新潮選書, 1998 年.

ピエール・ブルデュー『芸術の規則Ⅰ・Ⅱ』, 石井洋二郎訳, 藤原書店, 1995－96 年.

セオドア・M・ポーター『数値と客観性——科学と社会における信頼の獲得』, 藤垣裕子訳, みすず書房, 2013 年.

第 5 回　代理出産は許されるか

香川知晶・小松美彦編『生命倫理の源流——戦後日本社会とバイオエシックス』, 岩波書店, 2014 年.

柘植あづみ『生殖技術——不妊治療と再生医療は社会に何をもたらすか』, みすず書房, 2012 年.

辻村みよ子『代理母問題を考える』, 岩波ジュニア新書, 2012 年.

第 6 回　飢えた子どもを前に文学は役に立つか

大江健三郎『厳粛な綱渡り』, 文藝春秋, 1965 年；講談社文芸文庫, 1991 年.

J-P. サルトル『嘔吐』, 鈴木道彦訳, 人文書院, 2010 年.

J-P. サルトル『文学とは何か』, 加藤周一, 白井健三郎, 海老坂武訳, 人文書院, 1998 年.

第 7 回　真理は 1 つか

金森修, 中島秀人編『科学論の現在』, 勁草書房, 2002 年.

熊野純彦編『近代哲学の名著——デカルトからマルクスまでの 24 冊』, 中公新書, 2011 年.

熊野純彦編『現代哲学の名著——20 世紀の 20 冊』, 中公新書, 2009 年.

藤垣裕子編『科学技術社会論の技法』, 東京大学出版会, 2005 年.

村上陽一郎『新しい科学論——「事実」は理論をたおせるか』, 講談社ブルーバックス, 1979 年.

第 8 回　国民はすべてを知る権利があるか

久保亨，瀬畑源『国家と秘密──隠される公文書』，集英社新書，2014 年.

澤地久枝『密約──外務省機密漏洩事件』，岩波現代文庫，2006 年.

西山太吉『沖縄密約──「情報犯罪」と日米同盟』，岩波新書，2007 年.

第 9 回　学問は社会にたいして責任を負わねばならないか

朝永振一郎『科学と人間』，朝永振一郎著作集 4，みすず書房，1982 年.

広渡清吾『学者にできることは何か──日本学術会議のとりくみを通して』，岩波書店，2012 年.

ジョン・フォージ『科学者の責任──哲学的探求』，佐藤透，渡邉嘉男訳，産業図書，2013 年.

ハンス・ヨナス『責任という原理──科学技術文明のための倫理学の試み』，加藤尚武監訳，東信堂，2000 年.

第 10 回　絶対に人を殺してはいけないか

小浜逸郎『なぜ人を殺してはいけないのか──新しい倫理学のために』，新書 y，洋泉社，2000 年；PHP 文庫，2014 年.

団藤重光『死刑廃止論　第六版』，有斐閣，2000 年.

永井均，小泉義之『なぜ人を殺してはいけないのか？』，河出文庫，2010 年.

美達大和『死刑絶対肯定論──無期懲役囚の主張』，新潮新書，2010 年.

番外篇　議論によって合意に達することは可能か

ティモシー・W・クルーシアス，キャロリン・E・チャンネル『大学で学ぶ議論の技法』，杉野俊子，中西千春，河野哲也訳，慶應義塾大学出版会，2004 年.

坂井豊貴『多数決を疑う──社会的選択理論とは何か』，岩波新書，2015 年.

福澤一吉『議論のレッスン』，生活人新書，日本放送出版協会，2002 年.

デヴィッド・ボーム『ダイアローグ──対立から共生へ，議論から対話へ』，金井真弓訳，英治出版，2007 年.

最終回　差異を乗り越えることは可能か

石井洋二郎『差異と欲望──ブルデュー「ディスタンクシオン」を読む』，藤原書店，1993 年.

石井洋二郎『フランス的思考──野生の思考者たちの系譜』，中公新書，2010 年.

志村史夫『文系？理系？——人生を豊かにするヒント』，ちくまプリマー新書，2009 年.
藤垣裕子『専門知と公共性——科学技術社会論の構築へ向けて』，東京大学出版会，
　2003 年.
森田洋司『いじめとは何か——教室の問題，社会の問題』，中公新書，2010 年.
山岸俊男『信頼の構造——こころと社会の進化ゲーム』，東京大学出版会，1998 年.
養老孟司『文系の壁——理系の対話で社会をとらえ直す』，PHP 新書，2015 年.
鷲田清一『パラレルな知性』，晶文社，2013 年.

あとがき

　この原稿を書いているのは 2015 年 9 月 23 日．その数日前の 9 月 19 日未明には，安全保障関連法案 [1]（反対派によれば「戦争法案」）が参議院本会議で可決された．私はちょうど深夜のテレビ中継で最終討論の様子を見ていたが，立場の違いはともかくとして，賛成派・反対派ともそれぞれに熱のこもった演説ではあったと思う．しかし登壇した議員たち [2] が熱弁をふるえばふるうほど，なんとも言いようのない虚しさが募ってきたことは否めない．なにしろ結果ははじめからわかっていたのだから．

　案の定，投票数は自民党・公明党に次世代の党などを加えた賛成派が 148 票（約 62%），民主党・維新の党・共産党などの反対派が 90 票（約 38%）で，世論調査とは真逆の結果となった [3]．記名投票なので，所属する政党の決定に従わない議員はいない．反対派の演説の中でも「まもなく法案は可決されるだろう」といった諦めに近い言葉が聞かれたし，制限時間をオーバーして与党側に野次られた民主党の福山議員の口からは，「武士の情けはないのか」という時代がかったせりふまで飛び出した．

　この法案をめぐっては，衆議院で 116 時間以上，参議院でも 100 時間を越える議論がおこなわれたという．なるほど数字だけ見れば相当の時間が費やされたことになり，「審議は尽くされた」という与党側の主張も頷けないことはない．だが，「審議」とはいったいなんだろうか．まだ確定的ではない結論に向

---

1) 正確にいえば「国際平和支援法案」（新法）と「平和安全法制整備法案」（10 の法律の改正案をまとめたもの）から成る一連の法案．

2) 登壇したのは民主党の福山哲郎，自由民主党の石井準一，維新の党の小野次郎，公明党の谷合正明，日本共産党の小池晃の各議員．

3) 法案が衆議院を通過する前の 2015 年 6 月から 7 月の時点では，調査機関によって多少の幅はあるものの，おおむね賛成が 26% から 29%，反対が 56% から 59% であった．また，参議院通過後の調査でも，賛成は 30% 前後であるのにたいし，反対は 50% 以上を占めていた．

かってさまざまな立場の人間が賛否両論を戦わせ，自分と異なる主張に耳を傾け，たがいに疑問をぶつけあい，相手を説得しようと試み，その過程で場合によっては自分の考えを修正し，必要であれば一定の妥協をおこないながら，最初は不一致であった者どうしが最終的にはなんらかの合意に達する——それが議論することの意味であり，「審議」というもののあるべき姿であろう．

　法案自体にたいする賛否はさておき，わが国の国会でそのような議論がおこなわれていたかといえば，残念ながら否と言わざるをえない．少なくとも安全保障関連法案をめぐっては，上のような意味での「審議」はほとんどなされなかったのではなかろうか．結論がすでに決まっているのだから，すべては「審議を尽くした」というアリバイを作るための儀式にすぎない．本来ならば反対派の主張に説得されて意見を変える賛成派の議員がいたり，逆に賛成派の主張に納得して立場を変える反対派の議員がいたりしてもよさそうなものなのに，その可能性はもとよりほぼゼロであり，双方がそのことを百も承知で意見を述べていた．

　聞く耳をもたない，したがっていっさい自分を変える気のない者どうしが何百時間かけて話をしたとしても，最初から平行線なのだから交わるはずがない．要するに，現在の日本の国会は他者との対話に向けて開かれておらず，本質的に公共性を欠いた閉鎖空間になってしまっている．そこでは議員が柔軟なアイデンティティをそなえた「やわらかい個人」としてではなく，党議に拘束されて身動きのとれない「凝固した集団」としてしか機能しないのである．

　全員でテーマを決めた本書の「番外篇」をもう一度読み直していただきたい．安全保障関連法案に比べれば，扱われているのはささやかな問題かもしれないが，少なくともここには本来の意味での「議論」がある．規模は小さいながらも，誰もが「聞く耳」をもって他者と向き合い，思考を開き，みずからを変えていこうとする自由な空間がある．はじめから予定された結論を単純多数決によってオーソライズするのではなく，何度も議論と投票を繰り返しながら，誰も予想しなかったような結論を全員で導き出そうとする健全な「公共圏」がある．

　なまぬるい理想論であることを承知の上でいえば，願わくはわが国の国会もそのような場であってほしいと思う．むずかしいことではないはずだ．我田引

水をお許しいただけるなら，すべての議員が初心に返って「大人になるための
リベラルアーツ」を身につけさえすればいいのだから．

　最後になったが，この授業に参加してくれた学生のみなさんと，さまざまな
形で補助してくれた TA のみなさんに，心から御礼申し上げたい．教室での活
発な討議からは，正直のところ期待をはるかに超える刺激を受けた．若い伸び
やかな感性が生み出す新鮮な発想に触れることで，私自身もこの歳でなお，少
しばかり「大人になった」ような気がする．

　藤垣先生とのコラボレーションは，これまでもっぱら「文系」の世界だけで
仕事をしてきた私に，より広い地平に踏み出すきっかけを与えてくれた．どの
ような言葉で語れば先生を説得できるのか，どのような説明をすれば先生に理
解してもらえるのか，そうしたことを考えながら毎回の授業に臨んだおかげで，
まさに「異分野交流」の醍醐味を味わうことができた．

　東京大学出版会の丹内利香さんは，ご多忙にもかかわらず毎回の授業を傍聴
し，現場の雰囲気を肌で感じた上で，面倒な編集作業にあたってくださった．
そのことが本書の随所に反映されていることは疑う余地がない．あらためて心
より感謝申し上げたいと思う．

石井洋二郎

　本書の構想は，2013 年秋の全学カリキュラム改革部会・後期教養 WG の立
ち上げに遡ぼる．後期教養 WG の座長として，厳しい議論の司会をしながら，
教養学部からの推奨科目としてなんとしても 1 科目はコアとなるような科目を
立ち上げなくてはならないという思いから，当時の教養学部長・総合文化研究
科長であった石井先生とともに，本授業は企画された．その授業の教科書を本
として出版しようという案が出たのは，2014 年の 1 月であったように記憶し
ている．構想から出版まで 2 年強を要したことになる．

　本書の出版にあたって，まず試行授業に積極的に参加し，真の意味での異分
野交流・多分野協力をしてくれた学生のみなさん，そして事前の資料収集・授
業への参加・授業のテープおこしを担当してくださった 3 人の TA のみなさん

（中尾さん，関さん，伊田さん）に感謝したい．みなさんの議論は，ときに「問題提起」文を書いた教員の想像を超えて発展し，教師にとってもさまざまな思考が触発されるものとなった．

また，全学カリキュラム改革部会・後期教養 WG のメンバの方々，とくに法学部の西川洋一先生（2015 年度法学部長・法学政治学研究科長），文学部の熊野純彦先生（2015 年度文学部長・人文社会学系研究科長），工学部の関村直人先生（元副学部長・工学系研究科副研究科長）と佐久間一郎先生（2015 年度副学部長・工学系研究科副研究科長）には，熱く活発な議論を展開していただき，たいへんお世話になった．おかげさまで当 WG は 2013 年度 3 月末に報告書（趣意書をふくむ）をまとめあげることができた．そして，あのハードな WG の座長を務めることがなかったら，本書は生まれなかったであろうと思われる．

なお，2015 年 11 月に米国デンバーで開催された第 40 回国際科学技術社会論会議のプレジデンタル・プレナリ（会長企画セッション）で，後期教養教育（liberal arts for specialists）の話をしたところ，600 人近い聴衆のみなさんから多くの好意的な意見を得た．後期教養の概念が世界でも共有可能であるものであることが実感できたことを記しておく．なお，米国では，全米大学協会が liberal arts ではなく liberal education という言葉を使うことを奨励しているが[4]，現場では liberal arts も使われているという意見も得た[5]．

共著者の石井先生とのリレー・ライティングは，教養学部副学部長・総合文化研究科副研究科長業務をやりながらの作業で，やはり相当に厳しい作業であった．とくに初校段階では，細部における文章へのこだわりの差異が長時間にわたって議論された．また，読者として想定している層が互いにかなり異なることも発見であった．まさに理系と文系の共同作業のむずかしさを実感し，さながら最終回の「差異は乗り越えられるか」の教師版のような経験であったことを明記しておきたい．しかし同時に，一緒に授業をして教科書を作りあげる

---

4) たとえば以下を参照．https://www.aacu.org/leap/what-is-a-liberal-education

5) アメリカにおけるアルテス・リベラーレス理念とリベラル・フリー理念のあいだの相剋については，大口邦雄『リベラルアーツとは何か──その歴史的系譜』，さんこう社，2014 年を参照のこと．ただし，この 2 つの理念が，大口の依拠するキンボール（Bruce A. Kimball, *Orators and Philosophers: A History of the Idea of Liberal Education*, College Entrance Examination Board, 1995）の主張のように明確に区分可能かについては新たなる吟味が必要だろう．

プロセスで，それぞれの専門分野であるフランス文学研究と科学技術社会論とは，一見まったく異なる分野に見えて実は似たような問題意識をかかえているのだということもわかってきた．たとえば，この2つの分野はともに解釈の多義性を重んじ，言葉による世界の分節化に興味をもち，あたりまえと思われている事柄を疑い，テクストによるパフォーマンスに価値をおく点において，共通性をもつのである．

　最後に，東京大学出版会の丹内さんには，2014年中の「問題提起」文の起案や，2015年度からの試行授業にもつきあっていただき，本書の企画から実現までひとかたならずお世話になった．一緒に本を作るのはこれで3冊目となるが，もっとも楽しい本になったように思う．こころからお礼申しあげたい．

　2015年秋

藤垣裕子

著者略歴

石井洋二郎（いしい・ようじろう）

1951年，東京都生まれ．1975年，東京大学法学部卒業．1978年，パリ第4大学修士課程修了．1980年，東京大学大学院人文科学研究科修士課程修了．1980年，東京大学教養学部助手．1982年，京都大学教養部助教授．1987年，東京大学教養学部助教授．1994年，同教授．2007年，東京大学駒場図書館長．2012年，東京大学副学長．2013年，東京大学大学院総合文化研究科長・教養学部長．2015年より東京大学理事・副学長．東京大学名誉教授．学術博士．

主要著訳書
『差異と欲望──ブルデュー「ディスタンクシオン」を読む』（藤原書店，1993）
『文学の思考──サント＝ブーヴからブルデューまで』（東京大学出版会，2000）
『ロートレアモン　イジドール・デュカス全集』（訳，筑摩書房，2001，日本翻訳出版文化賞・
　日仏翻訳文学賞）
『美の思索──生きられた時空への旅』（新書館，2004）
『ロートレアモン　越境と創造』（筑摩書房，2008，芸術選奨文部科学大臣賞）
『科学から空想へ──よみがえるフーリエ』（藤原書店，2009）
『異郷の誘惑──旅するフランス作家たち』（東京大学出版会，2009）
『フランス的思考──野生の思考者たちの系譜』（中公新書，2010）
『告白的読書論』（中公文庫，2013）
『時代を「写した」男　ナダール　1820-1910』（藤原書店，2017）

藤垣裕子（ふじがき・ゆうこ）

1962年，東京都生まれ．1985年，東京大学教養学部基礎科学科第二卒業．1990年，東京大学大学院総合文化研究科広域科学専攻博士課程修了．1990年，東京大学教養学部助手．1996年，科学技術庁科学技術政策研究所主任研究官．2000年，東京大学大学院総合文化研究科広域システム科学系助教授．2010年，同教授，2013年，東京大学総長補佐．2015年-2016年度東京大学大学院総合文化研究科副研究科長・教養学部副学部長．学術博士．

主要著訳書
『専門知と公共性──科学技術社会論の構築へ向けて』（東京大学出版会，2003）
『研究評価・科学論のための科学計量学入門』（共著，丸善，2004）
『科学技術社会論の技法』（編，東京大学出版会，2005）
『社会技術概論』（共著，放送大学教育振興会，2007）
『科学コミュニケーション論』（共編，東京大学出版会，2008）
『社会人のための東大科学講座──科学技術インタープリター養成プログラム』（共著，講談社，
　2008）
『数値と客観性──科学と社会における信頼の獲得』（訳，みすず書房，2013）
Lessons from Fukushima: Japanese Case Studies on Science, Technology and Society（ed., Springer,
　2015）

大人になるためのリベラルアーツ
思考演習 12 題

2016 年 2 月 26 日　初　版
2018 年 8 月 20 日　第 6 刷

［検印廃止］

著　者　石井洋二郎・藤垣裕子

発行所　一般財団法人　東京大学出版会

代表者　吉見俊哉
153-0041 東京都目黒区駒場 4-5-29
http://www.utp.or.jp/
電話　03-6407-1069　Fax 03-6407-1991
振替　00160-6-59964

印刷所　株式会社理想社
製本所　牧製本印刷株式会社

Ⓒ 2016 Yojiro Ishii and Yuko Fujigaki
ISBN 978-4-13-003348-0　Printed in Japan

JCOPY 〈(社)出版者著作権管理機構　委託出版物〉
本書の無断複写は著作権法上での例外を除き禁じられています．複写され
る場合は，そのつど事前に，(社)出版者著作権管理機構（電話 03-3513-6969,
FAX 03-3513-6979, e-mail: info@jcopy.or.jp）の許諾を得てください．

知の技法 東京大学教養学部「基礎演習」テキスト	小林・船曳編	A5/1500 円
教養のためのブックガイド	小林・山本編	A5/1800 円
東大教師が新入生にすすめる本 2009-2015	東京大学出版会 『UP』編集部編	B6/1800 円
カリキュラム・イノベーション 新しい学びの創造へ向けて	東京大学教育学部カリキュラ ム・イノベーション研究会編	A5/3400 円
アクティブラーニングのデザイン 東京大学の新しい教養教育	永田・林編	46/2800 円
異郷の誘惑 旅するフランス作家たち	石井洋二郎	46/3200 円
専門知と公共性 科学技術社会論の構築へ向けて	藤垣裕子	46/3400 円
科学技術社会論の技法	藤垣裕子編	A5/2800 円

ここに表示された価格は本体価格です．御購入の
際には消費税が加算されますので御了承下さい．